陕西省哲学社会科学基金项目(10K129)
陕西(高校)哲学社会科学重点研究基地宝鸡文理学院
关陇方言与民俗研究中心重点课题

关陇社火艺术研究

赵德利 主编

中国社会科学出版社

图书在版编目(CIP)数据

关陇社火艺术研究/赵德利主编. —北京:中国社会科学出版社,
2012.12

ISBN 978 – 7 – 5161 – 1848 – 1

Ⅰ.①关… Ⅱ.①赵… Ⅲ.①节日—风俗习惯—研究—陕西省
Ⅳ.①K892.1

中国版本图书馆 CIP 数据核字(2012)第 298578 号

出 版 人	赵剑英
责任编辑	周晓慧
责任校对	林福国
责任印制	李 建

出 版	中国社会科学出版社
社 址	北京鼓楼西大街甲 158 号(邮编 100720)
网 址	http://www.csspw.cn
	中文域名:中国社科网　　010 – 64070619
发 行 部	010 – 84083685
门 市 部	010 – 84029450
经 销	新华书店及其他书店

印 刷	北京市大兴区新魏印刷厂
装 订	廊坊市广阳区广增装订厂
版 次	2012 年 12 月第 1 版
印 次	2012 年 12 月第 1 次印刷

开 本	710×1000 1/16
印 张	16.25
插 页	2
字 数	248 千字
定 价	48.00 元

目　　录

导论　关陇文化研究新视域

上编　关陇社火艺术总论

中编　关陇社火审美文化研究

下编　关陇社火调查汇录

导　论

关陇文化研究新视域

关中—陇东地区处于黄土高原的西部，渭河河谷横贯关陇，特殊的地理结构使得这一地区成为中华农耕文化的发祥地之一，孕育了以伏羲—姜炎文化为代表的史前文明和灿烂辉煌的周秦汉唐文明。历史上无论是政区划分、民族分布、人口构成还是经济形态、民风民俗，均有较多联系和相似之处。在悠久的历史文化积淀下，这一区域内的文化生态具有许多相同性，在我国区域文化中具有独特风貌。关陇地区的社火作为年节文化娱乐和祈福信仰的游艺民俗事象，传承历史久远，艺术表演精湛，民众参与广泛。举国独异，堪称一绝。

基于国家设立关中—天水经济区，历史上的关陇概念被重新关注。宝鸡文理学院"陕西（高校）哲学社科重点研究基地关陇方言与民俗研究中心"的研究者们，立足关中—天水经济区发展的大局，专注关陇文化区的历史文化研究，提出了新关陇地域文化研究范畴，在普查关陇地区方言民俗的过程中，先期撰写了"社火研究文丛"。期待更多的社火爱好者和研究者投入其中，共同保护和培育这朵民族民间艺术的奇葩。

关陇的历史地理概念

在现代学术史上，史学家陈寅恪首先将关陇作为一个中古地域政治文化集团概念加以使用，对史学界、文学界产生了重要影响；当代著名文学史家曹道衡研究中古区域学术文化时也关注到关陇的地域特色；近年来甘肃学者王知三等人借关陇概念描画了六盘山地区民俗文化特点，使关陇集团、关陇文化概念在 21 世纪重新焕发出地域历史文化价值，引起学界的关注。

一　关陇集团

关陇集团概念是陈寅恪先生最先提出的。[①] 陈寅恪先生所指关陇集团是一个政治统治集团，最早源自宇文泰的八柱国，由北魏六镇武将、代北武川的鲜卑贵族和关陇地区豪族所组成。他所提出的关陇，是探讨西魏至唐初关陇集团之形成、发展、变迁及与山东势力之关系，着重从关陇集团与山东势力之分合变迁把握魏周隋唐时期王朝嬗替之内在原因与规律，以及不同地域集团（势力）之间的相互影响。六十多年来被海内外学人广泛引用，已成定论。

中国在魏晋时期有过许多政治贵族，几乎垄断了当时的政治权力，到了南北朝时期，东晋门阀世族们随着东晋的灭亡而逐渐衰败，这时，新兴的贵族集团关陇军事贵族集团现世，纵横中国近二百年，

---

① 陈寅恪：《隋唐制度渊源略论稿》，中华书局 1977 年版，第 17 页。

开创了一个前所未有的伟大时代。这个集团起源于代北武川①，初建于关中，先后创造出四个王朝——西魏、北周、隋、唐，这在中国历史上是绝无仅有的奇迹，并将中国推向了一个新的历史高峰。

关陇地理区域主要包括关中和甘肃陇山以西地区，而关陇集团的中心则在关中。陈寅恪先生在阐述关陇集团时明确了"关中本位政策"和"关中文化本位政策"。"这两个概念外延内涵是不一样的。前者强调以关中地理区域为立国之基，次及此区域本位下的整军事务农、力图富强的物质政策，再次及与区域物质政策相适应的精神上自成系统的文化政策。而关中文化本位政策侧重指第三方面，即宇文泰融冶关中胡汉种族的文化政策。"② 应当说，陈寅恪先生的关陇概念是有历史阶段特指性的，他明晰地论述了关陇集团的政治历史功绩与演化轨迹，对后人研究此段历史影响很大。

二 关陇民俗文化圈

关陇民俗文化圈系甘肃学者王知三等人因地域生活文化所提出。王知三在追叙学会的成立时曾说：1987 年，当时在平凉地区文化处任副处长的徐志贤先生，倡议、组织、成立了"关陇民俗学会"，后来改名"关陇民俗研究会"。③ 王知三先是担任该学会的秘书长，后担任执行理事长。王知三等人提出的"关陇"，与陈寅恪先生所定论的历史上的关陇集团在活动区域、历史演化方面多有不同。他们所指的关陇文化主要是甘肃省境内以六盘山南端山区为中心的关山、陇山之间的区域文化。张筱兑在《关陇民俗文化圈的提出及其在民俗学上的意义》中曾明确界定："古代的关陇，泛指陕西关中一带及陇（甘肃）的大部分地区。现在地理上的关陇概念则是指关山、陇山（六

---

① 武川县位于呼和浩特市区北部，属呼和浩特所辖行政区域的 4 区 4 县 1 旗中的 1 个县。

② 曹印双：《试析陈寅恪先生的关陇集团概念》，《陕西师范大学继续教育学报》2005年第 2 期。

③ 王知三：《我与关陇花儿的情缘》，http://blog.sina.com.cn/yunheshuwo。

盘山）范围内的地方。① 以水系来划分：则是以渭河支流葫芦河（古瓦亭水）流域及泾河、清水河上游水系区域为主形成的一个区域地理概念。以山系来划分：则是指以陇山主峰为核心向陕西、甘肃、宁夏三省延展的半径为三、四百里范围的地域。"② 此处，"现在地理上的关陇概念"表述不够准确，作者的意思其实是指现在所说的关陇民俗文化圈的关陇地理范畴。明确些表述，"关陇"即关山（位于甘肃的华亭、庄浪和宁夏泾源县境内）和陇山（陇山为六盘山古称）。关陇地区的地理风貌：海拔 1200—1800 米，黄土高原特征。

应该说，甘肃学者对六盘山一带（关陇）地域民俗文化的调查、整理、认识是有积极的文化研究价值的。他们从 1980 年就开始搜集、整理各种民俗材料，出版和发表了《陇东民俗》、《关陇文化探微》、《崆峒山神话故事》、《西王母文化选编》、《朝那湫探源》、《豳俗杂录》、《华亭民俗》、《皮影艺术与魅力》、《甘肃泾川与西王母文化》、《泾川佛教文化遗产录》、《庄浪石窟》、《花旦》、《崇信县民间文学集成》等书籍、文章，以及关陇各地的谣歌集等。③ 这些研究具体细微，具有田野调查的模本价值。无论是民间文学的，还是民间艺术的，抑或是民俗生活类型的研究，他们至少描述了六盘山—陇东地区民间生活文化的基本样态，揭示了地区民间文化的独特情态及其与民族文化的密切关联。

关陇民俗文化研究成果为陕西高校立足于国家新近展开的关—天经济区建设所设立的关陇方言与民俗研究中心的研究，提供了很有借鉴价值的视野与成果。

---

① 六盘山在宁夏回族自治区西南部、甘肃省东部。南段称陇山，南延至陕西省西端宝鸡以北，是近南北走向的狭长山地。

② 张筱兑：《关陇民俗文化圈的提出及其在民俗学上的意义》，《甘肃高师学报》2009 年第 6 期。

③ 关陇民俗的主要研究者有：郝苏民、武文、彭金山、郭郁烈、李建云、路笛、王知三、张怀群、徐志贤、孙志勇、马长春、姚仪、梁中元、火仲舫、朱栋仓、程晓钟、王莲喜、王文清等。民间口传艺人有：梁进元、刘元基、王素贞、刘占福、杨永泰等。手段与方法主要是有：搜集、整理、研究、比较研究（见张筱兑《关陇民俗文化圈的提出及其在民俗学上的意义》）。

关—天经济区与新关陇文化范畴

一　新关陇文化概念的提出

2009 年 6 月，国家发改委发布《关中—天水经济区发展规划》，明确规划了关—天经济区的区域范围。"关中—天水经济区（以下简称经济区）包括陕西省西安、铜川、宝鸡、咸阳、渭南、杨凌、商洛（部分区县）和甘肃省天水所辖行政区域，面积 7.98 万平方公里，2007 年末总人口为 2842 万人，直接辐射区域包括陕西省陕南的汉中、安康，陕北的延安、榆林，甘肃省的平凉、庆阳和陇南地区。"陕西（高校）哲学社科重点研究基地关陇方言与民俗研究中心鉴于国家从西部开发全局高度提出了"关中—天水经济区"的发展规划，立足关中—天水经济区发展的大局，遵循高校服务社会地方的办学与科研宗旨，将自己的研究范围确定在关中西部—陇东这一地理范围。

关陇方言民俗研究中心的关陇研究范围基于大关中的空间范畴，以渭河流域为中轴线，以关中西部①为基点，向东形成关中东西部文化比较研究，揭示社会发展过程中东西部民众在思想观念、非物质文化遗产活化保护、方言变异等方面的差异；向西连接甘肃天水地区，形成周秦文化古今研究，挖掘历史文化积淀中的积极因素，揭示行政区划与文化传承的区域特征，为关—天经济开发区的布局开发提供文

---

① 本研究中心把关中西部划定为咸阳市以西的 16 个县区：兴平、乾县、周至、武功、扶风、岐山、眉县、凤翔、麟游、陇县、千阳、太白、凤县、陈仓区、金台区、渭滨区。

化观念与生活方式（转型）等文化软实力方面的支撑；向南辐射秦岭南麓，向北辐射陇东的庆阳、平凉地区，形成中心研究的大关陇格局。①

具体来说，方言研究要形成中原官话秦陇片的同异对比研究，凸显本中心方言研究的特色。民俗研究要于丰富多样的民间文化类型中，凸现社火、庙会等民间节庆和皮影、泥塑等民间艺术特色。本书就是在这样一个研究思路下，率先写就的一部书稿。

二 关陇文化研究的史前文化背景

在汉代及南北朝时期，胡汉种族文化有着很大差别。胡族文化生于游牧部落，以崇尚骑马射箭的尚武文化为代表，而汉文化则以农耕区域为发祥地，以尊崇儒家为主体的精神文化为特点。关于这一历史特点陈寅恪先生在论述唐代关陇集团时把握准确。而作为本书所指的关陇文化圈早已实现胡汉历史文化大融合，同为中国现今依然以农耕文化为基本特征的关中西部和陇东地区，方言接近，同属中原官话秦陇片；生活文化习惯十分相似，在饮食、居住、民间节庆及其文艺传承方面，甚至比关中东西部的差异更小。周秦传统文化的影响源远流长！

关陇地区②传统文化积淀深厚，影响深远。此地古人类遗址众多，多民族共生，伏羲与神农氏在此授渔猎，教稼穑，周秦王朝则在此蓄积力量发展壮大。这一地区既具有浓郁的西部异域风情，又保有中原文化的基本特征，是中国传统文化的发祥地。

伏羲、神农与黄帝被尊为中华民族的人文始祖。他们均生成发展于渭河流域。渭河是黄河的最大支流。发源于甘肃省渭源县鸟鼠山，由西向东流域范围主要在陕西关中，至潼关县汇入黄河。渭河天堑南有东西走向的秦岭横亘，北有六盘山屏障，其流域面积扩展俯瞰恰如大关中格局。

---

① 从方言和生活版图上，关陇文化区还应包括宁夏回族自治区的固原县、彭阳县。
② 本书以下所指"关陇"，除了具体说明外，均为关中（西部）陇东地区。

伏羲氏是我国古籍中记载最早的王之一，所处时代约为新石器时代中晚期。据古籍记载，伏羲出生于陕西成纪（今甘肃天水）。[①] 他根据天地万物的变化，发明创造了八卦，成了中国古文字的发端，也结束了"结绳记事"的历史。他又结绳为网，用来捕鸟打猎，并教会了人们渔猎的方法。

神农氏是继伏羲之后又一个中华民族的人文始祖。神农氏本为姜水流域[②]姜姓部落首领，后发明农具以木制耒，教民稼穑饲养、制陶纺织及使用火，还发明了医术，制定了历法，因功绩显赫，以火得王，故为"炎帝"，世号"神农"，并被后世尊为"农业之神"。据司马贞《三皇本纪》载："神农氏，姜姓以火德王。母曰女登，女娲氏之女，悉神龙而生，长于姜水，号历山，又曰烈山氏。"《周易·系辞下第八》载："包牺氏没，神农氏作，斫木为耜，揉木为耒，耒耜之利，以教天下，盖取诸益。"

黄帝本姓公孙，生长于姬水之滨，故改姓姬。《国语·晋语》载："昔少典娶于有蛴氏，生黄帝、炎帝。皇帝以姬水成，炎帝以姜水成。"姬水和姜水都位于今天陕西省境内的渭河流域一带，姜水位于宝鸡，姬水则是关中武功县一带的漆水河，两河均是渭河的支流。黄帝播百谷草木，发展生产，创造文字，始制衣冠，建造舟车，发明指南车，定算数，制音律，创医学等。

综上简述，我们不难看出，渭河流域上中游是中国远古文化的发祥地，伏羲、炎帝和黄帝分别于此生成，他们的发明创造，福泽初民百姓，开创了农耕时代文化的多种类型，既提高了先民的生存质量，又丰富了人类的生存智慧，逐渐形成华夏民族文化，因而被视为华夏民族的共同祖先，中国人因此自称为"炎黄子孙"。至今依然流传民间的各种神话传说，记载着渭河流域人文始祖的种种创造，积淀成关陇文化深厚的思想文化底蕴。

---

① （北魏）郦道元《水经注·渭水》记载："故渎东经成纪县，故帝太皞庖牺所生之处也。"

② 今陕西省宝鸡市清姜河流域。

三 关陇文化研究的周秦文化背景

渭河上中游是中国历史上周秦两大王朝的发祥地，天水和宝鸡恰恰构成两大王朝由西向东、由上游向中下游发展的历史起点和走向。两大王朝的历史文化印记至今依然深深蕴藉在渭河流域及其周边区域人们的生活文化之中。

西周王权的确立是兼收并蓄优秀文化的结果。先周本是陕西、甘肃地区的一个弱小民族，他们在继承先周文化的基础上，兼收并蓄商和其他民族的文化，形成我国历史上影响深远的周文化。周文化中所包含的各种典章制度、礼乐制度和思想道德规范，成为中国几千年封建统治的思想、政治基础和儒学思想的源头，是中华民族文化的基石，影响了周以后近3000年的中华文明史。

周王朝为了巩固中央政权统治，除了实行分封宗法制，同时推行礼仪制度。从上层建筑意识形态方面规定了一系列的典章制度，这种具有等级性的各项制度的总和即称为"礼"。"礼"与"仪"与"乐"往往连用，所以亦称"礼仪"。礼仪往往与刑、政并列并用，《礼记·乐记》云："礼、乐、政、刑，其极一也。"在婚丧、祭祀、朝聘、盟会等社会生活中必须按规定的礼节和仪式去做，不能超越"礼"所规定的范围，否则就是"僭礼"，要受到社会的唾弃和惩罚。"礼仪"的实质意义是维护和巩固统治阶级的统治，但作为一种社会化的生活文化，它又广被民间大众所接受，成为社会所有成员的行为规范和文化观念。也正因此，时至今日，关陇地区的民众比其他地域的人们更讲究传统礼仪，更看重传统节庆的文化意义，更珍惜邻里之间的地缘亲情。

秦王朝（前221—前206年）结束了自春秋起500年来分裂割据的局面，成为中国历史上第一个统一的、多民族的、中央集权制国家。虽然自秦始皇至秦王子婴，只传位三帝，享国15年，但是它在渭河流域上中游蓄积国力东向推进，不断开放发展却对后世朝政产生了极大的影响。自秦朝起，中国形成了一个以汉族为主体的统一的大国，不管豪强公开割据或外族侵入建立政权，最后总是还原为汉族做主体的统一国家。

概括来说，秦王朝的开创性体现在政治、经济和文化三个方面。首先，他确立了一统天下的皇权。皇帝拥有至高无上的权力，总揽行政、军事、经济等一切大权，建立从中央到地方的官制和行政机构即三公九卿制。其次，实行土地私有制，按亩纳税；统一度量衡，统一货币，统一车轨，修驰道。最后，书同文，将小篆作为标准文字推广全国；"焚书坑儒"，加强思想控制。尤其是秦始皇统一国家，统一货币，统一度量衡，统一文字，是其最伟大的历史功绩，对后世影响极大。

综上简述，渭河中上游的宝鸡（咸阳）、天水及其周边地区平凉、庆阳，自远古时代就滋生了人文始祖，进入文明时代，又先后创建周王朝和秦王朝，建立了以汉民族为主导的中华多民族统一国家，创立了影响深远的礼乐制度，统一度量衡、货币、文字，使人民从此生活在规约模范的生活文化之中，成为举世伟大的华夏文化的基石。

从地域经济生活上看，关陇地区农业、畜牧互补互促，数千年来"以农带牧，以畜养农"是该地区经济生活的基本形态。它同朔方漠北的游牧民族进攻中原腹地的农业民族，双方水火不容完全相反，关陇文化是农耕与游牧文化的融合同构的典范，创造了中国古代生活文明的基础。

人文生态:关陇民俗文化研究的新视域

以关中西部和陇东为关陇文化新的研究区域,不仅有着深厚的历史文化积淀可供发掘,而且可以探索该区域文化精神的成因,建构具有中国民族特色和区域地域特色的文化理论。关中—天水经济区建设赋予了关陇文化研究以新的社会发展使命。对关陇文化的研究将会提供前人从未开掘的新课题,展开民俗文化研究的新领域,创造突破行政区划研究的新成果,为"关中—天水经济区"开发建设提供文化支撑,为关陇地区社会发展提供最具历史文化底蕴的民俗生活参考。

民俗是民众在生存活动中创造、享用和传承的生活文化。原生态民俗质朴而鲜丽的形式结构承载着人类的善真追求,富含人文生态和审美特性。所谓人文生态,是指基于文学的"人学"命题,在尊重人、肯定人的生命的前提下,坚守一种人、社会、自然和谐共生的美学原则。"人文生态既是自然生态的延伸,又可以超越现实,追求理想的意义世界。意义世界从本质上讲就是理想世界,是人文生态追寻的终极世界。"关陇地区作为人类最早的生存选择与文化创造的区域,人们的生活方式至今仍古朴而又纯真,既依循自然生态而又讲求人伦关系,人与自然社会和谐共生,具有人文生态特性。

一 中原官话秦陇片:地域生活文化因缘

方言是同一语言中因地理区域不同而表现出不同的发音与日常用语。汉语方言的形成是一个历史生成与传播过程。作为汉民族原生母语的北方方言,亦称"官话",它是一个地理历史文化区域内的人们源于相同相近的生存活动而形成和发展的，内含着在历史发展过程中人们共同的追求和创造出来的知识、方法与信仰。它的传承，既与历史地理条件相关，也与传播者的当代生存追求密不可分。

中原官话是官话的一个分支，在语音上与普通话颇为接近，大部分操中原官话的人可以与说普通话的人自由通话。分布主要以河南、陕西关中、山东南部为中心，覆及江苏、安徽、山东、河北、河南、山西、陕西、甘肃、宁夏、青海、新疆共 390 个县市。根据 1987 年版的《中国语言地图集》，一共分为郑曹、蔡鲁、洛徐、信蚌、汾河、关中、秦陇、陇中、南疆九片。

中原官话秦陇片主要分布于陕西省陕南、陕北南部、关中西部、宁夏回族自治区南部、甘肃省西部、青海东部等地区。根据《中国语言地图集》，结合近年方言学者的调查，中原官话秦陇片包括陕西省汉中市部分市辖区、勉县、宁强县、南郑县部分、长武县、宝鸡市市辖区、岐山县、凤翔县、麟游县、陇县、千阳县、扶风县、眉县、太白县、凤县、富县、定边县；宁夏回族自治区的固原县、彭阳县；甘肃省的庆阳市市区、环县、华池县、庆城县、镇原县、正宁县、合水县、平凉市市区、泾川县、灵台县、崇信县、华亭县、陇南市市区、成县、徽县、两当县部分、宕昌县部分、文县大部分、康县、西和县、礼县、临潭县、武山县、甘谷县、渭源县、漳县、陇西县、白银市市区、靖远县、景泰县；青海省的西宁市市区、门源回族自治县、互助土族自治县、湟源县、湟中县、平安县、贵德县、化隆回族自治县、敦煌。

虽然中原官话秦陇片区域远大于关陇文化区域，但是，当我们排除了语音差别相对较大的陕西省的陕南、陕北和甘肃省的陇南、青海省的全部，就会发现关陇文化区恰恰是中原官话秦陇片的核心地带，这个区域的民众在方言与生活类型上绝多相似，构成同一地缘生活文化同心圆。作为一种生存选择的文化样式，方言的生成与传承反映了同一个地缘之内人们的理想与追求，因此说，方言也是一种民俗文化，体现了人类生存选择的法则。

二 民俗文化：生存选择不变的法则

方言秦陇片的形成与传承是地缘之上广大民众生存选择的结果。

正是这种区域民众的生活文化的创造与传承才形成了关陇方言民俗文化圈。

在历史上秦陇并称,一是方位皆偏向西北,二是黄土高原覆盖其大部分地区,三是人文民俗相近。古代的陇东高原(又称"关西")邻近关中平原,成为西部天然屏障,因此,秦陇两地唇齿相连。当外地人行走在关陇地区,他们会惊奇地发现,在这地域广大的上千平方公里的土地上,民众不仅方音接近,衣食住行模式也相同相近。吃酸辣扯面,唱粗犷秦腔,住半面厦房,庙会社火红火热闹。这种趋同近似的民俗文化现象,是千百年来人们面对自然淘汰的压力,为了生存而选择文化创造的结果。

生存活动是人类为保护和发展生命所进行的创生活动。它首先包括人为满足第一需要如吃、喝、睡、性(生殖)所付出的种种努力,也包括人在第一需要得到基本满足后在更高层面上对爱、尊重、安全种种本体性创生活动的需求。所以,生存活动是人作为主体的积极能动的创造过程,它总是趋向于将人带入更高境界的生命活动中去,即一种自我发展和自我实现的"永恒"追求。这就如同马克思所说的:"人的类特性恰恰就是自由自觉的活动。"这种活动"不是把人当作某种驯服的自然之力来驱使,而是当作主体来看待。这种主体不是单纯地在自然、自发的形态之下,而是作为支配一切自然之力的活动出现在生产过程里面"。① 它不仅是一种对象性的自由感性活动,集体中的个体凭充分的感受力去沟通对象,创造对象,使纯客观的自然被改造成为一种主观感觉化了的世界,成为"人化的自然界",而且,它还是一种本体的存在,一种有别于世间万物的人所特有的存在。正是在生存活动——生命活动中,人才脱离了动物的种性,脱离了自然界的隶属关系,而成为万灵之长,实现了超越时间与空间的有限和无限,达到自我肯定、自我认同的物态化与精神化的境界。所以,远古人类从野蛮、愚昧的状态下不泯生命发展的永存之心而走到现代文明社会,依靠的绝非低下落后的石器工具和生产力,而是更多地依存于充分的想象力所创造的一个个民俗事象。是心理盼想的巨大动力将他们

---

① 《马克思恩格斯全集》第42卷,人民出版社1979年版,第96页。

从砍砸石器的原始劳作——捕猎、采集中逐渐带入更高的社会形态中的。

民俗是一种感性（为主）的生存活动，是民众创造、享用和传承的生活文化和一种生活方式。它是与人类相伴而生的，随社会的发展而不断传承的生活文化。从社会学角度看，人"是一切社会关系的总和"（马克思语）；因为社会中人际之间发生着千丝万缕的联系，所有人们都性格化地活动着。个别、局部、整体之间相互作用、相互制约、合力运动，并带动所有阶级关系、生产关系、社团关系等性格化地运作、发展，共同组构形成社会生活的逻辑关系。这样，任何一个社会中的人都是社会生活逻辑关系中的人，都受到生活逻辑的制约与诱导。民俗是一个地方一个民族广大群众共同创造、享用与传承的生活文化，因此，所有的文化中人更加"逻辑化"地自觉运动着。尤其是人生礼俗在一种观念化的人生中，处在人类文化意识的最低层次，好似刚刚脱离生活形态，呈现出原生态混沌的文化意识团，处处与生活保持着紧密的联系。更何况社会人生礼俗是基于血亲关系而组成的地区性情感性礼仪。这种缘于地缘和血亲关系所形成的牢固沉稳的结合体，更使艺术个体难于拔着自己的头发跳离生养自己的土地，不可能产生完全超越民俗文化的性格，其对民俗文化的服从与顺应大于超脱。因此，就像美国人类学家本尼迪克特所指出的："个体生活的历史首先是适应由他的社区代代相传下来的生活模式和标准……其文化的习惯就是他的习惯，其文化的信仰就是他的信仰，其文化的不可能性也是他的不可能性。"[①]

正是从这种文化传承的意义上，关陇地区的民众才几千年不变地祈福土地，辛勤耕作，祭拜苍天，喜食酸汤辣臊子面，爱唱高亢秦腔调，正月里社火耍得热热闹闹，农闲里三乡五里庙会不断，平日里更有布艺、皮影、剪纸、草编艺术品、手工泥塑等相生相伴。尤其是社火、庙会等信仰性文化活动，将农耕民众的饮食、娱乐和心意信仰整合在一起，使关陇民众的生活方式呈现出人文生态特点。

――――――――――

① ［美］露丝·本尼迪克特：《文化模式》，何锡章、黄欢译，华夏出版社1987年版，第2页。

三 民间艺术:生命活动的审美参照

关陇地区民众有着十分相近的民间文化喜好。秦腔一统天下和各地的民间曲艺百花齐放,构成关陇地区艺术的重要形态。除了演唱艺术,关陇地区民众的皮影、草编、剪纸等民间工艺亦多共性,它们用不同形式反映了人们内在的情感需求和生命意志。

关陇民间艺术作为一种民俗文化活动,源于民众生存活动的文化选择,包含着中华民族敦厚的文化底蕴和审美情趣。作为一种生活文化的艺术形式,它具有浓重的生命功利色彩,反映着民间百姓生活中的深层"世俗意义",体现着人作为开放性的生命体,突破自我、发展自我,企望生命永恒不息的自然倾向,以及自我实现、自我发展这种永恒追求的生命渴望意识。

审视关陇地区具有典范艺术形式的陇东皮影、陇州社火、凤翔泥塑可以发现,这些民间艺术并非一种纯粹艺术,而是民众的一种生活方式,一种生活的艺术。它之所以在民间传承千百年而不衰,就因为具有求子祈福,生病求吉,驱邪禳灾,祥和平安等象征内含,所以为百姓津津乐道,踊跃参与,成为我国首批非物质文化遗产保护项目。

皮影,又称灯影,以在灯光照射下用兽皮刻制的人物隔亮布演戏而得名,是我国民间广为流传的傀儡戏之一。皮影遍布我国大江南北,本属剪纸范畴。陇东皮影主要分布于平凉、庆阳各县,其中环县(道情)皮影入选第一批国家级非物质文化遗产名录。环县(道情)皮影与当地人民的习俗信仰水乳交融,是环县独特的地理位置以及兴隆山道观的修建和民间的祭祀神灵活动促使了环县道情皮影戏的诞生、成长及最终走向成熟。道情是说唱音乐的一种,其特点是以唱为主,以说为辅,属曲艺范畴。以道教兴隆山为依托,经环县民间艺人的演唱实践,吸收了环县当地的音乐营养,增加了乐器伴奏,融入了一些民间故事情节,逐渐形成了今天独具风格的环县道情。皮影戏道具简单,两只木箱一头毛驴就可驮着走乡串户,巡回演出。至今,环县人还流传着"走亲戚毛驴一赶,吃羊肉袖子一卷,心慌了牛窑里一喊"的俗语,它反映了道情皮影戏在环县民间的深远影响。

凤翔泥塑汲取了古代石刻、年画、剪纸和刺绣中的纹饰,造型夸张,形态逼真、简练概括,色彩大红大绿或素描。其种类主要有座虎、挂虎、五毒、卧牛、十二属相、豆豆鼓、金瓜、吉虎、鹿羔、鹦鹉等玩具类,八仙、三国、西游记等神话民俗类。从"耍货"到具有鲜明特点的民间艺术品的历程,是泥塑作品本身与地缘文化相结合的过程。彩绘泥塑大红大绿的色彩、酣畅淋漓的线条、浪漫神奇的纹饰,有古乡色彩之风,大俗大雅之韵,饱满热烈之美。这些都是秦地秦风文化深厚积淀的展现。同时,以花草鱼虫祥鸟瑞兽神话风俗人物为主的意象造型,具有汉唐的丰满圆滑与悍猛,又有远古饕餮纹样与图腾文化的神秘和古朴,憨态可掬,粗中有细,生动活泼。这些都与关中西部民众勤劳、粗犷、深沉而又保守、信奉天命、小富即安的心理相呼应、相融合,表现出特定地域的民间艺术审美特征。

凤翔泥塑上的各种吉祥纹饰在祈子延寿、纳吉招财、驱邪禳灾这三项民间艺术恒常的主题观念的统摄下组合而成。它作为反映民众生存活动的艺术表现,与环县皮影一样,反映着人们强烈的生存渴望。是人们在严酷的生存环境中,面对死亡的恐惧以及由此派生出的生命的崇拜心理,求生意念。它催迫着人类在生存活动中创造出种种古朴神秘的类型。①

陇州地处陕西甘肃交界处,自古多为一州辖三县的州府,而其所辖又多为今甘肃陕西的辖区范围。独特的历史地理使得陇州的生活文化方式具有关陇地区的典型特征,而陇州社火又是这种地域文化的代表。由图腾崇拜演化而来的社火祭祀活动,经过时代的沉积和过滤,已经成为陇州人民最为看重的节庆习俗。进入 21 世纪以来,"陇州社火祭地仪式"、"陇州社火脸谱化妆大赛"等社火游演活动不断,民众的参与热情超乎想象。社火是一种源于祭祀土地,企盼神灵福佑的生命活动,与民众的生活联系紧密,是百姓生命祈望的直接展现。

节届春节,惠风和畅,万象更新,大地之子,聚首社稷及诸

---

① 靳凤林:《死而后生,死亡现象学视阈中的生存伦理》,人民出版社 2005 年版,第 322 页。

位神灵之前,贡品时果,恭祭社稷及山神、财神诸神灵,以祭祀鼓乐,社火歌舞,娱我神灵。顿神灵护佑,四方四季之神,更替有序,风雨霜雪,应时而至,天不言有信,地无语物成,使我陇州,五谷丰登,六畜蕃盛,县财超亿,人民小康。今大地回春,万物复生,盼诸位神灵,佑我陇民,经济腾飞,民富国强。社火起源,祭社为先,神灵护佑,传承发展,表演平安,人神共欢。关山凝翠,汧水融融,山河烂漫,紫气万千,神德煌煌,中华永昌,祭祀社稷,民族兴旺,今举祭典,乞神共飨。

以上所引是 2011 年 2 月 15 日"陇州社火古祭地仪式"的祭文。文中"社火歌舞,娱我神灵","神灵护佑,传承发展,表演平安,人神共欢",较好地体现了民间百姓借社火表达祈盼五谷丰登、六畜蕃盛、人民小康的愿望。这正是社火艺术最为本源的生命审美展示。

综上所述,以宝鸡为中心的新关陇地区生活文化具有人文生态特点,人们既看重当下生活的富足安康,也延续着传统文化的精髓。关陇地区的民众在尊重人、肯定人的生命的前提下,坚守着人、社会、自然和谐共生的生存原则。这既是自然生态的延伸,又是在生存选择原则下,对人性人情最大限度的默许,对人生意义世界的承认。关陇民俗生活文化具有日常生活信仰性特点,是一种古今相合的生活方式,使生命、自然、社会相对和谐共生。虽然这种人文生态特性具有文化的保守性,对社会经济发展具有一定的滞后性,但是它为中国民众生活提供了保存尚好的非物质文化遗产生态园区,自有其文化文明建设的价值和意义。

上 编
关陇社火艺术总论

关陇地区具有相同相近的文化传统和生活习惯。每逢年节，这里的人们吃年饭，串亲戚，逛庙会，耍社火，唱秦腔，品小吃，独具地域文化特色。尤其是这里的社火和庙会，可谓民间双鸾，历史悠久，拥众广泛，举国一绝。

社火和庙会作为关陇地区民众节庆生活的一种形式，多在农闲时分举行。广大民众感应四季生态，应时而聚。人头攒动，香烟缭绕，锣鼓喧天，叫卖声演艺声不绝于耳。人们祭祀祈福，观赏游玩，饮食娱乐，慰藉精神，怡乐无穷；真实地反映了当地民众的心意信仰与生活文化样态，体现出了喜庆祥和、普天同庆的气氛；直接或间接地表达了民心所向、国家在场的意义。①

观赏社火庙会的人群/赵德利　摄　　　　地方特色小吃/赵米振　摄

---

① 关于关陇庙会有专书另论，在此不再赘述。

关陇社火的含义与组织

社火在我国主要分布在北方地区，陕西、山西、甘肃、青海、辽宁、河北等省区均有传承，具体形式随地域而有较大差异。关陇社火是民间的一种审美文化活动。它历史久远，既与远古宗教祭祀相关，又和人们对土地的感情密切相连，更有历史传说、戏剧表演内涵相伴。从古至今，关陇地区民众组织社火会，传承社火表演，祈福天地人神和谐共生，使社火富含人文生态特点，具有"节庆"遗产的狂欢性质。

一　社火词义

社火是个合成词，含义颇丰。"社"，从示从土，社土同字。① 其本义指土地神。其拓展义，还有祭社单位之意，史书上称"土社"、"番社"，每社自八九户至几百户不等。② "火"，本义指物体燃烧所发的光、焰和热；其引申义具有红火、热闹之意。另外，火还用作中国古代兵制单位，十人为"火"。这样，从数量单位就有了社火的一种含义：社火表演单位大班为"社"，小班为"火"。后来人们把社火表演统称为"社火班子"。

社火具有广义和狭义之分。从广义来说，将社与火合成来用，

① 示，会意。小篆字形，"二"是古文"上"字，三竖代表日月星。甲骨文本作"T"，像祭台形。"示"是汉字的一个部首，其义多与祭祀、礼仪有关。本读（qí）。本义：地神。

② 《左传·昭公二十五年》有云："请致千社"。注解：二十五家为"一社"。

社火是中国民间庆祝节日的一种传统游艺活动。凡是民众在年节庆典、庙会活动中自娱自乐、表演性强的民间歌舞技艺活动均可纳入其中。唐代的时候，民间祭社仪式已发展成大型的演艺活动，成为农村一年一度最重要的文化娱乐形式。有诗为证："桑柘影斜春社散，家家扶得醉人归。"① 到了宋代，社祭中已有了锣鼓和歌舞比赛，娱乐身心已经成了人们举行社祭活动的主要目的。梅尧臣就在《春社》中写道："树下赛田鼓，坛边饲肉鸦。春醪酒共饮，野老暮相哗。"对于当时的社火情形，诗人范成大曾作描述："民间鼓乐谓之社火，不可悉记，大抵以滑稽取笑。"② 其指可谓广义社火的基本特征。

中国鼓乐用途广泛，以滑稽取乐为目的的鼓乐表演更是多种多样。旧时村社迎神所扮演的杂戏，谓其一，现今的舞蹈、杂技、杂耍、武术、鼓乐等（如东北大秧歌、陕北腰鼓）都属广义的社火。但因"社"之专指，本书限定的广义的社火亦应与祭祀活动相连。故可说，凡民众在节庆期间本于祭祀祈愿活动的鼓乐表演活动，统称为"社火"。③

狭义的社火当以关陇社火为准。关陇社火以民间传说和戏剧故事为题材，通过一个或一组人物表现一个故事，一个故事为一转社火。社火脸谱、服装、把杖是社火表演的三要素，关陇社火不论何种形式，都是通过脸谱、服装、把杖来表现故事的。因此可以说，关陇社火是以戏剧故事装扮表演为主，伴以锣鼓秧歌表演的游演活动。

虽然在今天，社火表演已经渐渐隐去祭祀祈愿本义，但是，祈吉祝福、避灾免难依然是民众参与社火演艺活动的心愿，戏剧脸谱及其装扮表演依然为传统社火之标志。正因此，文化部才将陕西宝鸡市的社火列为第一批国家级非物质文化遗产保护名录。④ 2009 年，宝鸡市

---

① 晚唐诗人王驾《社日》：鹅湖山下稻粱肥，豚栅鸡栖半掩扉。桑柘影斜春社散，家家扶得醉人归。

② 范成大《上元纪吴中节物俳谐体三十二韵》自注。

③ 社火是民间祭社仪式的另一种称谓，用民间艺人的话说："社火，就是一社人伙腾哩！"

④ 第一批国家级非物质文化遗产保护名录"社火"中还有山西省潞城县。

被国家文化部命名为"中国民间社火艺术之乡"。

传统社火/白志勇　摄　　　　传统社火/赵德利　摄

二　社火脸谱

社火脸谱是关陇地区社火表演的关键质素和精华所在。社火扮演者除了身着戏剧人物服装，一般都要进行面部化妆，以表现人物的性格和戏剧角色的内容。社火脸谱是以人物的容貌和性格特征为依据，用日月纹、火纹、旋涡纹、蛙纹等纹饰的不同组合表现人物形象，以色彩识辨人物的行为类型，综合表现人物的思想性格。因此，艺人们将一出戏、一个传说和一个故事表现于一张脸上，赋予其"天庭"（额头）、"地阁"（下颌）、"四方"（东、西、南、北）、"五位"（东、西、南、北、中）等天地大象和空间观念。古代人相信人体各个部位对应天地，常会以"天庭饱满、地阁方圆"，来形容一个人的面相如何之好，这其中的"天庭"指的就是上额，额头。而"地阁"指的就是下颌。所以说，民间社火脸谱艺术并非是对一张脸的简单装扮，而是对万物符箓的抽象表现，对民间福禄祈盼的具象陈述。

社火脸谱是从古代"假面"、"涂脸"演化而来的，又直接吸取了中国传统戏剧脸谱艺术，因而堪称我国最古老的脸谱之一。戏剧家张庚先生说："脸谱是一种中国戏曲内独有的、在舞台演出中使用的化妆造型艺术。从戏剧的角度来讲，它是性格化的；从美术的角度来看，它是图案式的。在漫长的岁月里，戏曲脸谱是随着戏曲的孕育成熟，逐渐形成，并以谱式的方法相对固定下来。"社火脸谱作为民间化装艺术，不同于其他国家任何戏剧的化装，有着独特的迷人魅力。

脸谱图/赵德利 摄

社火脸谱和戏剧脸谱同出一源。"无论是社火脸谱还是戏剧脸谱，装饰构图都深受中国传统文化和民族精神的影响与熏陶，'形'方面吸收并融合了中国传统图案、剪纸、花卉、皮影以及书法等民间传统工艺的精华，按照中国民众特有的心理习惯和文化传统来塑造人物形象；'色'方面将丰富多彩的民间传统特色的色彩及寓意融为一体，使得塑造出来的人物鲜活生动。"① 中国戏曲脸谱作为一种戏剧的化装方法，是在唐宋涂面化装的基础上发展来的。向前追溯，唐宋涂面化装又是从更早的面具艺术来的，而面具的渊源可追溯到远古的图腾时代。因此，戏曲理论家翁偶虹先生才说："中国戏曲脸谱，胚胎于上古的图腾，滥觞于春秋的傩祭，孳乳为汉、唐的代面，发展为宋元的涂面，形成为明、清的脸谱。"②

社火脸谱人物众多，性格多样，背景不同，文化深厚，意蕴丰富。民间艺人根据不同人物进行不同的脸谱设计，开脸严谨，用色讲究，运用夸张变形的艺术手法，加进象征性、寓意性的纹样，使人物的身份、性格一目了然。

艺人们编了一整套用色的口诀，以颜色来标示忠奸、善恶、美丑：

　　　　红脸忠诚白为奸，黑为刚直青勇敢；

---

① 张蓝图：《脸谱的装饰构图特色及其艺术价值》，《艺术与设计（理论）》2011年第1期。

② 《翁偶虹戏曲论文集》，上海文艺出版社1985年版。

黄色猛烈草蟒蓝，绿是侠野粉老年；

金银二色色泽亮，专画妖魔鬼神判。

关陇地区是周秦文化的发祥地。现今的有些社火脸谱还残存着周文化"大傩"涂脸的遗迹。从殷商青铜器上的饕餮、夔龙、夔凤等图案看，社火脸谱也不乏商代的遗风。陕西宝鸡地区是陕西和关陇地区社火脸谱艺术具有代表性的地区。特别是陇县（陇州）和宝鸡县（陈仓区）的社火脸谱，流传历史久远，脸谱造型古朴奇特，色彩质朴明快，纹饰严格讲究，谱样齐全，代表了中国社火脸谱的最高水准。

2011年2月12日，陇县举行了"陇州社火脸谱化妆大赛"，作为社火艺术节的系列活动之一，来自全县32位脸谱化妆民间艺人参加了比赛。参赛人数之多，比赛作品水平之高，让人们看到了陇州社火深厚的文化土壤和广泛的群众基础。经过评委评选，来自高垅村的疙瘩脸社火艺人闫永强以其出众的艺术技巧，荣获"2011年陇县社火脸谱大赛"第一名。这种疙瘩脸谱，是先在演员脸上画好脸谱，再在蛋壳上画好脸谱，然后用蜂蜜和蛋清调好的糊糊将蛋壳粘在演员脸上。疙瘩脸社火脸谱在关陇地区少有流传，虽然个别艺人也能

闫永强化装疙瘩脸谱图片／赵德利 摄

化妆疙瘩脸，但是一般人只能在扮演者脸上摆放5个蛋壳，其黏粘技术也粗糙暴露。闫永强先生绘制的"疙瘩脸"却可多达8个，而且黏粘精细，不露痕迹。"疙瘩脸"社火比一般社火脸谱具有很强的面部立体感和表现力，很好地凸显了人物的性格特征，达到疙瘩脸化妆的艺术表现目的。

三　社火会

　　会，多数人的集合或组成的团体。在关陇地区，社火会和庙会一样，是具有一定独立性并经常开展活动的民间组织。它由若干热衷于社火祭祀表演的乡里能人组成①，由更具影响力的民间权威领导②，在节庆期间负责组织社火游演。

　　在社火会成立的早年，它不受基层政权的领导，独立行使社火组演的职权。在祭社活动中，祭社的组织单位——"社"逐渐演变为一种重要的基层组织机构，具有宗教和行政的双重功能。因此，"社"也是社火的重要组织机构。社火饰演的服装、道具、捐赠收入等"财产"均由会长、保管等人管理。进入21世纪，随着村落经济的发展，村政权对文化生活的重视，"干部"开始参与社火、庙会的组织管理，以期将社火、庙会文化活动搞得更好。

　　在关陇地区，社火会大约有两种样式：一种是社火会基本或相对独立，即使村落政权（包括村落党组织）过问社火会的活动，它们也不能剥夺社火会的组织管理权力。他们自行决定社火会游演事项，筹措管理社火会的固定资产。另外一种是村委会直接领导社火会，社火表演成为村政权执行上级组织命令的一种工作形式。社火传承成也村委会，败也村委会，群众的能动参与程度将依附于村委会领导的权威影响力。目前总体来说，关陇民间社火会同民间庙会组织一样，仍然活跃在关陇地区的村落家族社会生活之中。

　　可以说，社火会独立行使自己的组织权、经济权，它是中国民间

---

　　①　所谓乡里能人是指身处传统农耕文明氛围中具有较为聪慧头脑、出众技能、迎合时尚且善于把握机遇的平民。

　　②　所谓民间权威主要是指相对于上层社会和官方机构的主体所拥有的比其他人优越的地位、才能、权力和人格魅力及其对他人的影响力。这种民间权威可以是个体（本书主要指个体），也可以是一个集团或民间制度。因为他具有超人的经验、才能和威慑力，能令相应于他的客体产生敬畏、赞赏、佩服等感情，从而乐于趋从与服膺他。因此，民间权威在地方民众中间具有较高的威望，往往能在一个重要的事件纠纷与地方冲突中起到调节、治理和疏导作用，成为不用暴力或不靠暴力而达到"统治"的"领袖"（见赵德利《论二十世纪民间权威的审美特征》，《社会科学》2001年第11期）。

文化的一种显现形式。社火会的形式让当代社会人们隐约窥探到古代社会政权、族权、民间组织权力的交错与并存。在关陇地区，社火会长都是在当地有一定威望的乡里能人甚或是民间权威。他们精明能干，上承传统，下顺民意，具有组织管理能力，颇具感召力。虽然社火游演一年仅只一次（或两三天），但是为了这一天，会长们要经年念想来年的游演，筹款，购置道具、服装，培训参演人员之类的事宜。而在正月里，他们更要拿出百倍的精神和干劲，组织队伍，安排化妆和服装，联络游演路线（为哪些村落、单位表演），筹划捐赠事项，等等。几十上百人（大人孩子）的队伍要井井有条，交通顺畅，遵规守礼，表演到位，对于社火会这样一个民间组织来说，颇为不易。但是，社火的兴隆昌盛分明在告诉人们，民间社火在一定层面上代表着民间传统，而社火会则象征着中国传统宗族文化或传统文化理想和秩序的实现和表达。

陇州南街村社火会会长宋怡儒，现年 63 岁，从小喜爱社火，16 岁拜师学艺，20 世纪 60 年代装扮身角，70 年代装扮现代社火，80 年代参与高芯社火的装扮和设计，90 年代到 2000 年，研究设计新工芯子，先后设计了甲板芯子、叉芯子、转芯子。2002 年设计的《还珠格格》被中央电视台录制，并接受专题采访。2007 年被文化部门评为"陇州非物质文化遗产陇州社火传承人"，2010 年被县文化局评为"十大杰出艺人"，2011 年被评为"省级非物质文化遗产陇州社火传承人"。先后装扮高芯社火八十多转，改良新式芯子二十多具，使高芯社火实现了动态化。宋怡儒的聪慧才能感召了周边的民众，他们甘愿无偿参加社火会的活动，在社火演艺中体会人神相通的价值感觉。

在 2012 年元宵节的社火筹备工作中，宋怡儒因过度劳累而病倒了，可就在元宵节当天我们依然看到了他创作的三转社火《绣金匾》、《维稳》、《济公点状元》，还是那么惟妙惟肖，独一无二。其中《绣金匾》获"2012 年陇州社火创新奖"第三名。他计划在 2013 年将杂技和古今"送郎从军"的电影故事糅合在一起，搬上他的高芯社火，让社火有世界艺术的气息，同时在时下流行的"穿越剧"的启发下，让观众们来一次视觉上的穿越。

宋怡儒新作《绣金匾》/宋怡儒 提供

　　类似陇州南街村社火会在传统社火基础上创新社火节目的不在少数。庆阳正宁县榆林子镇乐兴社火会也结合时代的发展变化，或赋予古典曲目以新的形式和内容，或编排新剧目、新舞蹈，主要是歌颂党的富民政策，宣传和谐社会，"反腐倡廉"及农村大变化。例如，他们创编了《新红灯记》、《巧儿姑娘剪花窗》、《农民不交皇粮了》、《绣鞋垫都要办个合作社》、《大学生村官小马》、《黑娃的洋媳妇》等剧目，反映了乐兴人民发家致富，走向新时代的心情。

　　社火会是人类实现心意信仰的组织形式。英国著名文化人类学家马林诺夫斯基曾经说过："宗教并非产生于玄想，并非产生于幻觉或妄解，而是出自于人类计划与现实的冲突，以及个人与社会的混淆。假如人类没有足以保持完整和供为领导的某种信仰的话，这种冲突和混淆势必发生。"① 作为著名的功能学派的代表人物，马林诺夫斯基的认识不仅在 20 世纪初是超人的大胆论断，就是在 21 世纪初的中国，至少印证了数以亿计的民间信众的社火情结与行为。中国农民对土地的眷恋，对神灵的信仰及其对美好生活的向往，促生了社火祭祀

---

　　① ［英］马林诺夫斯基：《文化论》，费孝通译，中国民间艺术出版社 1987 年版，第 75—76 页。

及其社火会组织形式。它也同样更好地证明了马氏文化的功能论见："文化是包括一套工具及一套风俗——人体的或心灵的习惯，它们都是直接的或间接的满足人类的需要。"① 在现代工业文明高度发展的今天，透视民间社火会的形式与意蕴，无人会否认它们依然在人们生活中生发着精神的寄托与交际的功能。

四 社火传承人

传承人是直接参与非物质文化遗产传承、使非物质文化遗产能够沿袭的个人或群体（团体），具有公认的代表性、权威性与影响力，是非物质文化遗产最重要的活态载体。虽然传承人一词是现代流行语，但是，无数璀璨的中华文化遗产，就是靠着口传心授这种方试绵延不绝、流传至今的。它是一种师徒间只可意会不可言传的心灵交会，一种文化意蕴。传承人成为连接过去和未来的纽带，正因为有他们的存在，中华文化才能生生不息，历久弥新。

关陇地区悠久的历史文化传统，使得社火拥有为数众多的传承人（团体）。在他们中间，又有着一批具有公认的权威性与影响力的代表性传承人。传承了数百年的背社火、马社火、唱社火、血社火，以及随着时代创新而发展形成的疙瘩脸社火、车载高芯社火等艺术形式，就是在这些乡里能人的手里实现传承和创新的。

陇州北坡村社火传承人杨生林，自小喜欢民间文化，一生献身于社火艺术。北坡村背社火（当地人俗称"挈社火"）堪称国内一绝。据杨生林老人介绍，早在清朝时期，北坡村就有背社火的表演形式。他从小就喜爱社火，起初只在社火队尾凑凑热闹，10 岁左右便开始参加社火游演。由于经济原因，当时没有像样的社火道具、服装和颜料，社火更多的是民间的游戏娱乐形式。社火化妆也主要以净脸为主，服装比较破烂。1950 年，杨生林开始拜师文贵画脸子（脸谱），这一画就画了 50 年的时间。在他的精心描绘下，北坡村的背社火形式全面多样，不仅有文身，也有武身，化妆也不像从前只是淡妆，而

① ［英］马林诺夫斯基：《文化论》，费孝通译，第 14 页。

多浓妆，使背社火走出陇州，走向世界。

　　在杨生林的家里有他几十年来描绘的脸谱样稿四本上百幅。每一幅脸谱，都是一个戏剧人物造型，都包含着杨生林对这个戏剧人物的理解和热爱。质朴稚拙的色彩造型，虽不像戏剧彩照那样鲜丽可人，但是，每一笔画都饱含着这位86岁老人对社火、对秦腔戏剧及其人物的喜爱和执着。当他翻开一页页脸谱草稿，述说着当年绘制脸谱时的构想和创造时，他那微微抖动的胡须和充满喜悦的表情，都向我们展示着他内心深蕴的社火情结。86岁老人的社火情结，那是火一样的热情，那是神一样的圣洁，更如仙女一般的美好！它是老人一生心血酿造生成的挚爱！

　　在关陇地区，像杨生林老艺人那样执着于社火艺术的代表性传承

闫永强化妆的疙瘩脸谱/赵德利 摄

人还可列出许多。陇州十大艺人之一的闫永强便是其中的一个。闫永强从小就喜欢绘画，对社火脸谱有了一分别样的情愫。闫永强是一个善于学习和创新的民间艺人，他最为擅长绘制社火疙瘩脸谱。在跟随师傅学习传统社火的同时，他不断地吸收邻村社火经验，经过自己的反复摸索，和师傅一起将疙瘩脸谱进一步发展，使高垗疙瘩脸社火成为社火大军中最亮丽的风景线。这种疙瘩脸谱，是先在演员脸上画好脸谱，再在蛋壳上画好脸谱，然后用蜂蜜和蛋清调好的糊糊将蛋壳粘在演员脸上。闫永强不断地完善疙瘩脸谱，他将原来的小蛋壳放大放长，增加了脸谱的立体感，以前社火疙瘩脸谱最多能放置四五个蛋壳，经过他反复试验，现在能贴8个蛋壳，从而使社火疙瘩脸更为明显更为突出。这也是后世模仿者所不能及的。正因此，他在"2011年陇县社火脸谱大赛"中获得第一名

的殊荣。

这些社火代表性传承人有一个共同的特点，就是有一定的文化程度，心灵手巧，聪慧质朴。他们具备乡里能人所特有的品格特质。乡里能人是平民的典型。凝聚着血亲与地缘关系的乡里能人正是与地缘内平民百姓血肉相连的关系，才使他们把握机遇的才能得到乡村里巷民众的羡慕、敬佩，产生趋同和仿效的意愿。调研中最让我们感动的是闫永强，其家庭生活清贫，除了种地外，他平时卖点辣椒，补贴生活开销。老人头发花白，身体消瘦，穿着破旧，衬衣外套已经洗得褪色。一说起疙瘩脸社火，他就神采飞扬，声音洪亮、爽朗地向我们列数着疙瘩花脸社火化妆的技法。与此行前有人对我们说疙瘩脸社火艺人拒绝采访和技法外传的说法全然不同。

夏天采访闫永强/白志勇 摄

这些代表性传承人具有独异的人格魅力和出众才能。在长期的社会实践中，他们往往汲取了前人的优秀品质，借鉴了前人的成功经验和失败教训，并创造性地丰富和发展了前人的经验，创造出超越前人的艺术形式。这也正像马克思所说的："每一个社会时代都需要有自己的伟大人物，如果没有这样的人物，它就要创造出这样的人物来。"[1]

---

① 《马克思恩格斯选集》第 1 卷，人民出版社 1972 年版，第 450 页。

关陇社火的类型与调研

　　社火作为民间庆祝节日的一种传统游艺活动在我国分布很广,北方大部分省份都有这种广义的社火游演活动。它内容丰富,形式多样,凡是民众在年节庆典、庙会活动中自娱自乐、表演性强的民间歌舞技艺活动均可纳入其中。从表演形式上可分为锣鼓类、秧歌类、车船轿类、高跷类、灯火类、模拟禽兽类、模拟鬼神类、武技类等。关陇社火从广义上也有锣鼓类、秧歌类社火表演,但是,狭义的标志性的关陇社火是以戏剧人物化妆造型(表演)为标志性演艺形式,并辅以锣鼓、秧歌形式造势助演。因此,典范的关陇社火的类型通常是以戏剧人物的造型方式和演出方式来划分的。

　　关陇社火种类繁多,节目丰富。据调查统计,大的种类可分为昼社火和夜社火两大类;表演形式又可分为造型社火和表演社火两种形式。从古到今,各村各寨正月十五闹元宵到二月二古会前,都有大小不一、形式不同的社火演出活动。从宝鸡地区流传的关于社火的歌谣中大体可以看出社火的种类和内容:"昼社火、夜社火、大头娃娃抬社火;步社火、马社火、跷腿芯子车社火;背社火、转社火、高跷秋千山社火;竹马旱船赶犟驴,舞龙耍狮打社火;要看恶人啥下场,剖肠挂肚血社火。"

　　关陇地区主要的有代表性的社火种类有:黑社火、背社火、抬社火、马社火、车社火、高芯社火、高跷社火、血社火、山社火等。

一　黑社火

　　黑社火是在晚上耍演的社火。黑社火又叫"夜烟歌",主要流行

夜社火/吴凯飞 提供

于甘肃天水（秦州、麦积等县区）和陕西宝鸡市西部山区及陇县的部分村镇。黑社火多在晚上的村民院落或村庄空旷地带表演，一般不搞社火聚会，由一支社火队表演一个晚上。黑社火区别于白天表演社火的最大特点就是一边表演，一边歌唱。它类似戏剧，社火人物表演着历史故事既有道白、唱词，还有曲调、动作。

黑社火以串唱民间小曲为主，同时还包括跑花灯、对唱、打鼓、小丑、舞狮等技艺。它更接近于地方戏曲，没有曲谱，没有剧本，通过艺人们的口传心授而在民间流传。唱曲多为一些吉祥的调子。唱词内容也是以教化人、切近村民生活的内容为主，如"早得子"、"十盏灯"、"行孝道"、"过日子"、"敬神"、"卖货郎"、"绣荷包"等。每个唱词曲调各不相同，具有浓厚的乡情味。夜社火由于容易扮演，"戏台"又简便易行，很受山区民众的喜爱。黑暗的夜晚因社火表演而场地灯火通明，鼓乐齐奏，人声鼎沸，在早远的古代社会，这种艺术形式对于没有电灯的村落民众而言，该具有多么大的吸引力！

还有一种与夜社火相同却在白天表演的"步社火"。这种步社火多在村庄或院落进行表演。它是由戏剧舞台艺术发展而来的，不用车载马驮，人物的装扮完全与舞台戏剧人物相同，道具也很简单，人物装扮起来以后，在鼓乐的伴奏下随地就可以表演了。它的特点是简单易行，走街串巷进院落表演，祈吉祝福，喜气洋洋过佳节。

在社火艺术之乡陇州调研时，我们采访了小寨村社火会会长、曲子艺人李家善。这位老三届学生时年65岁，热衷于社火表演，

仵家庄社火/赵米振 摄

目睹夜社火表演日渐衰落，将流行于民间的社火曲子记录下来，以便教给大家传唱。"社火在小寨村没有可供查看的演出曲谱，唱腔都是一代一代自然传承、口对口的教唱。到了前几年，我怕这种民间娱乐形式失传，才根据老辈的唱腔，把小寨村的社火曲目记录下来，可记录下来的社火曲目也是只有唱词，没有曲谱，别人要学习还只能是口口相传。"在我们的请求下，李家善会长为来宾现场表

小寨村曲子艺人李家善/白志勇 摄

演了他的拿手曲目《十大将》、《十盏灯》等。

天水渭源的夜社火独具特色。一般是晚7时左右开始出动表演，社火每到一处，东家放炮迎接。先唱大旗，再唱灯歌。灯歌有"放风筝"、"绣荷包"、"四季歌"、"十二月调"等曲调；唱罢灯歌，便打八面鼓。接着开始耍旱船、小推车、纸马、海蚌的表演，各种"纸火"耍毕，便是"烧狮子"。社火演出最后的程式是戏曲节目，社火戏一般为小曲，也叫老眉户曲，划地为台，名为"地摊"，乐器简单，只要有二胡、板胡、三弦、笛子即

可。演出节目有《小放牛》、《钉缸》、《下四川》等。演毕，打起鼓

铙唱大旗，作为告别歌："初九、十九、二十九，乡亲们缓着秧歌走！"①

二　背社火

背社火也称"挈（qie，方言）社火"，由精壮的男子身扎木制芯子于肩部，将儿童装扮成戏剧人物绑于芯子，背社火的男子和表演的儿童均身穿戏装面画脸谱，在锣鼓声中行走表演。背社火是陇州独特的民间艺术，乡土气息浓厚。背社火源于民众的生产劳动方式。北坡村社火传承人杨生林老人说，以前村上很穷，加之村上人有进山背柴的习惯，也有力气，演社火时就有了扛社火、背社火的念想。背社火由此而生和得到传承。

背社火分为单架、双架、三架表演类型。单架表演身背一人，上

背社火/赵德利　摄

背社火/赵德利　摄

---

① 关陇方言：缓，慢慢。秧歌，名词动用，扭着秧歌。

下两人共装扮一个故事情节，如《穆桂英挂帅》；双架表演身背两人，上下三人共装扮一个剧情，如《老爷保皇嫂》；三架表演身背三人，上下四人共装扮一个故事情节，如《黑虎扳三魁》。这种社火要求表演者身强力壮，表演技艺要高，背社火装扮轻便、简单，不用车载马驮，徒步表演，便于进入村庄院落表演。有的只要不唱，有的配有陇州小调边唱边耍。背社火看似简单，其实并不容易。一转社火至少需要五个人：背者和被背者，两边两个扶搭柱的（保护装身子的小孩），后边还有一个拿凳子的（背者休息用）。

背社火具有古朴粗犷的风韵，深得广大群众的喜爱。它集秦腔舞台形象，杂技的悬空平衡，舞蹈的肢体动作为一体，既有秦腔戏剧的舞台形象，又借鉴了杂技道具的式样，还体现出舞蹈的节奏变化。所以，背社火是力量和艺术的完美结合，是我国独特的非物质文化遗产。

据悉，在全国各地社火中，背社火属陇县城关镇北坡村一家独秀。北坡村社火历史悠久，据社火传承人杨生林、杨村娃讲，在清朝初年就有背社火表演了。经历民国的流行，到20世纪90年代达到鼎盛。

本书主编与北坡村社火艺人合影/白志勇　摄

前几年在广东省游演，影响很大。由于现在的人已经很少进山背柴了，所以能靠强壮的身体背社火的人也少了。如今村上的年轻人体力大不如老辈年轻时的体力，以前老辈背社火表演，可以连续3—4个小时不休息。现在最多能表演1—2个小时。由于劳务报酬不断攀升，出钱雇人背社火便有了市场价格。背一个人50元，背两个人80元，背3个人150元，价格年年上涨。

三 马社火

马社火别称"马故事",即骑在马、骡、驴身上表演的故事,流传于宝鸡、天水、平凉、庆阳地区农村。马社火表演时扮演者骑着骡马,画脸谱,着戏装,持刀、握矛、挽弓、携箭,锣鼓开道,穿街走巷列队表演。人们从表演者的脸谱和兵器上便可分辨出社火装扮的人物故事。

马社火白天表演,马队人数多少不限,曾经是关陇农村流传最广泛的一种社火形式。关陇地区是中原汉人与西域胡人生存活动的结合部,既是兵家必争之地,战火纷纭,又是胡汉文化交流融通的平台。平原与山地地形,使农耕与畜牧结合互补,生产生活交融互渗,从而形成了单一民族地区所没有的生活文化类型。马社火就是古战场和农耕畜牧的文化变体。

马社火具有表演阵势大、气势宏伟的特点。首先,挑选的骡马高大威武,头戴红缨,脖挂铜铃,行走时叮当作响。其次,扮演者骑在高头大马之上,画脸挂须,披挂整齐,随着马匹昂首奋蹄的节奏,威武昂然,把戏剧人饰演得虎虎生威。最后,马社火队均配备锣鼓队、仪仗队和礼炮队助阵。而且,一般的马社火前面均有扮相为黑虎和灵官(在庆阳多为关公)开道。黑虎手持铁鞭,灵官高悬金鉴,披红挂花,煞是威风!

马社火扮演的内容多以鞭挞邪恶、颂扬正义的历史人物故事为主。主要有三国演义、水浒传、杨家将、西游记等传统戏曲中的

马社火/赵德利 摄

精彩片断。社火脸谱突出花脸（以红和黑花脸居多），集生、旦、净、末、丑于一体，真可谓五彩缤纷，一个身子一段戏，一张脸谱一台戏。

马社火/赵德利 摄

六股槐村马社火队返程/赵米振 摄

本书主编采访六股槐村马社火队/赵米振 摄

近些年来，由于农用机械的普及，农民养的骡子和马越来越少，马社火已经不像从前那么流行。平原地区较少见到马社火表演，然而稀少的马社火在山区依然深受人们喜爱，为了表演传承社火，山里的人们有着超出人们想象的热情。2011年农历正月十一中午，我们在宝鸡陇县固关镇采访了六股槐村马社火队。这个散居的山村，远离县城，距固关镇也有十几里山路。为了正点到达固关镇表演社火，他们半夜2点化妆，天亮前便启程，摸黑步行了4个小时的山路（山上有雪），才赶到社火表演现场。山民的朴实和吃苦耐劳精神依然存留于他们身上。走了几十里山路，只吃了几根麻花，补贴二三十元钱，他们毫无怨言。问起一天一夜没有合眼的社火队员为何那么有劲，社火画脸艺人杨海荣、杜拴定爽快地说：一方面政府要求组织社火娱乐，另一方面为了弘扬民族文化传统，也为了自家人祈吉祝福、驱邪免灾！

四　车社火

车社火以车作为扮演社火的运载工具，人物扮装立于车上表演。它和"平台芯子"同属一个种类，又称"车故事"。关陇社火中的"车社火"有两个类别。一种是传统的脸谱社火，扮演历史故事的人物化妆后站立车上（或绑于高芯上）造型表演，社火内容重在人物故事。另外一种人们通常称其为"彩车"，将车辆用彩绸、彩纸或彩灯等装饰各种图形、模型，或由人在上面进行表演，其重点在于宣传现代生活内容，是 20 世纪 70 年代后出现的一种喜庆表演形式。作为区别，我们把传统扮相表演的称做"车社火"，而把侧重现代生活宣传的叫"彩车"。彩车也是世界各国大型庆典活动中惯常使用的一种方式。

庄浪县现代彩车/赵德利　摄

车社火一般在平原地区表演，早先使用骡马（牛）车，后来常见的多为拖拉机、农用车装载社火。也有使用人力三轮车社火的。车社火可以比步行社火和马社火运行更远的路程，而且车体高大，便于群众观看。传统"车社火"游转时，每辆车箱前排站立三五个演员，身着传统戏曲服装，扮各种戏曲人物造型，表演传统戏曲中的折子戏内容。车社火装扮的大都以文戏为主，如《三堂会审》、《文王访贤》、《霸王别姬》等，较少武戏。车身多用彩绸、纸花加以美化装饰，并将车上所表现的内容写成剧名戏牌挂在车

陇县传统车社火/赵德利 摄

前，让观众了解。

2010年正月十四日下午，我们在甘肃泾川县泾阳乡路遇蒜李村庄底组社火队。由十余辆小型拖拉机装扮而成的车社火队，看似普通寻常，车体装饰只是粗布单子，小演员的脸谱化妆简单勾描，但是当社火领头人李星明对我们讲述了社火队的情况时，我们为民众的参与热情感动了。李星明36岁，看得出来他已经跑得口干舌燥，但是说到社火表演，他还是津津乐道：全村320人，参与社火表演的大人小孩70余人，均为义务演出，群众自发组织。简单的服装道具均靠每年社火游演时所收礼金添置。虽然没有收入，但是大人孩子却热情参与。大人出于敬神之心：祈吉祝福，全家平安；中小学生出于新鲜热闹：彩饰、化妆、游街。关陇地区的传统文化观念积淀深厚，非物质文化遗产传承久远！

2012年正月十五，宝鸡陈仓区联合村在虢镇游演社火。社火队共由500余人组成：130面旗帜，130人敲锣鼓；30多辆机动车，其中21辆拖拉机上有49个"身子"（扮演的社火人物造型），其中黑脸和红脸34个，其他为净脸。为了给49个人物化妆，几位"画脸子"艺人从晚上11点开始工作，直到天亮才将所有车社火演员装扮完毕。

我们采访了社火画脸老艺人周同书（65岁），他虽然只有高小文化程度，但是关于民间艺术却有自己精到独特的见解。他现场说起了脸谱画法，口若悬河。他画脸谱始于"文化大革命"中，曾担任村书记、会计多年，爱好书画，在周边村县画脸多年。他也会画"疙瘩脸"，并说本村在新中国成立前就有传承。老人对社火与时代、社会

庄底社火队李星明/赵米振　摄

蒜李村庄底组社火队/赵德利　摄

采访画脸艺人周同书/赵米振　摄

联合村车社火队/赵德利　摄

的关系也有自己的解释："有些故事太残忍，现在都不装了；斗社火，影响村邻关系，不利于和谐社会建设，现在不斗了。"① 这个地处平原的村落，共有3000多居民。到正月十五虽然已经有很多村民外出务工，但还是有500人自愿参加一年一度的社火游演。当问及一年演一次社火的心理感受时，锣鼓队的队员七嘴八舌地说，祈吉祝福，快乐生活！

五　高芯社火

高芯社火也称"高杆"、"高台社火"，是一种在平台上擎起的造

---

① 斗社火，是两个社火队在装社火时互相猜度对方的内容以确定自己的社火表演故事。文里有戏，戏里有文，调里有情，情里有调，出演时两戏相对，一比高下。因为有胜负，颇伤感情，故周同书老艺人说现在不斗了。

陇县高芯社火"花园卖水"/赵德利 摄

型支架上装扮表演的社火。早期的支架是用木料做成,造型古板;而今使用钢筋,可以任意屈伸,造型更加随意。由于搭建芯子的平台不同,芯子社火可以有桌子芯子、车芯子、背芯子、转芯子、挂芯子、高跷芯子等。现在的高芯社火一般都有拖拉机、农用车或卡车作为运载工具和平台,机动灵活,安全稳固。高芯社火较为广泛地流行于宝鸡、天水、庆阳地区。

高芯社火一般在车上固定一根或几根丈余长(或更长)的木椽或铁杆,再在杆的顶端绑成故事所需要的莲花形、球形等芯台。芯台上再将一两个或多个扮演角色的孩子分别造型固定,着戏剧服装,服饰将铁架遮盖,好似人物凌空垂悬,行进中做简单动作或造型。因为车高,支架细,人物在空中叠加(一到三层),造型惊险而又技艺精湛,小演员在高空摇晃欲坠,惊险壮观,充分体现出高芯社火"高、惊、险、悬"的特点,被誉为"空中芭蕾"。

陇县高芯社火"文帝尝药"/赵德利 摄

高芯社火大都扮演文戏,如《白蛇传》、《盗扇》、《吴道子点睛》等,造型寓意奇特,穿着或素雅鲜丽，远远望去，身穿古装的男女临风舞动衣裙，飘然欲仙。高芯社火设计复杂，装扮繁冗。为了装一台车社火，社火会需要提前半个月就开始准备。扮演社火芯子的小演员更是辛苦，他们一般早上两三点钟就要到位化妆，为了解决大小便问题，小演员不能喝水，只能吃鸡蛋、面包。在演出途中，饥渴时只能吃个水果糖点充饥。

2012 年正月十四，我们在虢镇采访了宝鸡市陈仓区县功镇桃园村社火演员。高芯社火上面的演员多为六七岁的孩子，他们前一天晚上10 点开始化妆，从那时起就不再喝水，早上也只吃个鸡蛋。怕孩子尿尿，大人给孩子穿上了"尿不湿"。我们问一位家长："孩子那么小，绑在寒冷的空中不心疼么？"一路紧跟着社火车的母亲笑笑，"不怕！穿得暖呢。"空中的孩子这时说道："妈妈，下次我

母子连心扮演高芯社火/赵德利　摄

桃园村装扮的高芯社火/赵米振　摄

不上了。"天气寒冷，孩子在高空毫无遮拦，小小的年纪也颇为不易！当然也有的孩子在高空中悠然自得，手里拿着棒棒糖往嘴里送，一副轻松自娱的样子。

在关陇地区家长的心目中，孩子能扮演社火芯子是一个荣耀，也是一次祈福，神灵会保平安吉祥的！同样，参加社火汇演的大人们也有同感，故而才乐此不疲。

村主任郭强介绍，桃园村 1736 人，全村 50 多辆车，参加汇演的

有500多人。说起办社火的热情，郭主任爽朗地说："响应区委区政府号召，龙年文化年，全村在家的人倾巢出动。这两年村里经济发展好，大家热情很高，自愿参加，没有一分钱补贴。"

六 高跷社火

高跷，也称"拐子"、"柳木腿"，是由表演者脚踩木跷表演。高跷一般用橡材制成长约3—4尺的长方形柱体木腿，在上半部约1尺的地方安装一长条（以脚宽为宜）横板，脚踩在横板上，上半部的木腿用绳子绑在人体的小腿上。踩高跷一般在街道或广场行走表演，是群众喜闻乐见的一种民间游艺活动形式。

高跷社火源远流长。早在列国时代就有关于高跷的记载："宋有兰子者，以技干宋元。宋元召而使见其技。以双枝长倍其身，属其胫，并趋并驰，弄七剑迭而跃之，五剑常在空中，元君大惊，立赐金帛。"① 早在公元前500多年，高跷就已流行。表演者不但以长木缚于足行走，还能跳跃和舞剑。由于表演者高出一截，观众需要仰起头来或是站在高处观看，所以也有人把高跷称为"高瞧戏"。这种社火

苦水镇高高跷/黑马上山 摄　　　　陇州高跷社火/赵德利 摄

---

① 《列子·说符》。

在全国大多数省份都有表演。北方的高跷秧歌所扮演的人物有渔翁、媒婆、傻公子、小二哥、道姑、和尚等；南方的高跷，扮演的多是戏曲中的角色，关公、张飞、吕洞宾、何仙姑、张生、红娘、济公、神仙、小丑皆有。

关陇地区社火表演的高跷社火颇具地方特点。表演者面画脸谱、身着历史戏剧人物服装，这既是关陇社火的标志性特点，也是区别于许多省份耍高跷游艺活动之处。高跷社火经常扮演的有《断桥》、《拾玉镯》、《唐僧取经》、《八仙过海》、《包公赔情》等戏剧中的人物。表演者一般不说不唱，但有锣鼓伴奏，表演时手可舞动。由于扮相俊俏，表演滑稽，颇受群众欢迎，围观者众。

高跷跑马社火美艳动人/赵米振　摄　　　装扮高跷跑马社火/赵米振　摄

甘肃省永登县苦水镇特有的高高跷是国家首批非物质文化遗产项目，它是比高跷更高的高跷，所以叫做"高高跷"。高有3米多，可谓中国最高的高跷。它的表演历史极为悠久，相传从元末明初就已经开始了，距今有700多年的历史。

宝鸡市陈仓区民间社火艺术团（新声剧团）发挥陈仓区传统社火的特长，创编"天地社火"，《竹马高跷社火》、《赶犟驴》、《二鬼摔跤》等社火节目开创了传统社火的现代表演形式。《竹马高跷社火》将跑马和高跷两种社火形式相结合，使得高跷女演员的技巧和跑马表演的欢快趣味叠加在一起，可谓新颖独到，独出心裁，别样俏丽！远远望去，犹如仙女下凡，腾空奔驰，潇洒飘逸，美艳无比！"天地社火"曾受邀赴德国、泰国、英国、俄国等国演出，受到国外人士的赞誉。它的成功嫁接和移植，证明了传统民间艺术的顽强生命力和现代再创造的宽广空间。我们有理由相信，社火这种民间艺术形式会在民间大众和文化管理者的共同努力下，传承不绝，永葆艺术魅力！

七　血社火

血社火又称"血故事"，多取材于凶杀格斗的传统武戏和神鬼传说。主要表现除暴安良、祛恶扬善的主题，属于社火芯子中的"武芯子"。据查，目前传承表演血社火的有陕西省的陈仓区赤沙镇三寺村、陇县东南镇闫家庵村、兴平市汤坊乡许家村、大荔县溢渡村、合阳县岱堡村。

三寺村血社火/赵德利　摄

血社火主要以"武松斗杀西门庆"、《铡美案》、《耿娘杀仇》、《刺辽》、《小鬼推磨》、《锯裂分身》、《王佐断臂》、《阎王换头》等戏剧故事为题材，演员按照戏剧故事穿着戏装，手持大刀、枪、斧头、铡刀、剪子、锉子等器具，通过巧妙而逼真的化妆，把铡头、挖眼、剖腹、剁脚、断手等血淋淋、阴森森的场景，通过芯子妆扮把式精湛的技艺，用"特写"的表现方式，夸张的定格显示给观众。"血

三寺村血社火/赵米振　摄　　　　三寺村血社火/赵德利　摄

故事"内容血腥恐怖，既充满神奇，又寓教于乐，是民间扬善惩恶的一种艺术表现形式。

血社火游演时过去以骑马、人抬为交通工具，现在多用拖拉机、农用车代步。社火前面或后面有锣鼓队开道造势，分前六套、后四套不等。

2012年正月十五我们在虢镇实地记录了陈仓区赤沙镇三寺村的血社火表演过程。三寺村的血社火又叫"快活"，以《水浒》中武松杀西门庆为武大报仇的故事为题材内容。社火造型主要以斧子、铡刀、剪刀、链刀、锥子等器具刺入西门庆和其他坏人头部（或腹部）。取名"快活"有两种意思：一是取《水浒》中地名，即"快活林"；二是取其意，即铲除了为非作歹的恶人后人心快活。血社火表达了三寺村群众惩恶扬善的人生观。

赤沙镇三寺村地处宝鸡西山，因一村有三座寺庙，故而叫三寺村。全村不足千口人，以吴、任、付三姓居多。血社火传说兴起于宋代，因村人救治了一个流落三寺村快要死的铁匠，铁匠留下一个袋子，这成为装扮血社火的道具。上千年来，血社火只在三寺村传承，

万人观赏血社火表演/赵米振 摄

只上演一出《水浒》中武松杀嫂和斗杀狮子楼的故事，而且只传男不传女。血社火被列为国家首批非物质文化遗产名录。

赤沙镇距离虢镇60—70公里，他们赶早来到陈仓区文化馆化妆，与别的社火队不同，他们谢绝关于化妆内容的采访。演员集中在一间办公室内化妆，室门紧锁，门外站着一位队员"把门"，不许任何人进入。三寺村社火有着绝密的技巧，化妆细致入微，十分逼真。虽然演员表演简单，化好妆坐在长条凳上，面呈疼痛状，但是，整台社火给人以十分震撼的艺术效果。正月十五是春节的压轴戏，在这一天上演血社火，似乎与节庆的欢快气氛不甚协调，但是，只要看到人们兴致勃勃地观看血社火的场面，你就能够理解"惩恶扬善"、"周礼之邦"的宝鸡人多么理解血社火的道德文化内涵，有多么重视非物质文化传统的继承与发扬了！

八 抬社火、山社火

用方桌、木板等物搭成高台，多人或数十人将角色抬着游走的叫"抬社火"。将抬社火与高芯社火综合在一起，分上中下数层、悬扎着各角色，再由数十至百的壮汉抬起前行的表演叫"山社火"。由于农用机械的广泛使用，抬社火和山社火现在已极为少见，他们被改装成车社火及其高芯社火。临潼栎阳镇县西堡村、宝鸡地区的陇县、陈仓区以及泾阳、三原、高陵县、阎良区都有表演。

山社火属于大型综合造型社火，是将抬社火与高芯社火综合在一起，表演声势浩大，以"险要美"著称。一般都装有三四层，十几米高，看起来层层叠叠。山社火常见装扮《关羽保皇嫂》、《白蛇盗草》、《李彦贵卖水》、《武松打虎》等戏目故事。十几个孩子被装在"山"上，立体感强，颇为壮观。

栎阳马踏青器山社火是民间社火最复杂特殊的一种形式。它由马踏青器山、秧歌、锣鼓、竹马、大头娃、高跷等表演形式组成。马踏青器山手工技艺高，装扮程序复杂。首先要漂好碟子，漂（沾连）碟子是装扮社火技术的关键，需要把直径约 10 公分的细瓷彩色碟子五六百个（一桌马踏青器所用）在土炕上烘热。然后，逐个用熬好的胶把麻丝沾接（背面沾连）成环，再用结实绳子穿过沾连环把全部碟子连起来。在每桌芯子的底庄上围成约八尺高的"小山"，碟子缝隙用柏朵点

陇县抬社火／赵德利 摄

缀，围成山的模样。最后让坐小娃的人工铁架纸马，单足立于青器山顶上，芯子基础即成。骑马的两个小娃由六七岁的儿童扮演并在铁架纸马上表演。每次出场表演，全部由人工抬芯子，约 200 余人参加表演。这种社火行进起来叮咚作响，人踏在纸糊的马上，而纸马却踏在大量瓷器堆成的"青器山"上。群众既能看到双马单蹄踩青器碟子的险要美，又能听到五彩闪光碟子不停地碰撞而发出的清脆悦耳的朗朗之声，给人以音乐美的享受。

九 跷跷板社火

跷跷板社火主要流行于宝鸡陇县，由荡秋千发展而来。跷跷板社火是利用杠杆原理，重力加速度导致两端一上一下，高者重力加速度要大于低者，所以高者下降，同时在杠杆原理作用下将低者翘起来，如此循环。

陇县跷跷板社火/赵德利 摄

打秋千盛行于中国各地,民间艺人将这种民间活动转借到社火中来。在一个平台之上用木墩作轴心,木板两端有铁芯支架,表演者装扮后,站立于木板两端,或以动作造型固定在两端进行表演。板上的角色表演时是上下颠簸、左右旋转,很像打秋千。故事情节装扮与戏剧人物相同。过去跷跷板社火是由十多名青年男子抬着行进表演,现在大都用机动车辆运载,在行进中表演。这种支架的制作、人物的装扮及整体的造型运作难度很大。但由于社火人物在跷跷板上起伏旋转,给人以惊险刺激和美感,从而使节目颇具观赏价值。

十 龙狮社火

龙狮社火亦被称为"耍龙"、"耍狮子"。"龙"是中国人崇拜的图腾。中国人在古代把龙看成能飞、游、爬,可以行云布雨、消灾降福的神奇动物。几千年来,炎黄子孙都把自己称做"龙的传人"。狮子在中国人心目中为瑞兽,象征着吉祥如意。在节庆、贺喜、祝福、驱邪、祭神、庙会等期间都有舞龙舞狮的习俗,其中寄托着民众消灾除害、求吉纳福的美好意愿。

龙灯一般体长20—30米,由龙头、龙尾、龙身及龙珠一颗组成。小龙7节,大龙13节,一般9节。一人举一节,珠引龙舞,做跑、跳、冲、翻、滚等动作。舞狮有南狮、北狮之分,文狮、武狮之别。文狮子一般是戏耍性的,多表演风趣喜人的动作,如挠痒痒、舔毛、抓耳挠腮、打滚、跳跃、戏球等。武狮子则重在耍弄技巧。最常见的是踩球、过跷跷板,带有武功性表演的,是走梅花桩这样的高难动作。

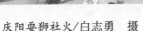

庆阳耍狮社火/白志勇　摄

庆阳耍龙社火/赵德利　摄

龙狮社火在陇东地区比较兴盛。2010 年正月，我们一行人在庆阳市做社火调研。庆阳社火给我们留下深刻的印象。在市政门前通行的社火队伍，以温泉乡两条游龙打头，蜿蜒翻转；彭原乡的舞狮社火跟随其后，二十多个双人扮演的狮子打滚、跳跃。龙腾狮舞，武戏助演，喜庆热烈，让人欢欣鼓舞。

十一　彩旗、锣鼓、秧歌、旱船、纸马等社火演出形式

关陇社火除了上述十种主要的和具有特色的社火种类外，还有一些应该提及的类型。

(一) 彩旗、锣鼓

彩旗、锣鼓是关陇传统社火重要的助演形式。彩旗飘扬，锣鼓喧天，是任何一种社火表演都不可缺少的开道式助阵表演形式。它对于打造社火阵势，营造表演气氛，吸引民众观看具有重要作用。而鼓点节奏及其表演方式本身也是非常重要的娱乐内容。

2010 年 4 月，韩城民间隆重祭奠史圣司马迁 2155 年诞辰。除了民祭仪式，锣鼓队表演比赛也是一项重要内容。笔者在现场感受到韩城锣鼓的巨大感染力。所有的锣鼓表演都体现出鲜明的特点：激情与鼓点协调，步伐与鼓声一致！锣鼓队指挥是一个队的灵魂，他不仅用手臂指挥，而且也踏着鼓点舞动，激情飞扬溢于体态。在他的指挥带动下，全队激情奔涌，欢悦击鼓，起伏奔腾。现场观者心中分明感受到了龙腾虎跃的震动和不可抑制的兴奋！

陇县东南镇锣鼓社火/赵德利 摄　　　　　韩城锣鼓/赵德利 摄

庆阳秧歌/赵德利 摄

（二）秧歌

秧歌是关陇传统社火的一种表演方式。秧歌舞，又称"扭秧歌"，是我国最普遍的一种民间舞蹈形式。秧歌舞姿简单易学，又健身快乐，深受城乡民众的喜爱。秧歌社火类型很多，有传统秧歌舞、腰鼓舞、体操舞、健身舞等。秧歌舞一般由数十人甚至上百人组成，既可装扮成历史故事、神话传说中的人物，也可身穿鲜艳漂亮的现实生活时尚服装，或手持扇子或手甩绸布，随着鼓声节奏，边走边舞，变换队形，形成街道中央一道亮丽的风景，很受观众欢迎。

（三）旱船

旱船社火，群众称之为"跑旱船"。旱船，用竹子做成船形，再用彩纸或彩绸粘糊。表演时一女子扮船姑，涂花脸，饰头花，着大襟花衣，蹬戏鞋立于亭内，双手提花船。一男子扮船公戴草帽，穿对襟上衣，着大裆裤，裹白色绑腿，蹬青布鞋于船外挥船桨，引花船左转右转，或跑或停，悠悠晃晃，如舟行水上。舞步轻盈，舟在陆地行，却给人以船在水中摇的逼真之感。

跑纸马/赵米振 摄　　　　　　　跑旱船/网载佚名

关陇社火的文化特点

　　举国来看，以宝鸡为中心的关陇地区的社火最为兴盛，一年一度的社火表演引人注目，成为我国地域文化游艺民俗的独异景观。那里的人们，喜食酸汤辣子面，爱唱高亢秦腔调，农闲里三乡五里庙会不断，平日里更有手工泥塑、布艺、草编艺术品相生相伴。虽然这里的经济发展在全国并不先进，但是，广泛的民间文化（文艺）活动，将农耕民众的生活、娱乐和心意信仰结合到一起，使关陇地区民众的生活方式呈现出信仰性生活的特点。深厚的文化积淀，使社火与巫术思维和崇拜信仰相渊源，表现出人神天地和谐共生的情态。审美的意象表达，使社火借地方戏曲故事来勾画人物脸谱，塑造艺术形象，从中寄予或表达生活与审美理想。社火的祭献式表演、敬神式捐赠和审美式捧场，使社火表演与观赏一同构成历史文化狂欢场。

一　深厚的文化积淀

　　游艺活动是春节中必不可少的快乐元素。时至 21 世纪，民间游艺活动在关陇地区依然声势浩大，热闹非凡。在诸多游艺活动中，传统民间社火可谓一枝独秀，拥众广泛。社火队伍过处，四下乡邻聚拢一处，既观赏表演，又交流亲情，欢快热烈。传统社火表演的内容勾连起人们的历史文化记忆，无异于又一次信仰性生活文化体验。
　　社火作为中国民间庆祝春节的一种传统庆典活动，与原始社会人们的巫术思维和崇拜信仰相渊源。土地与火对人类的恩泽，促生了原始人类的大地崇拜和火崇拜。洪野蛮荒的恶劣生存环境，同样增添了人们运用巫术手段祭祀拜神以表达族类的祈愿，傩舞等祈福消灾、驱恶避邪的祈禳性祭祀活动便应运而生。关陇社火的脸谱虽然从表面上看直接承续了秦腔等地方戏曲艺术的造型，其实，当我们联想起原始社会巫术思维与祭祀活动的文面、文身，五六千年前彩陶上的原始符号，以及古代社会的角抵、驱傩、祭社活动，就可以推断社火脸谱的纹饰，是原始人类的意象记忆与艺术表达的生活化再现和现代艺术化传承。

关陇地区是中国原始文化发源地之一，周秦文化在这里衍生积淀千年之久。传统文化的持久熏陶，使这里的民众保持着浓重的信仰性文化心理。祭祀土地，敬畏上苍，看重节气，循四季而劳作，按日月而生息。正是在这样的文化心理和生活氛围中，社火这种古老的文化样式才传承不断，人气旺盛。

在关陇地区考察，能够强烈地感受到这种信仰型生活观念的持存。2010 年至 2012 年正月初十到十五，我们先后到天水市、平凉市、庆阳市、宝鸡市以及庄浪县、泾川县、陇县和陈仓区进行社火考察，社火队伍数量之多，民众观赏热情之高、助捐之慷慨，令人感动。庄浪县本是国家级贫困县，但是民众捐助社火表演的数量和数额令我们吃惊。一辆辆卡车上搭满了红丝绸被面，人们豪爽地往车上抛投十元、百元的人民币。车上车下两情融合，当地人和外地人显不出些许隔阂。这是一种节庆仪式，充满了人文情怀；这也是一种信仰型生活方式和文化观念。

庄浪县社火游演捐助情景/赵米振　摄　　　捐助者光荣搭彩/赵德利　摄

这种生活文化方式与观念的突出特点是看重人与自然、社会和谐相处，讲求人神天地的和谐共生。这是一种以人为本位的人文生态，即在尊重人、肯定人的生命的前提下，坚守一种人、社会、自然和谐共生的生活原则。人文生态是自然生态的顺延，它的人文性在于既是现实的，又是理想的，讲求人生的意义，将人与自然、社会的和谐共生视为最高理想和意义。"人文生态既是自然生态的延伸，又可以超越现实，追求理想的意义世界。意义世界从本质上讲就是理想世界，是人文生态追寻的终极世界。"① 社火就是关陇民众的一种人文生态存在方式。

关陇地区的乡村民众看重物化生活，希望得到现代化的物质享受，吃穿住行中渗透着现代生活方式的影响。但是，他们依然看重传承数千年的文化信仰生活及其观念，敬天畏神、祈福平安是他们最大的人生幸福。正因此，当农闲和节庆时节，人们才以传统民间信仰性文化方式，举办各种活动，祈福避害，以获得精神慰藉。大小庙会你方办罢我开场，人头攒动，香火旺盛。至今村上人们还兴建土地庙，供奉土地神，祈望四季风调雨顺，五谷丰登，岁岁平安。正是在这样的文化心理背景下，关陇地区的社火才如火如荼，千年未绝。

二 审美的意象表达

社火是一种以表演者在"舞台"亮相的形式进行游展的民间游艺样式。观众靠对社火角色扮相的脸谱、服饰及道具的辨认，把味剧情和意蕴，故而也称"看戏"。社火脸谱是以人物的容貌和性格特征为依据，用日月纹、火纹、旋涡纹、蛙纹等纹饰的不同组合表现人物形象，以色彩识辨人物的行为类型，综合表现人物的思想性格。

社火艺术具有意象象征性。所谓意象，就是寄予着创作主体思想、情感、审美趣味的艺术形象。它是物与意的审美整合，具有一定的象征性。它往往可以借历史典故喻写社会现实，借夸张变形来表达某种寓意。外在形象与内在意蕴相结合，就构成了意象。关陇地区的社火就是借地方戏曲故事来勾画人物脸谱，塑造艺术形象，表达意象象

---

① 吕逸新：《生态审美：存在意义的澄明》，曾繁仁主编：《人与自然：当代生态文明视野中的美学与文学》，河南人民出版社 2006 年版，第 517 页。

征。其中寄予或表达着他们的生活与审美理想：讴歌真善美，鞭挞假恶丑。这种民众喜闻乐见的戏剧造型，使静态的艺术形式增添了丰厚的思想文化内蕴，具有鲜明的社会现实意义和超功利性的民间信仰特性。

社火造型（脸谱与服装）与秦腔戏关系最为密切。秦腔戏作为中国最古老的剧种之一，主要流行于陕西和甘肃。秦腔是在陕甘两地民歌小调的基础上发展而来的，戏中不仅显现着远古图腾崇拜的印迹，而且具有浓重的地方文化色彩，其脸谱和服装都蕴藉着传统文化的基因。中国戏曲脸谱作为一种戏剧的化妆方法，是在唐宋涂面化妆的基础上发展起来的。唐宋涂面化妆又是从更早的面具艺术那里发展形成的。面具的渊源可追溯到遥远的远古图腾时代。因此，戏曲理论家翁偶虹先生才说："中国戏曲脸谱，胚胎于上古的图腾，滥觞于春秋的傩祭，孳乳为汉、唐的代面，发展为宋元的涂面，形成为明、清的脸谱。"①

社火的意象表达具有鲜明的特点。大红大绿，浓彩亮妆，民间特色极浓。无论是脸谱还是服装，其造型和色彩都表达着民间传统意识及阴阳五行学说。应对着意象表达的特点，社火题材取材于地方戏剧，主要表现神话传说人物、著名历史人物、动物和植物等题材类型。像炎帝、关公、财神、雷神、夔龙、金蟾等经常呈现于社火表演之中。通过服装和脸谱造型，标示人物形象，象征性地表达人物的基本性格，揭示形象的美丑善恶和文化内涵。像关公几乎是关陇社火队伍中必不可少的人物，他已经被神化，既是忠义的化身，文武双全的英雄，又是财神，人人向往，广受欢迎。

社火意象表达蕴藉着传统的哲学文化精髓即阴阳五行学说。阴阳五行学说是中国古代辩证哲学观。它认为木、火、土、金、水五种最基本的物质是构成世界不可缺少的元素。这五种物质相互滋生、相互制约，处于不断的运动变化之中。基于此种学说，《孙子·兵势》曰："声不过五，五声之变，不可胜听也；色不过五，五色之变，不

---

① 《翁偶虹戏曲论文集》，上海文艺出版社1985年版。

可胜观也；味不过五，五味之变，不可胜尝也。"① 意思是说，声不过宫、商、角、徵、羽，而五声的变化却听之不尽；色不过青、黄、红、白、黑，而五色的变化却观之不尽；味不过酸、甜、苦、辣、咸，而五味的变化却尝之不尽。社火中广用五色原理，木为青、金为白、火为红、水为黑、土为黄，并将它运用于空间方位和神祇辨识上。东方青帝、西方白帝、南方赤帝、北方黑帝、中央黄帝。在戏剧表演上，五色又和道德与性格意象表达相关联：红为忠，白为奸，黑为正，黄残暴，兰草莽，绿为义侠、恶野，金银为神妖。例如关羽的脸谱全部涂满红色，表示他忠肝义胆；身穿绿袍，象征他侠骨义肠，性格倔强。这些都反映了民间对关羽人格的哲理化色彩表达。

三　和谐的节庆狂欢

社火表演每年大都在正月初十到十五这几天进行。大部分社火队一年只表演一两天。一年待一天，在寒冷的正月将"芯子"定型置于车马之上，游走于野外路上，如何评说这种游艺民俗？怎样分析这种艺术形式和文化心理？这是一种传统文化心理蓄势，一种意象式民众狂欢和心理能量爆发！这其中既包含着古老的图腾崇拜式文化心理，也寄予着人们对明天美好生活的向往。因此，才会有祭献式表演，才会有敬神式捐赠和审美式捧场，也才体现出关陇民众的生活情趣和人文生态特点。

社火表演如敬神祭献庄重而自豪。社火是一种乡村民众自发组织和自觉参与的民间活动。常年生活在地缘之内，地缘关系作为血缘的投影，聚拢着地缘之上的四乡亲邻。德高望重的社火会会长像部落的首领，在组织社火的期间，具有绝对的权威性。他对社火的钟爱、他非凡的组织能力和人格魅力，影响和感召着村落里的民众。有钱的出钱，有力的出力，"奉献"为荣，使社火会成为民间闪耀一时的"社会"组织。

社火表演的主体是扮演社火形象的演员。虽然扮演者或被置"芯

---

① 郭化若：《孙子译注》，上海古籍出版社1984年版，第122页。

子"之上而动弹不得，或因骑在马上而颠簸难耐，或因行走于陆地而疲惫不堪，但是，能够扮演社火角色，人们都觉得是件体面而光彩的事。因为除了扮演者因扮相为神仙、英雄而产生吉祥惬意感之外，还会因长相好、人品好（甚或体型好），巡演于乡镇内外而倍感荣耀。因此，扮演者会格外投入，即使半夜就开始化妆，白天里忍饥挨饿巡游乡里，也在所不辞。他们的心里供奉着神灵英雄，感受到一种超凡脱俗的神圣感。无论是饰演山社火、车社火、马社火，或是背社火、抬社火、高芯社火、地社火，还是血社火、黑社火等，扮演者都一样神情庄重，格外投入。

在关陇地区的调查，笔者深深感受到民众对社火文化的感情。社火已经融入人们的生活信仰，祈求人神天地和谐共生。2010年正月，笔者在甘肃泾川县考察，路上遇到泾明乡蒜李村李星明（男，36岁）率领村落社火队70余人沿街表演。当笔者问及其表演社火的动机时，他说："以敬神为主。除了大人参加，放了假的中小学生也积极参加。这样节日才鲜活热闹。"

陇县疙瘩脸社火画脸人闫永强（66岁）对我们说，疙瘩脸社火源于清代，已有100多年的历史。在花脸上画疙瘩是为了表现人物性格，疙瘩脸进一步凸显、夸张了人物特性。白天表演，前一天晚上十二点就开始画脸谱。一个疙瘩脸谱要花近一个小时，一直画到早上去表演。老人生活清贫，除了种地，平时卖点辣椒，补贴生活开销。老人头发花白，身体消瘦，穿着破旧，衬衣外套已经洗得褪色。说起疙瘩脸社火，他神情活泛，声音洪亮，爽朗地向我们列数着疙瘩花脸社火的事情。与此行前有人告诉我们说疙瘩脸社火艺人拒绝采访和外传的情形全然不同。这是怎样的精神？联系民众观看社火时的倾情助演，我们有理由说，这是一种人文情怀，一种狂欢精神。

的确，关陇社火之所以引人入胜，令人欲罢不能，是因为社火所形成的场效应。敬神式捐赠与审美式捧场——表演与观看一同构成历史文化狂欢场。社火艺术具有表演场面大，参演阵容广，社火类型丰富多样、风格独特，观演气氛热烈，群众参与广泛的特点，可谓是综合性的广场表演艺术。它悠久的历史，神秘、深厚的文化内涵，受到了民间大众的喜爱和学界的广泛关注，成为关陇地域春节民俗活动的亮点。社火活动因为始终贯穿着祀神的宗旨，聚合了群众参与热情和文化精神，通过演员的表演与民众的观看，在现场形成历史文化狂欢场效应。

狂欢节源起于欧洲的中世纪，通常是基督教四旬斋前饮宴和狂欢的节日。今天的狂欢节已成为人们抒发对幸福和自由向往的重要节日。狂欢的一个重要标志是宴饮、歌舞、游行，在关陇地区社火会上，参与者的"狂欢"既表现在他们倾心的吃喝、放纵的游乐上，还表现在他们慷慨解囊、赞助社火汇演上。这是社火民众自由自觉主体性的综合展示。在社火会演场上，城乡民众与游客汇集，人们心无戒备，相拥成伴，驻足观赏，放声叫好，慷慨助演，类似欧美的狂欢节，人们心中流溢着和谐、向善、祈福的意愿。

这种娱神娱人的狂欢活动是一种舒展身心、追逐生命自由感受的精神性活动。民间社火广场的观演创设形成了一种"场"，一种自由民众投身其中所建构起来的信仰性心理场，一种充满感性生命力、向往自由自在生活的场。民众置身其中，忘却了日常生活中辛苦单调劳作的忧烦，充分释放了俗世生活久被压抑的心理郁积，感受到了生命的狂欢。

社火具有节日遗产的突出特征。社火仅在春节期间表演，是纯粹的文化娱乐，或在祭社、庙会迎神、祈雨时表演，无论其功能如何，都反映了这一地域人们因为共同的理想追求、共同的行为方式、共同的生活习惯所形成的公共的文化空间，表现出和谐的社会关系。

社火作为民间的一个盛大的传统节日，它依托于民间信众而存在，以声音、形象和技艺为表现手段，以祭祀、演艺和文化商贸为主要表现内容，以一种身口相传的文化链而得以延续，是典型的"活"的文化，是民族个性、民族审美习惯的"活"的显现。

"狂欢式的生活，是脱离了常轨的生活，在某种程度上是'翻了个的生活'，是'反面的生活'。"[①] 它是一种"交替与变更的精神、

---

① ［俄］M. 巴赫金：《陀思妥耶夫斯基诗学问题》，白春仁等译，三联书店 1988 年版，第 176 页。

死亡与新生的精神"。① 正是这样一种反常的、充满祈望的诉求活动，才使广大民众投身社火观演之中，唤起生命的感性欲望，寻求个体幸福自由，获得神我一体、地天同在、和谐共生的主体价值感觉。也正因为在场民众集体的纵情欢乐，才使传统社火具有了狂欢节的气氛和热闹，成为人人向往、年年乐此不疲的民间盛会。

民众热情观赏社火/白志勇　摄　　　　观赏社火人群/白志勇　摄

---

① ［俄］M. 巴赫金：《陀思妥耶夫斯基诗学问题》，白春仁等译，三联书店 1988 年版，第 178 页。

中　编
关陇社火审美文化研究

关陇社火中的民间信仰

白志勇

"社火"亦称"射虎",是我国西北地区古老的民间艺术形式。每逢年关,大西北地区许多村落、城镇都要耍社火。作为在民间广泛流传的一种民俗活动,社火不仅有其鲜明的民俗艺术特征,而且寄寓着民众诸多的精神追求,民间信仰就是其中重要的一种。"民间信仰与民众生活水乳交融、相共相生","是民俗生活的重要组成部分"。[①]

一 社火的起源与民间信仰

关于社火出现的时间,人们一般认为是在宋代,但这远不是它的起源时间。追溯其源头,学界多认为与古代的傩戏和汉代的杂耍有关,而这依然不是社火的最早源头。

从词源学角度看,"社火"一词由"社"和"火"两个词语组成,应该与上古的"社祭"和"火祭"活动有关。"事实上,社火应该是古代祭祀土地神和火神活动的遗俗。"[②] 社是土地神,《说文》释为:"社,地主也。从示土。"在古时,祭社活动既有天子诸侯的祭祀,又有民间祭祀。在周代有天子、诸侯祭社的说法。《汉书·孔安国传》载:"王者封五色土为社,建诸侯,则各割其方色土与之,使立社。"《礼记·郊特牲》曰:"社,祭土而主阴气也……天子大社……社所以神地之道也。"而《礼记·月令》载:"(仲春之月)择

---

① 邢莉:《民间信仰与民俗生活·前言》,中央民族大学出版社 2008 年版,第 3 页。
② 李智信:《社火溯源》,《青海民族研究》2008 年第 4 期。

元日，命民社。"郑玄注："社，后土也，使民祀焉。"可见，天子诸
侯的社祭与民间社祭在中国历史上应该是并存的。不过，这两者在祭
祀内容和目的上还稍有区别。在国家祭祀中，社祭与后来的稷祭（即
祭祀谷神）合并举行。对土地神的祭祀包括在社稷祭祀之内。社稷祭
祀活动祈求众神保佑国家巩固、发展、繁荣的意义要远远大于祈求土
地神保佑丰收的意义。社祭在民间原本是祭祀土地神的活动，可能也
包括祭祀四方、祖先等内容，但其目的主要是祭祀土地神，以获得好
收成。

　　远古时期，人们在进行祭祀时，除了要进行祝词祷告、奉献牺牲
活动外，还要举行敬神娱神的舞蹈活动。例如，《九歌》据传就是在
夏代祭天活动中表演的歌舞，直到战国后期屈原时代仍在楚地流行。
史载楚灵王在吴人来攻、国人告急时仍然"鼓舞自若"。这里的
"舞"就是巫师作法时所跳的舞。国家祭祀社稷的活动在周代以后逐
渐减少了乐舞，变得越来越庄严肃穆；而民社活动与之相反，庄严的
祭祀因素越来越少，而乐舞的、娱乐的成分越来越多。

　　"火祭"起源于原始人类对火的利用和崇拜，是世界性的行为。
火的使用和发明，在人类文明发展史上有极其重要的意义。"火的使
用改变了原始人的蒙昧状态，促进了社会的发展。但火有时也会烧毁
人们的住所，毁坏人类的财产。炽烈的火焰能把东西化为灰烬，使人
们把它想象成一种具有神秘力量的圣物，对之持有畏惧的心理。火的
强大威力和它对人们生活的功用，同太阳、风雨、河泊等一样，被古
人想象成为某种神灵所司管的神物。这样，火也就成为经常受崇拜的
对象。"①

　　在中国民间至今仍保留着大量祭火的遗俗。如蒙古族在腊月二十
三围绕火盆、炉灶举行祭火仪式，传说这一天是火神密仁扎木勒哈降
生的日子。云南彝族农历二月初二、初三两天举行一年一度的传统祭
火节活动，阿细人通过钻木取火、火神游行、绘身祭火、赤足跳火、
传统歌舞表演等活动祭祀火神，为山寨祈福；火把节在凉山彝语中称
为"都则"，即"祭火"的意思，就是古老的火崇拜；在仪式歌《祭

---

① 朱天顺：《原始宗教》，上海人民出版社1978年版，第38页。

火神》、《祭锅庄石》中都有火神阿依迭古的神绩叙述。"汉族的元宵节又被称为灯节，据说兴起于汉武帝时期，具有相当长的历史……汉族挂灯笼、挂牌灯、打灯笼都应该是从远古时期火祭的习俗中演变过来的……"①

通过以上分析，我们可以清晰地看出来，流传至今的社火活动在其本源时期就伴随着对神或者自然物的崇拜。而"检验民间信仰的性质，首先取决于民间信仰现象中的崇拜；只要有了崇拜，不论其崇拜的程度如何，就可以测定出它的民间信仰性质。这几乎是人类学研究原始信仰的一个带有普遍意义的命题，中国的民间信仰自然也不例外。这种崇拜，从原始信仰一直发展到现代依然存活着的民间信仰，始终是最基本的信仰形式"。② 也就是说，追溯社火的本源，它因为对于自然物和神灵的崇拜而具有民间信仰性质，其实质是一种祭祀活动中的娱神表演。

二 社火中民间信仰的内容及其表现方式

民间信仰是一种产生于原始社会，历经漫长岁月的传承、发展、演变并延续至今的文化现象，它是一种与人为宗教既相似又有根本区别的存在。民间信仰是在人民大众中自发产生的对具有超自然神力或超人神力的对象的崇拜。③ 社火中的民间信仰既表现在社火的表演时间、表演程式上，又表现在社火人物及故事取材上，体现为对一些神灵和英雄人物的崇拜。

（一）社火中民俗信仰在表演时间及表演程式上的表现

社火的组织时间一般都是在过年的时候，平时很少。"过年"在中国民间本身就有浓厚的信仰意义。在传统的过年习俗中，从祭灶神到除"夕"、贴春联门神（桃符）、放爆竹、祭祖、拜神，再到正月十五闹元宵（道教称为"上元节"）等民俗活动，莫不含有民间信

① 李智信：《社火溯源》，《青海民族研究》2008 年第 4 期。
② 乌丙安：《中国民间信仰》，上海人民出版社1995 年版，第 13、14 页。
③ 向柏松：《民间信仰概念与特点新论》，《武陵学刊》2010 年第 4 期。

仰的成分。在这些众多的民俗活动中，最引人注目、激动人心的莫过于耍社火了。

社火演出一般都有严格的仪程要求。在甘肃天水，每年开演时，如果不出村，装扮成社火造型的"身子"要早早化妆完毕，先到山神庙表演一段；二月二还要送社火，即参加社火的人，都要穿上戏装，来到渭水河畔，烧香磕头，祭祀河神，这样才算一年的社火走完了。而在甘肃庆阳，社火开排前仪程官带着全体人员要到庙上降香，不降香就不能到民间去演出。第一场社火必先到附近的神庙表演以娱神，然后才在庄头院落表演。社火队表演前先要去祭请关帝；正月二十三社火演罢，还要到关帝庙去回谢。

在正式表演时，一般有锣鼓开道。而"鼓原是在各种祭祀活动中通灵请神的乐器。《周礼·地官·鼓人》有'以雷鼓鼓神祀，以灵鼓鼓社祭，以路鼓鼓鬼享，以鼖鼓鼓军事……'等记载。在社祭，尤其是在祈求止雨的社祭活动中，鼓更是常用的器具。"①《左传·昭公十七年》载"伐鼓于社"②，也是在社祭时击鼓的明证。

紧随锣鼓的是舞龙、舞狮表演。龙是中国传统文化中的四灵之首，先民对它是敬而畏之的。舞龙最初应是一种祭祀形式，寄托着民众祈福迎祥的愿望。狮子在中国人心目中为瑞兽，象征着吉祥如意，从而在舞狮活动中寄托着民众驱邪避害、求吉纳福的美好意愿。

在社火的造型装扮中，演员（俗称"身子"）往往装扮成神灵或者民间传说、历史故事中的人物。在社火队伍前列，一般都是青龙白虎或者黑虎灵官开道，随后是天官等神灵；再其后是关公、姜子牙等神人；之后就是各种民间传说、历史故事中的人物，并没有严格的顺序。这样的出场顺序明显含有信仰内涵，表达出民众对神灵的崇拜和敬仰之情。

（二）社火中民间信仰在内容上的表现

按照乌丙安先生在其《中国民间信仰》一书中的观点，中国的民间信仰崇拜形式，归纳起来，大致分为四大类：对自然物、自然力的

---

① 李智信：《社火溯源》，《青海民族研究》2008 年第 4 期。

② 杨伯峻：《春秋左传注》，中华书局 1990 年版，第 1384 页。

崇拜；对幻想物的崇拜；对附会以超自然力的崇拜以及对幻想的超自然力的崇拜。① 民间信仰在社火的表演内容中主要表现在前三类中。

社火中对自然物、自然力的崇拜往往表现在对龙、虎、狮等自然物及其所具有的神力的崇拜上。除了舞龙舞狮外，在社火表演中，还有一种习俗就是把小孩子从狮子口中放入，从尾部取出，以祈求孩子无病无灾，来年安康，这更是带有巫术性质的民俗活动。在社火的造型中往往还有"青龙"、"白虎"。青龙、白虎、朱雀、玄武来源于古代的星神崇拜，道教称其为护卫之神。青龙、白虎作为门神专门镇守道观的山门。

社火中对幻想物的崇拜则表现在对山神、土地神等本地守护神以及财神、观世音、寿星等俗神的崇拜上。社神和土地神都是主管土地之神，但社神已经升级至统管天下，一般为国家祭祀对象，而土地神和山神则为民间祭祀中保护一方百姓的地方神。在民间社火中，外出巡游前往往必须先在山神庙或土地庙表演一段，以示崇敬。在社火表演时，一般都有人走在队伍前列，扮成财神模样，高举"招财进宝"横幅，或者由演员饰成刘海，手捧金蟾，装扮成"刘海戏蟾"的故事，给人们送来财富。财神是中国民间普遍供奉的一种主管财富的神明，属于俗神，民间流传着多种不同版本的说法。赵公明被奉为正财神，刘海被奉为文财神。观音菩萨是佛教四大菩萨之一，传入中国后逐渐与道教神灵混杂。尤其是其在救苦救难的职司外突出招财送子的内容后，在民间被广为供奉。手捧玉脂净瓶、旁有童男童女的送子观音成为民间社火中常见的表演内容。额高头长、大耳短身、扶曲杖过首而立、秃顶白须的老寿星同样是民间社火中常见的装扮对象，表达了民众祈愿长寿的愿望。

社火中对附会以超自然力的崇拜往往表现在对关公等神人以及上八仙、下八仙等仙人的崇拜上。关羽是三国时期蜀国大将，终身追随刘备。在关羽去世后，其形象逐渐被后人神化，又经历代朝廷褒封，清代时被奉为"忠义神武灵佑仁勇威显关圣大帝"，崇为"武圣"，与"文圣"孔子齐名。在中国历史上，关羽是朝廷官方和民间百姓均

---

① 乌丙安：《中国民间信仰》，上海人民出版社1995年版，第13、14页。

信仰的对象。在民间，到处都有关帝庙，老百姓尊称其为"关公"、"关老爷"等。此外，道教、佛教都将关羽尊为护法大神，可见其影响之深远。

在民间社火中，关老爷是必不可少的人物，是第一号演员。在社火队的意念里，关公既是他们所尊之神，又是他们队列中不能缺少的英雄，视其为保护神。老百姓敬慕关公义气，厚爱关公忠勇，认为他能保护生灵，赐福于民。祭拜关帝能平安顺利，事业兴隆。在社火造型中，关羽红脸长须绿衣，手持青龙偃月刀，英气逼人，令人敬仰。关公一般处于社火队伍的前列，在行进中四处巡游；在车社火中往往有关于关羽的故事造型，如《千里走单骑》、《观春秋》、《三英战吕布》等。在甘肃庆阳社火中，关公把自己脸上的红颜色抹在孩子的额头上，赐福孩童；在陕西陇县社火中，还有把小儿置于地上，让关公从其头上跨过以祈望消灾免祸、来年吉祥的习俗。

社火中对仙人的崇拜一般表现在上八仙、下八仙的装扮、造型上，表演八仙故事，以祈福迎祥。上八仙指民间传说中代表着男、女、老、少、富、贵、贫、贱的道教八个仙人，即汉钟离、张果老、吕洞宾、铁拐李、韩湘子、曹国舅、蓝采和、何仙姑。由于八仙均为凡人得道，所以个性与百姓较为接近，成为民间信仰中的重要神仙。下八仙究竟是哪些人，说法不一。《何仙姑宝卷》中的下八仙是广成子、鬼谷子、孙膑、刘海、和合二仙、李八百、麻姑。社火故事中关于上八仙的主要是八仙过海；关于下八仙的，多是刘海戏蟾。

三　社火中民间信仰的特点

社火中的民间信仰既有民间信仰所具有的一般特点，又有其独特之处。总体而言，体现出兼容性、实用性、自发性和娱乐性等特点。

（一）兼容性

兼容性指在社火中，各种民间信仰交融在一起，没有明确的区分。在一场社火表演中，儒家的圣人、道教的神仙、佛教的菩萨和民间崇信的众多神灵，被和谐地融会在一起，而没有人会对此提出质疑和反对。甚至一个人可以同时崇信多种神灵，而自己并不觉得有何不妥之处。这是服从于中国民众实际、服务于民众需求的。民众需求的多样性和神灵功能的单一性使得在现实中产生了这样的兼容现象。这实际上是民间信仰最大的特点。

从总体上看，这种形式独特的信仰存在是以原始信仰为根基，以道教为表征，而以佛教为补充的。从根源上看，民间信仰起源于原始宗教，是民众在现实生活中根据自身需求而创造出来的。后来，随着道教在中国社会的盛行，道教中的一些神灵与民间宗教中的一些神灵相融合；佛教传入中国以后，又与中国既存的神灵相互调适，共同存在。这就造成了在今天的民间信仰中各种崇拜的并存。社火作为一种寄托民众信仰的重要民俗活动，自然就表现出各种信仰兼而存之的特点。

（二）实用性

实用性指在社火中，民众根据自己的需求来装扮形象、祭祀神灵。民众在现实生活中会遇到诸多问题，如生老病死、缺衣少食，因此就产生了众多的需求。这些需求在实际上的不可能满足就使得信仰的产生成为可能和必然。而不同的需求自然会产生不同的神灵。需要祛灾免祸、祈福迎祥，民众就寄希望于社神、火神、山神、土地神等神灵或者关公等人为赋予其神圣色彩的神人；需要多子多孙，民众就拜祭送子观音或者送子娘娘；需要财源广进、生意兴隆，民众就供奉财神；需要延年益寿、长生不老，民众就供奉寿星，等等。

（三）自发性

自发性指社火中的民间信仰是民众自觉自愿的行为，通过这种活动，在代际之间无声地传播着一种信仰。早先，社火的举办是一种自发的活动，所有的道具、服装、车马都是自筹资金配备的，所有的演员和组织者都是无偿的。而且，一个村子有耍社火的愿望，会采取各种手段鼓动或者刺激周围其他村子一起耍。一切都是自觉自愿的。

另外，社火装扮、画脸谱等技术的传承都没有什么师门流派，都是一些年轻人凭着兴趣和爱好，跟着老艺人从跑龙套学起，一点一滴，逐渐习得。这里没有秘籍和教材，注重的是言传身教、口授心传。在一代一代的传承之中，继承者学到的不仅仅是耍社火的手艺，更是一种纯朴的信仰和追求。对于普通民众而言，在一次次地观看社火表演中，他们重复的不仅仅是神话传说、历史故事，更有着对神灵的崇敬，对圣人的敬仰，传承着一种朴实的情感和思想。

（四）娱乐性

娱乐性指社火不仅是民众寄托信仰的娱神活动，更是一种民众宣泄情感的娱乐活动。远古时期，人们在进行祭祀时，一般都有敬神娱神的舞蹈活动，这是社火中民间信仰娱乐性的渊源所在。最初，这种娱神表演带有神圣的性质，服务对象是神灵。后来，这种娱乐性转为娱人而非娱神。在宋代的时候，社火中的娱乐成分已经掩盖了祭祀因素，以致人们难以认识到它的来源。范成大《石湖集》卷23说："轻薄行歌过，癫狂社舞呈。"并自己注解道："民间鼓乐谓之社火，不可悉记，大抵以滑稽取笑。"① 时至今日，在社火巡演时，万人空巷、车水马龙，少至百千人，多至数万人聚集在一起，共同欣赏各种社火造型、评论各种人物，这被称为"东方的狂欢节"。正如钟敬文先生所说："狂欢是人类生活中具有一定世界性的特殊的文化现象。……像中国保留至今的民间社火和迎神赛会，其中的一些比较主要的传统活动和民俗表演，就同世界性的狂欢活动，在一定程度上，具有一致性。"② 这时顶礼膜拜的色彩已非常淡化，娱乐欣赏倒成了主格调。社火中往往既有令人敬畏的青龙白虎、黑虎灵官、神仙圣人，也有背媳妇的猪八戒、憨厚可爱的大头娃，更有令人忍俊不禁的丑媒婆。这些形象和故事让人们在开怀大笑中得到了一种情绪的宣泄和精神的满足，具有其不可替代的现实功用。

千百年来，社火在表演、传承于大西北的城镇村落，给民众送去众多欢快和愉悦的同时，也寄寓着民众纯朴而又执着的精神信仰。不过，随着历史的变迁，这种信仰已经逐渐失去了它的本来面貌，更多地成为一种遗留，更多地被娱乐的成分所代替。但是，无论现代文明如何冲击和剥蚀，留存在社火中的民间信仰却始终不会消失，因为它是中国民众的精神根基所在。

（作者工作单位：宝鸡文理学院中文系）

---

① 《辞海》，上海辞书出版社1994年版，第1780页。
② 钟敬文：《文学狂欢化思想与狂欢》，《光明日报》1999年1月28日文萃副刊。

关中民间社火与宗教祭祀源探

王　琼

社火产生于原始的宗教信仰，来源于对古老土地与火的崇拜，是随着原始的祭祀活动而逐渐形成的，它与祭祀有着一脉相承之处。呈现于宗教祭祀中的巫术直观与世界象征化同样成为社火的文化内核，支配其运行。对其的揭示，使我们返回到历史的起源处并深入到了一个重要的根基，这就是人类原始活动的本性和它在人类文化中的奠基地位。

一　祭祀神灵:社火的文化渊源追溯

古时的人们认为"社"为土地之神，特别是进入农业社会以后，土地成了人类赖以生存的基础，对于社的尊崇就成为必然。要考察社火的起源和形成，最直接最简洁的方法便是考察其在文字、文化上的含义流变。社火中的"社"，《辞源》作五层意义解:"一，土地之神;二，祭土地之所，即社宫，社庙;三，古代地方基层行政单位，相当于'里';四，社日的省称;五，社仓、社学有时也省称为社。"这里，前三层意思一目了然，需要简单解释一下后两层的含义。社日是古代农民祭祀土地神的节日，在春分前后。在中古以前，社神是地方社会集体的主神，社神具有主司农事、保护村社成员的职能。汉以前只有春社，汉以后开始有秋社。自宋代起，以立春、立秋后的第五个戊日为社日。社神，相传为古代共工氏之子，名曰后土，掌土地与农业之事。其俗起于先秦。社日这一天，乡邻们在土地庙集会，准备酒肉祭神，然后宴饮。社仓指民办粮仓的一种，由南宋朱熹首创，社仓不特指某个粮仓，而是一种储粮制度。一般没有专门的仓库而在祠堂庙宇储藏粮食，粮食的来源是劝捐或募捐，存丰补歉。粮食的周转则是借贷的形式，一般春放秋收，利息为十分之二。社学是元、明、清三代的地方小学。创立于元初年间。元制 50 家为一社，每社设学校一所，择通晓经书者为教师，施引教化，农闲时令子弟入学，读《孝经》、《小学》、《大学》、《论语》、《孟子》，并以教劝农桑为主要任务。由此观之，除了社仓、社学是历史上晚近出现的词汇以外，其他意思基本都在社火中涵盖了。

　　人类最初与动物一样，对火是害怕的。后来，逐渐发现了火的好处——被烧烤过的兽肉味道更鲜美，于是便主动地利用火。火是原始人狩猎的重要手段之一。用火驱赶、围歼野兽，行之有效，提高了狩猎的生产能力。焚草为肥，促进野草生长，自然为后起的游牧部落所继承。最初的农业耕作方式——刀耕火种，就是依靠火来进行的。至于原始的手工业，更是离不开火的作用。弓箭、木矛都要经过火烤矫正器身。以后的制陶、冶炼等，没有火是无法完成的。当火的烟雾分散到天空时，火和燃烧常用于宗教仪式和象征。一般至少有两种意义：第一，火和水都代表洁净、消毒，比方说，在没有消毒药水的情况下，用来挑刺的针必须先过火以免伤口感染；第二，燃烧代表将东西寄往灵界，比方说，中国民间信仰常常为祖先烧冥钱（或称"纸钱"，广东称之为"阴司纸"）、纸车子、纸房子等，希望死者在阴间不致缺乏；道教的疏文在仪式近末尾时会被焚烧，以上达天庭；佛教的密宗有火供，通过燃烧供品来供养佛菩萨、火神等。这就形成了对火的崇拜。

　　民俗学家顾颉刚先生在《古史辨·第一册首序》中这样记述"社"："社"是土地之神，每当严冬过后，大地复苏之时，先民们就杀猪宰羊，用自己获得的劳动果实，祭祀"神灵"，祭祀祖先。此时，终年劳累的原始先民有了歇息的机会，他们欣喜若狂，就把自己"打扮"一下，在脸上涂上朱砂，把鸟羽扎缚在头上，大喊大叫，狂蹦乱跳，这便是人类最早的社火。《礼记·祭法》中载："共工氏之霸九州也，其子曰后土，能平九州，故祀以为社。"《管子·乘马》曰："方六里，为社。"古书《周礼·地官·鼓人》也有记载："以雷鼓鼓神祀，以灵鼓鼓社祭。"而火的出现，结束了人们的荒蛮生活，于是人们对火奉若神明，每遇灾害、瘟疫就施烟火加以崇拜。可见，社火是民间祈福温饱的一种集体膜拜行为，是一种实现与苍天对话、与土地沟通的主要方式。①

二　思维模式：巫术直观与世界象征化

祭祀就是按着一定的仪式，向神灵致敬和献礼，以恭敬的动作膜拜它，请它帮助人们达成靠人力难以实现的愿望。"受人钱财，替人消灾"，人们把这一人间的通则加于神灵身上，便成为祭祀的心理动因。所以，祭祀从本质上说，是对神灵的讨好与收买，是把人与人之间的求索酬报关系，推广到人与神之间而产生的活动。

要准确地界定祭祀活动中人的思维模式，就要回到人类原始的活动方式——巫术。巫术是原始人类按照自己的生命活动特征来构建世界的一种方式，也是原始人类经验世界的方式和信仰的方式。原始人类的巫术活动大致由巫术仪式、巫术符号、巫术世界观和巫术直观四部分构成，其中的核心是巫术直观。

从表面看来，巫术直观表现为一种人的通神的能力，一种与神或神秘事物进行沟通的能力。比如，在占卜中，通过某些占卜的征兆来预测未来，就是巫术直观的表现，它表现为人与神秘力量的直接的、无间隔的沟通的能力。因此，巫术世界和巫术活动的核心，是人的生命与世界万物之间的直接可沟通性，是其间的交互感应。②

这种直接的可沟通性、交互的感应，就是巫术直觉。对于原始生活中的人来说，这种与外部世界的直接沟通，并不是一种认识的过程，而是远古人类的一种直接的生活现实。对于我们这些生活过分理性化的人来说，我们与世界之间只是一种认识和被认识的关系。

在原始人类的巫术活动中，人类将自身的生命活力体验为万事万物都有的活动，体验为万物有灵、万物有情、万物有神、万物有生有死，这样就将生命活动于其间的世界变成了生命活动的象征。正是这

---

① 蔡梅良：《祭祀·社火·集市》，《求索》2009 年第 12 期。
② 牛宏宝：《美学概论》，中国人民大学出版社 2005 年版，第 30 页。

种象征，在巫术活动中，星星不只是星星，而成了有生命力的神的存在；树木不只是树木，而是树的精灵的住所；雷声不只是雷声，而是雷神的咆哮；风不再是空气的运动，而是风神的呼吸；太阳成了太阳神；月亮成了月神；大地成了大地之神；天空成了天神；海，有海神……这些在我们今天看来属于纯粹自然的东西，在原初的巫术活动所构成的世界中，都是生命活动的象征。

巫术活动在对世界象征化的同时，一个伴随的结果就是，创造出了众多的符号。所以，巫术世界是一个象征的世界，也是一个符号的世界。在巫术活动中，几乎没有什么东西不可以成为它的符号，也没有任何东西不可以作为神秘力量的显现和表征。在祭祀中，神灵总是看不见的，要祭祀，就得把神灵请来，让他们到场。让神灵到场的办法，就是树立一个被祭祀的祖先的牌位或神的神位。在原初人类社会里，还没有雕刻，神位或牌位都是简单地竖立一块石头或竖起一个高台来代表神灵的存在，然后人们就在这竖立的石头和高台前献祭、膜拜、祈祷、赞颂。这个时候，那竖立的石头和筑起的高台，就是神灵的住所，就是神灵的代表，或者更准确地说，它们就是神灵本身。这种用竖立的石头和高台来代表神灵的在场，就是一种象征。也就是说，凡是用一种在场的事物代表或呈现某种不在场，或者由可见的事物呈现某种不可见的东西，就是象征，也是符号。

三　文化意义：与鬼神同一的象征——直观

李建宗先生在其《仪式与功能——文化人类学视野下的陇中社火》一文中，提出社火一般具有五种功能：（1）祭祀功能；（2）祈吉功能；（3）娱乐功能；（4）团结功能；（5）教育功能。① 祈吉功能其实可以包括到祭祀功能中去，把祭祀和祈吉放在其他功能的前面，可见李先生对其重要性的肯定。在这五种功能中，相比之下，后三种可以称为派生功能，只有前两种是根本性的，它们之于社火犹如

---

① 李建宗：《仪式与功能：文化人类学视野下的陇中社火》，《黑龙江民族丛刊》2008年第 4 期。

其灵魂，没有了它们，便不成其为社火。

社火是一种祈祥纳福、驱疫逐魔的民间祭祀活动，几千年来，在我国民间广为流传。但随着中国社会的城市化发展以及由此带来的人们思想观念的变化使我国传统民间艺术，包括社火，受到了严峻的挑战，日渐式微；得以保存下来的，大多也是徒留躯壳、面目全非。现流传于陕西关中一带的民间社火，虽然经历了几千年的传承演变，依然保留了其最根本的特性。关中民间社火，虽然比起远古人类初期那种强烈的巫术仪式已大大减退，但和其他地区的民间社火相比，仍然比较浓郁，渗透在各种具体的仪式活动中。

关中民间社火有东西派之分，东派细腻丰富，西派雄浑粗犷。社火有许多形式，单人列队步行的叫地社火；一人背一至数人的叫背社火；用方桌、大车轮、木板搭架成高台，多人或数十人将扮演的角色抬着游行的叫抬社火；以马车、牛车、汽车、拖拉机载着角色游行的叫车社火；角色骑骡马扮如古之将士者叫马社火；以钢筋做骨架将角色巧妙凌空悬扎的叫高芯社火；踩高跷的叫高跷社火；反面角色被刀砍斧劈，抽肠挖肚的是血社火；最壮观的是山社火，是抬社火和高芯社火的综合体，规模庞大，分上、中、下数层，悬扎多出剧目，由数百大汉抬起如山状。

无论何种形制，关中社火的共同特征是——哑戏，没有唱、念、做、打，主要靠脸谱、服装、道具取胜，其中，最重要的是脸谱。正如贵州一带的傩戏上演时必须佩戴傩面具，关中的社火主要靠的是脸谱。这种脸谱艺术最主要的特征是其象征性，即社火脸谱用夸张的手法强化鬼神的外在形象，从而引起某种特定的心理暗示和信息，起到象征的作用。比如，关中社火脸谱通常对角色的五官进行夸张处理，表现其品德、性格、年龄、类属等特征，对此，民间流传着这样的口诀："忠良正直画顺眼，吊眼猛烈少年环；三角细眼奸妄画，凶悍蛮横雌雄眼。"社火脸谱还常用一些图案来象征人物的品行、业绩、法力、身份等。如孔子额头画有玉如意图案，象征其品行高尚，贵如金玉；雷公头顶画有天眼，象征其神通广大、法力无边；炎帝头画灵芝草，寓其"尝百草，以疗民疾"；太上老君头画太极图，象征其为道教创始者……社火脸谱在色彩运用上，其象征性更强，它把五行、五色、五方的观念糅合在一起，形成了一种神秘的民间文化色彩体系。东南西北中，分别对应于五色，青赤白黑黄，分别对应于五行，木火金水土。所以，在社火脸谱中，色彩往往象征最复杂的性格。"红为忠勇白为奸，黑为刚直灰勇敢。黄色猛烈草莽蓝，绿是侠野粉老年。金银二色色泽亮，专画妖魔鬼判官。"①

其实，以上这三个方面都还不是社火脸谱最根本、最重要的象征意义。正如原始人看待世界的方式，他们将生命活动于其间的世界变成了生命活动的象征，社火脸谱不只是象征了某个角色的性格、品行、身份、年龄、业绩等，而是社火脸谱连同服饰、道具，共同作为象征符号，指向了它背后的意义——鬼神。按照这种原始的象征思维，没有一物不具有生命特征，所以，社火表演中，脸谱、服饰、道具，还有装扮社火的人，共同构成了某个神灵，并促成了其在场。正因为神灵的在场，与它们的同在，才能使它们得以分享神的力量，这就是为什么社火之后，人们依然相信这些脸谱、服饰、道具具有镇凶辟邪的作用，并且坚信装扮社火的人因此而获得平安和吉祥的原因。

这种相信社火就是其所扮演的神灵的观念，可以显著地表现在很多仪式上。装扮好，在耍社火之前，先派一个代表进社庙"进香"、"上钱粮"，向神灵请示，请神灵附体。经过一番虔诚的精神仪式后，再把神像身上善男信女进献的红布条取下，搭在装饰的狮子身上，或者开路先锋的枪棒上。一切就绪，这时，铳炮齐响，锣鼓喧天，社火队伍浩浩荡荡地出发了。这里，向神灵请示，搭红布条，铳炮锣鼓，作为象征符号，都在告诉人们，从这一刻起，众神到场，社火已经和它所扮演的神灵融为一体了。每一个仪式都至关重要，不可或缺，否则，整个社火表演将失去根本意义。从最早的社神和火神到今天在历史迁延中所出现的和人类生活息息相关的众神，如黑虎、灵官、方相、方弼、青龙、白虎、关公、周仓等，虽然表面看来，神灵的队伍壮大了，但恭请神灵，并相信其在场的信仰没有变，这才是社火最根本的意义。从这个层面讲，神圣和庄严应该是社火最基本的特征，而不是娱乐、教育或交往等。

---

① 宋清：《关中民间社火的原生性》，《西北美术》2008 年第 1 期。

在宝鸡的千阳、陇县至今还流传着这样的风俗：要请社火进家辟邪驱瘟，事先必须上钱买红，以求在新的一年全家平安、五谷丰登、六畜兴旺。各家进献的红都搭在开路先锋的枪棒上，红成一片，煞是好看。这种买红的习俗正是建立在坚信神灵在场的思想基础上的。神灵在场，来自于神灵的红布条，自然作为象征符号与神灵同一，把神灵带进千家万户。在关中西部凤县的深山乡村中，每年正月十五都要请社火到家里来扫"五穷"。其时，由装扮好的社火土地神入室，手拿扫帚在室内扫死角以示驱邪送瘟。还有关老爷、秦琼、敬德、黑虎、灵官等，身着彩衣，手持兵器，在室内走一圈，然后秦琼、敬德手持鞭、锏，站立门口，主人把小孩放在堂屋中央，让关老爷从小孩身上跨过去，谓之"过关"，以示驱邪，保佑小孩无病无灾。这些仪式都是建立在相信神灵就是社火，神灵真正在场之信仰的基础上的。于是，千百年来这种仪式得以传承下来，因为人们坚信它一定可以驱邪避灾，带来福祉。这种信仰可以追溯到人类原始时期的思维方式——世界象征化。世界万事万物都像人类一样有着生生不息的生命力，而且这种生命力都是相通的，所以，万物有生，万物有神，神灵相通，且人能通神。所以，装扮的社火就是神灵本身，脸谱、服饰、道具、演员、红布条、铳炮锣鼓，一切与社火有关的自然具有了神灵的神力。这就是社火得以产生并流传千年的根本原因。从这点出发，我们也才能真正解释社火的其他特征和功能，诸如娱乐、团结、教育等。社火的娱乐不是为了娱人，而是娱神，因为相信神灵在场，所以整个的演出都是为了神的愉悦，是一种祭祀的形式；社火活动中表现出村民少有而自发的团结，也只有在这种虔诚的信仰下，才可以真正得到解释；至于教育，它本身就是前几者的派生物。

本文从宗教祭祀的角度对关中民间社火的文化意义进行解读，这样做，是鉴于目前民间社火日渐式微，前景不容乐观的现状，力图为社火文化的未来探求一条出路。祭祀，或者说巫术，笔者以为，蕴藏着社火得以产生和发展的根本原因，也是决定其能否继续传承下去的重要因素。从如何保护非物质文化遗产的角度看，这是一个不可逾越的瓶颈。

（作者工作单位：宝鸡文理学院中文系）

关陇社火艺术与秦腔艺术源脉及演变

曹　斌

　　民俗是一个民族的、村落的、社区的人们在长期生产、生活实践中，为了祭祀、娱乐、社交等需要所形成的具有一定程式化的文化习惯。社火就是这种文化习惯之一。关陇社火是关陇地区年节风俗中极为重要的风俗，它参与面广，观赏性强，往往体现着一个村落的凝聚力、艺术智慧和精神风貌。它是民间艺人展示自己艺术才华和艺术想象力的大舞台，也是秦腔艺术延伸出来的一枝独特的艺术奇葩。研究社火艺术与秦腔艺术的异同，是研究秦腔艺术影响学的一个重要方面，对研究社火艺术的特征也有着重要意义。

　　关陇社火产生于陕西关中和甘肃东部天水、平凉等地区。这一地区有着语言文化、风俗习惯的许多共性特征，是秦腔艺术的渊源地。关陇社火就是以秦腔戏剧造型的模本衍生出来的一种用于观赏的造型艺术，是秦腔这棵艺术大树上的一个枝干，又有着它艺术上的相对独立性。

　　关陇社火的作用，与秦腔一样，有两大功能：一是用于娱神。即祭祀祈祷，求得风调雨顺，国泰民安。二是娱人。通过社火表演，增加节日热闹的气氛，活跃乡镇的文化生活。"因在过去相当漫长的时期，唱戏主要是为祈神敬神，所以戏楼的位置一般建在庙宇的附近。"[①] 因此就有"城隍庙对戏楼"之说。今天乡村的秦腔演出大多仍沿袭传统的庙会演戏习俗。演出的日期以庙宇中供奉的神仙的生辰等时间来定，分布在每年的不同月份，且相邻的村镇不安排在同一时

---

　　① 王杰山：《渭南历史通览》第六卷，中国文联出版社 2009 年版，第 296 页。

间，以便人们到不同地方参拜、看戏。

与秦腔不同的是，社火只在春节时祭祀和演出。它的功能与演出形式类似于古代的"傩戏"。日本民俗学学者广田律子写道："在中国民间，传承着一种名为傩戏的，驱逐恶灵，招禄迎祥的民俗演艺。表演傩戏时要为请神降临而举行宗教性祭祀。以除灾招福为目的的信仰礼仪与上演假面剧的民俗演艺的关系，是密不可分的。不由令人想像它可能就是早期戏剧的原型。"① 通览中国的戏剧史、民俗史，可以看到"傩戏—戏剧—社火"发展的清晰脉络。由于祭祀功能的一致性，在为祭祀而举行的演出之前请神与演出后的送神仪式方面，傩戏、秦腔、社火有几近相同的规范。

关陇社火分为昼社火与夜社火。② 表演形式多采用游行展览式。大型的昼社火表演通常由炮队、锣鼓队、彩旗队、秧歌队、舞龙舞狮、旱船与扮演秦腔故事的各种社火组合来构成。社火队的秦腔故事扮演是社火的主要看点，缺少了它，就不成其为完整的昼社火。社火秦腔故事造型的情节和人物虽然来自秦腔戏剧，但表演过程却没有演唱，只有造型动作，呈哑剧形式。它用人物造型让观众联想到戏剧故事情节，又因造型艺术独具匠心而生成对社火的审美感受。它是社火艺术家把自己对秦腔戏剧情节的理解，以造型方式再现出来的艺术创造。因此这种以秦腔戏剧为依托的社火又有"抬故事"、"背故事"、"车故事"、"马故事"等称呼。

关陇地区虽然也有一种唱社火的形式，但其唱词并不来自秦腔戏剧，而是民间人士自编的劝善式祈福词语。因此，用造型语言来表现秦腔戏剧内容，是关陇社火最为典型的特征。

关陇社火在对秦腔戏剧情节内容的选择上，一是选择有祭祀祈福意义的。如选择秦腔戏剧中的王母、观音、天官、财神等神仙为扮演对象。二是选择戏剧中具有教育意义的，如宣扬忠孝节义的《保皇嫂》、《桃园结义》、《三娘教子》、《二进宫》、《火焰驹》、《下河东》、

---

① ［日］广田律子：《"鬼"之来路——中国的假面与祭仪》，王汝澜等译，中华书局2005年版，第1页。

② 王岁孝：《西府社火民俗及旅游开发研究》，《宝鸡文理学院学报》（社科版）2010年第1期。

《杨门女将》、《白蛇传》、《铡美案》等为扮演对象。多选自观众耳熟能详的戏剧。通过造型让观众联想戏剧情节，达到教育的目的。

关陇社火的人物和情节造型虽取自于秦腔，但有它自己的独创性，它从秦腔剧情中选择一个场面，进行造型，将戏剧中精彩场面作定格化处理，这同秦腔戏剧在不断发展的情节中叙述故事是不同的。要把戏剧的精气神展现出来，就要在造型上下工夫。

将秦腔艺术转化为社火造型艺术，由于表演所借助的工具不同，艺术处理的手法也不同，分述如下：

——步社火，以扮演者步行游演为特征，适合于队形变化的广场演出和进入各家各户的纳喜祈福演出。演出的剧目多采自秦腔的神话剧，如《刘全献瓜》、《蟠桃会》、《黑虎坐台》，选择如来、老君、王母娘娘、三圣母、天官、财神、善财童子、刘海、刘全等得道成仙者。人们认为诸路神仙，财神到家，会招财进宝，带来一年的财运。而步社火由于行动方便，可以进入各家院落屋内进行游演，演员手中的道具也多是金银元宝、净水瓶、避邪剑、金银斗、寿桃等寓意人寿年丰的东西。脸谱也是以粉净为主调，平和而不狰狞，显得祥和热烈庄重。

——抬社火，也叫"抬芯子"。从明代秦腔产生后就出现了这种社火形式。抬芯子的构造和装置，以方形木框为底座，框内以石配重，芯子为有叉的铁杆，高3—4米。杆上分叉处束缚小演员三四人，至五六人，组成一个秦腔故事或一折戏的场面，如《断桥》、《兄妹开荒》、《三娘教子》等。一组称一堂。表演时，由四名年轻力壮的人抬着。几堂或十几堂款款移来。各堂小演员在蓝天白云间舞动，既惊险又飘逸。

——背社火，也叫"背芯子"，是步社火的一种升华，抬社火的后起之秀。它改变了抬社火移动不便的缺陷。一人背一堂，行动自如。可交叉变换队形。背社火的一种原型叫扛社火，即将演员扛在肩上表演，清代就已成形，经几代艺人的借鉴、改进，后都成为背社火。将步社火的一人表演延展为二人、三人或四人表演。背者既是工具，也是演员。根据秦腔的剧情，背社火将演员按上、下两层设计。将小生演员或花脸演员（通常为身强力壮的男性）作为背角，让他将一二个甚至三个由儿童扮演的角色，用一特制的木架（或铁芯）背在背上，被背者站在木架之上，构成戏剧的一组情节。如《下河东》中《赶驾》一场，赵匡胤在下，背上是呼延寿星，一个红脸，一个花脸，看上去威武雄壮。《黑虎坐台》则让赵公明背着三霄。花脸与粉脸搭配，一人背三人，演出的效果也更好。还有《白蛇传》、《断桥》中许仙背的白、青两蛇。

背社火有高背芯与低背芯的区别。高背芯通常高过背者，有杆子社火的特点，但难以背多人，通常由两人构成一堂。如《天仙配》中的董永与七仙女。低背芯上层演员只站在背者腰部位置，因此重心低，可背二三人。背社火的这些特点决定了从秦腔戏剧到社火艺术的转型中，要从人物的关系出发，恰当处理好上下人物的关系。同时由于步行游演的原因，要求背者身体强壮，通常下层都由男性担任。

——马社火，马社火是关陇社火中旧时最常见的社火形式。演员化妆后骑在马（或骡）背上游演。由于工具的特殊性，马社火从秦腔戏剧中选择表演内容时，注重武打戏剧情节和花脸角色，且通常是两人一组，表现捉对厮杀的意思。"张飞战马超"、"关公斩华雄"、"关羽斩蔡阳"等三国戏和封神戏，杨家戏这些战争题材的戏剧，由于使用马匹，被马社火创造者用真马代替了戏台上的马鞭，更显得活灵活现。但随着小农经济的解体，农民家中几乎已无人再养骡马。陇县靠近关山马场一带的农民，每年要从马场租用马匹来进行演出，租费年年涨，已到了无法承受的程度，也许不久的将来，马社火将会渐渐消亡。

——车社火，也称"车故事"。车社火是将社火演员依据表演内容安置在车辆上的一种社火形式，它多见为两种车载的形式：一是车载芯子社火，二是车载平面社火。

车载芯子社火是关陇社火中最能表现民间艺人艺术技巧和精湛的造型工艺的社火形式。"芯子"是安置演员的特制的木制（现在多为钢筋）架子，固定在车体上。"芯子"的造型依据所选秦腔戏剧情节的表现需用来设计和制作。既要构思新颖、巧妙，让观众看上去感到惊喜，又要考虑到演员的安全。常见的"芯子"社火的造型一是上下型的，高4—5米，由上下两层人物构成，各层人物由所选剧情而定。如《孙悟空三打白骨精》，孙悟空在上，脚下踩着白骨精。《火焰驹》中的《卖水》下为李彦贵，采用挑水担的造型，一头站的是黄桂英，一头站的是丫环。另一种是左右型的，即将两个角色分置在两个不同的芯子上，构成戏剧表演关系。

车载平面社火相对车载芯子社火比较简单，它是将一组戏剧人物按舞台上演出的模式移在车上。与抬社火的形式相似，以场面取胜。如《三英战吕布》、《二进宫》、《杨门女将》等，以人物多、场面大来吸引观众的眼球。有的车载社火将演员放置在旋转的平台上，边走边转，技术上难度相对要大一些。

——高跷社火，高跷社火是演员踩着高跷表演的一种社火形式。与其他类型社火的静止造型相反，高跷社火是要不断走动来保持平衡。因此，高跷社火为秦腔戏剧中的丑角在社火表演中找到位置了。高跷社火的演员多选自戏剧中的公子哥们，他们戴着公子帽，手摇公子扇，化妆着丑角脸。他们轻佻、滑稽的表演给以静为特征的社火带来了生气和活力，活跃了社火的表演气氛。

——人偶社火，人偶组合是秦腔艺术中的一种表演技巧。它将真人与木偶组合到一起，表现那些需要男女演员密切合作，又难以自由表现的动作。如背负表演动作，因此，采用人偶组合解决这一难题。如《哑女告状》中呆哥背负负伤的哑女前往衙门告状。将呆哥用木偶安置在哑女身上，形成呆哥背哑女的样子。这种处理为女演员的表演开拓了自由空间，腾、挪、转、滚都不受真人重量的影响。关陇社火引入这种表达方式，在步社火中装扮了《哑女告状》、《猪八戒背媳妇》、《二鬼摔跤》等项目，增加了社火的看点。

——血社火，又称"血故事"。表演的都是与血有关的秦腔戏剧故事如"罗通盘肠大战"、"杨七郎带箭"、"包公铡陈世美"、"武松杀西门庆"等。全以血淋淋的形象出现。展现肠子露出、脖颈流鲜血、刀剑穿胸等令人感到恐怖的场面。血社火讲究以真取胜，其扮演技巧对人保密。演出的形式主要有抬、马、车等。

秦腔艺术对社火的影响除了角色装饰外更为重要的是脸谱艺术。社火从秦腔戏剧中选角色，选场景，选服装。有些是直接移搬过来的（如车载平面社火）。但社火艺术在其拿来的过程中加入了自己的审美观念。特别是在脸谱艺术上让社火的脸谱更有个性，更为夸张。这在花脸的脸谱艺术上表现得更为突出。社火艺术家在保持秦腔戏剧脸谱规律，如"红忠、紫孝、黑正、粉老、水白奸邪、油白狂傲、黄狠、灰贪、蓝凶、绿暴、神佛精灵、金银普照"①的特点的同时，根据人物不同性格在脸谱设计上将太阳、月亮、火焰、云朵、浪花、蛇、桃、蜡烛、太极图、眼睛等形象勾勒在额头上，使得花脸的个性更为鲜明，易为观众辨认。有些艺人还从傩面（假面）中汲取艺术营养，发明了"疙瘩脸谱"，即用着彩的蛋壳粘在脸部需要突出的位置，如额、眉、颊、下巴等处，使脸面产生了立体效果。

在刀枪剑矛等武器道具的使用上，关陇社火虽然使用的是秦腔戏剧表演中常用的道具，但为了提高观赏性，减少其锋锐力和肃杀效果，艺人们在刀、枪、戟、矛、鞭等武器上装饰了红色的绒球，使武器的效果大为减弱而表演的功能大幅提升，显得和谐、平实、安稳。这些以祥和为主导艺术观念的产物，反映了关陇人民追求平安、祥和的生活愿望。

关陇社火一般只在春节表演，从腊月开始筹备，年三十到正月十五前后表演，时间并不算长，但它是一村一社的大事，也是显示村社文化实力、经济实力、人才实力的机会。各县组织的汇演更是农村文化交流的场所。随着广大农民富裕程度的提高，近年来社火为更多的村民所喜爱和参与。但市场化也为社火的生存提出了新的挑战。一些参与者索要报酬及马匹车辆的租金等问题如何解决，也成了组织者所面临的困难。如何让这一珍贵的非物质文化遗产传承下去，仍有许多亟待研究、解决的问题。

（作者工作单位：宝鸡文理学院杂志社）

---

① 杨明：《陇东皮影戏的艺术魅力及其现代化》，《文艺研究》2010 年第 7 期。

关陇传统社火持存与变异的调查与思考

仵军智

社火民俗是产生于远古、传承于民间、娱神娱人的文化艺术，是乡村文化知识传递、道德宣化的重要载体，更是塑造民众文化性格、形成民众文化认同和村社凝聚力的无形力量。① 一定的地缘特点会形成一定形式的社火民俗文化。在经济相对落后，信息相对闭塞，民风耿厚纯朴的关陇地区，社火具有十分浓厚的区域文化内涵和浓郁的地方色彩，关陇传统社火基本上持存了"原生态"特点。但进入改革开放以来的新时期，随着政治、经济、文化的急剧转型和"新农村"建设的深入，市场经济理念对关陇传统社火形成巨大冲击，以心意信仰和民众娱乐为导向的传统社火表演形式呈现出功利化和世俗化色彩。本文以关陇地区传统社火为研究对象，运用田野调查方法对其持存与变异进行梳理，试图找寻关陇传统社火发生嬗变的原因。

一　关陇传统社火的特质

关陇，在一定意义上说是文化区划意义大于地理区划意义。陈寅恪第一次从地缘政治学的角度对关陇文化进行深入细致的研究，他指出所谓的关陇文化"乃关陇区内保存之旧时汉族文化，以适应鲜卑六镇势力之环境，而产生之混合品"，陈寅恪并未对关陇作严格的界定，按照研究者对其理论的解释，关陇大致相当于"贞观十道"中关内、

---

① 王岁孝：《伦理学视野下的凤阁岭黑社火》，《飞天》2010 年第 12 期。

陇右两道所辖区域。① 从地理区划来看，关陇指关中与陇右，广义上
陇右指陇山以西的广大地区，狭义上的陇右指今甘肃省黄河以东、青
海省青海湖以东至陇山的地区。陇山以东的平凉、庆阳二市，习称陇
东，就其隶属关系和历史文化传统而言，与陇右地区颇多相似，故也
称陇右。本文对关陇区域的界定基于以上认识，对关陇传统社火调查
与思考的范围包括关中西部和狭义的陇右地区，具体指宝鸡、天水、
平凉、庆阳等所辖区域。

　　传统社火的提法主要相对于新时期以来"新农村"文化建设中大
量涌现的"新兴"社火而言。所谓"新兴"社火，即由官方或基层
行政管理者而非村落会首出面组织和协调，宣传党的富农政策和新型
生活理念，重"炫富"而轻"技艺"，甚至带有很强的广告色彩，是
市场经济背景下的新式产物。虽然有社火的装扮和游演方式，有着崭
新绚丽的服装和浩大壮观的规模，但与传统社火相比，缺少了一种朴
素审美和教化功能，附着在社火表演上的传统文化意蕴与民众愉悦体
验大打折扣。随着时代变迁和民众生活水平的提高，"新兴"社火的
出现也是无可厚非的，但几千年传承下来的关陇传统社火有着更鲜明
的民俗特质和更厚重的艺术魅力。

　　关陇传统社火既有心意信仰、平安祈福、娱神娱人的特点，又具
有争强好胜的尚武心理和粗犷豪放的艺术感受特色。首先，关陇地区
是史前文化活跃和发展的重要区域，生存能力与生活水平的低微，产
生了原始心意信仰活动，社火是其中的重要形式。社火的最初之意是
为了祭祀土地神和火神，祈求上天和土地赐福的一种歌舞仪式，以社
为单位进行"击器而歌，围火而舞"的朴素艺术表演。不论是对神
农炎帝的信奉，还是对伏羲女娲的膜拜，都寄托着民众对安定祥和、
富足充裕、和睦共处这种美好生活的向往和感激之情。关陇社火中对
山神、土地神、谷神等形象的推崇与其地缘特点有关；对黑虎、灵
官、关帝君、观音菩萨等的推崇与保守封闭、担心变化等民众心理有
关；而对英雄、将领及重大事件的装扮与其尚武心理有关。其次，关
陇地区一直以来是民族争斗与民族融合的重要区域，关陇社火表现出

---

①　李浩：《唐代关中士族与文学》，中国社会科学出版社 2003 年版，第 16 页。

尚武心理和粗犷豪放的艺术特色。自商周以来，以周原为根基的周族与陇山区域内杂居的羌族、氐族在争斗与共同生活过程中不断融合，而后秦族在发迹与崛起过程中将关陇真正地连结在了一起。根据《史记》卷 129《货殖列传》中"关中之地，于天下三分之一"的说法，史念海先生认为，所谓"于天下三分之一"，指秦未统一六国时的疆土，主要指秦岭以北的陕西境，包括今甘肃东部区域，属于秦文化范畴之内，是秦人从发迹走向辉煌的活动区域，在长期的共同生存生活过程中，形成了相近的生活方式和民俗习惯。① 这些历史渊流形成了关陇地区民众争强好胜的尚武心理，在社火装扮中很好地表现了这一文化心理。背社火、打斗社火、疙瘩脸社火和对"花脸"形象的塑造与对武将的推崇都透露出一种尚武情结。总之，一方水土养一方人，关陇传统社火世代传承延续，人人耳濡目染，与当地民众生活息息相关，渗透着他们的喜怒哀乐，承载着他们的憧憬理想，很好地诠释了关陇地区民众的文化心理。

二　关陇传统社火持存与变异的表现

随着中国社会由农耕文明向工业文明的转型，市场经济理念逐渐深入人心，对民众消费和价值判断产生了重要影响，持存数千年并具有鲜明艺术特色的传统关陇社火在此背景下也出现了新的动向。

（一）关陇传统社火的持存表现

首先，当下的关陇社火在内容和表演形式方面继承了前辈社火的精华。不论是题材选取还是传统社火形象的心意寄托，在现代元素与名人效应的冲击下仍然能保持传统特色。传统关陇社火基本上以封神演义、三国演义、民间传说、戏曲故事等的人物和情节为表演主体。社火形象还是以黑虎、灵官、观音菩萨、弼马瘟、关公等传统元素为主。在农村社火中，黑虎灵官是普遍敬奉的神的形象，人们将其视做镇宅避邪之神，保佑家宅平安。民间用"花脸"脸谱来标志他们，既体现其威武、暴躁、慑服鬼神的特点，又体现了人们趋利避害、渴

---

① 史念海：《陕西在秦汉时期历史中的地位》，《文史知识》1992 年第 6 期。

望平安生活的心理。观音又称"观世音",是我国汉族和部分少数民族民间信仰的重要神灵,在人们的口头传承中,观音菩萨是一位大慈大悲、神通广大、充满母爱的女神。"弼马瘟"则跟农村家庭多养牛马家畜有关,由于传说孙悟空驯养过天马,人们认为他能保佑六畜平安,槽头兴旺。尤其值得一提的是关公形象在社火中的出现,自从宋代以后,关公走上神坛,历代帝王以其忠义而不断加封,直至被称为"关帝"。① 在社火中,关帝形象不可或缺,诚信守诺、义薄云天、威武英勇的形象备受关陇地区民众的喜爱,不仅能镇宅避邪,还司职"财神",是与"文财神"赵公明齐名的"武财神"。

其次,在社火道具的制作工艺、脸谱、服装款式、音乐伴奏等方面,也都是师傅传徒弟,一辈辈传承下来。从社火芯子、高跷材料、脸谱、鼓谱、演唱曲谱等方面来看,都保持得非常好。制作工艺保持着传统手工制作,很少选用新兴工业产品和化工材料,手工配制颜料、焰火材料,手工绘制社火背景图案、脸谱和缝制表演服装。在对社火的审美和评判方面,也都受老辈的影响,重思想意蕴和传统故事内容,重社火表演技能,重对传统东西的传承程度。

最后,祈福心理和朴素信仰仍是关陇民众社火表演的动因。民众对道教、佛教及自然神、英雄神的区分是模糊和不自觉的。关陇民众对神灵一视同仁,只要能祈福避祸、平安健康、祥和快乐,谁能带来福音就膜拜谁。这种既功利又可爱的信仰形式延续了千百年。同时,"家和万事兴"与邻里和睦仍然是民众最为看重和期盼的。"血社火"将这一理念予以充分诠释。血社火是陕西陇县社火中极具代表性的一种社火形式。所谓血社火,就是以恐怖诉求形式展现的社火形式,表演者黑衣黑裤,脸谱颜色以黑白为主,在头部、胸口、腹部、背部等部位,用锄头、铡刀、菜刀、斧子、剪刀、小板凳等锐器插入或砸入,一半露在外面。表演者双目紧闭,血肉模糊,一般由车载、人抬或骑马等形式进行游演。观看者无不瞠目结舌,唏嘘不已。血社火的主要功能是警示,通过血淋淋的惨烈场面,给人以极强的视觉冲击力。让人心生怵惕恻隐之心,使人看到平时家庭不和,邻里不和,一

① 赵德利、仵军智:《关中西部村落社火撷影》,《神州民俗》2006年第5期。

时冲动大打出手所造成的悲惨后果。正如勒庞所言："影响民众想像力的，并不是事实本身，而是它们发生和引起注意的方式。如果让我表明看法的话，我会说，必须对它们进行浓缩加工。它们才会形成一种令人瞠目结舌的惊人形象。"①

（二）关陇传统社火的变异表现

新时期以来，关陇社火由传统向现代急剧转变。首先，社火种类和表演内容出现新动向。在传统元素基础上开始融进大量现代元素。比如新农村建设、一村一品、计划生育和党的政策的融入，凸现改革开放成果的内容大大增加。2008 年元宵节宝鸡市的社火巡演，就表现出了这样的特点。先是摩托车开道，而后是彩车队。彩车队主要展示村镇的特色产品，乡镇企业的工业品和特色农产品，从严格意义上说这是广告宣传车。而后是彩旗队、锣鼓队、秧歌队等。除秧歌队外，大多是以车代步。传统元素社火基本上没有，即便有也只是在队伍最后面点缀一下。不仅宝鸡如此，我们在 2010 年春节民俗调研中发现，天水、平凉、庆阳莫不如此，大同小异。同时在内容设计上也主要考虑如何能收回成本，多赚一点。在甘肃泾川调研时发现，一个社火队伍中竟然有好几个"关公"。询问后得知，人们愿给"关公"红包，以祈求平安，而为了多拿红包，就设置了好几个"关公"，以解决经费来源问题。在甘肃庄浪调研时发现，汽车上装饰的社火，祈福纳财内容的居多，而反映历史文化、戏曲故事的较少，询问后得知祈福纳财类社火能讨到钱。大量经济性元素的充斥，使得社火的传统内蕴大打折扣，即使是传统内容，也由于社火装扮者历史文化知识太浅，想不出更多的故事和花样，显得单调而死板。同时脸谱绘画者也胡乱描绘，致使民众在观赏时不能辨识装扮的形象到底是谁。

其次，社火表演的艺术水平大不如前。以高跷为例，传统高跷的高度在 1.5 米左右，有的在 2 米以上，踩在上面不但要行走，还要跳跃甚至翻筋斗，观赏性极强。而现在的高跷大多在 0.3—0.5 米之间。马社火即装扮起来骑在马上进行表演的社火。能骑马本身就是技艺。以前关

---

① ［法］古斯塔夫·勒庞：《乌合之众——大众心理研究》，冯克利译，中央编译出版社 2004 年版，第 65 页。

陇一带多用牲畜辅助耕作，因而马、骡子等较多，到装扮社火时，规模大，几十匹同时展演，甚是壮观。而现在一方面马匹少了，另一方面即使有马也不会骑。陇县小寨村社火负责人73岁的郝振魁老人告诉我们："现在扮社火很难了，每年要到关山牧场去租马，一匹马一天50元，还要负责喂养和管理。年轻人大多不会骑马，也不敢骑。现在每年也就装几个身子，规模已经很小了。"背社火是陇县独有的社火形式。找身强力壮的后生，将社火芯子固定在背上，芯子上站人，可以站一人，也可以站两人、三人，最多可站四人。当然，考虑到重量，一般选择10岁左右身材高挑的小孩（身材矮小架不起服装，看起来没有效果），将其固定在芯子上，由一人背着走。当被问及为什么要采用背的形式时，70岁老艺人杨村娃告诉我们："主要还是经济原因，村子太穷，置不起其他家当，但还想耍出花样，就采用背社火的形式。因为这里是山区，平时背柴、背草惯了，背几个娃娃没有问题。但现在不行了，年轻后生嫌太苦，不愿意学，到春节耍社火时得花钱雇人。"

三　关陇传统社火嬗变原因的思考

一定的社会背景产生一定的社火存在状态，一定的社火存在状态折射出民众的文化心理和时代特征，两者是紧密联系的。

（一）经济体制与基层管理的转变对传统社火持存有一定影响

在承包责任制实施以前，中国农村是集体化作业与集体化生存时代。一方面，生产力水平低，经济不发达，闲暇时候的娱乐活动单调；另一方面，人员组织与管理容易，大家的经济功利观念淡薄，因而组织社火时民众热情高潮，参与程度高，全身心投入到这项活动中来，体验参与社火表演所带来的快乐。联系承包责任制后，经济独立化，闲暇时间减少，公共意识淡薄，对家庭经济发展的关注程度增加，加之经济收入增长，各家各户购买电视机等信息传播设备，因而对社火的热情降低，功利性增强，由自愿到有偿，社火表演的成本明显加大，而快乐体验则明显降低。笔者在陕西陇县调研时，86岁的背社火老艺人杨生林告诉我们："我们这个背社火以前是自愿的，而现在明码标价雇人。背一人100元，背两人150元，背三人300元。"

这样一来，参与社火的娱乐和自我价值展示功能就大打折扣了。同时，基层管理由传统的士绅管理转变为现阶段基层党组织和村民委员会的行政管理。以前士绅阶层在乡村占有经济、政治与文化上的至高点，属于意见领袖，民众信服主要从伦理道德与人格魅力层面的原因考虑。而当下的基层管理从政治与经济的层面进行。行政本位思想在民众心目中约定俗成，愿意听从行政安排，缺少自发意识。管理者以抓经济为中心工作，对文化层面关注不够，这就使得社火的官方组织力度不够。即使组织社火也从功利层面考虑，比如游演路线的确定，先走行政单位，再到商贾门店，出现多个关公、舞狮、财神等，带有明显的筹措经费的功利意图。

（二）对乡里能人的判断标准发生变化，影响到社火技能的传承

在传统乡村社会，社会成员的行为通常受习俗而非法律的支配，个人在社会中的地位通常是传袭的、先赋的，而非通过后天努力所致。在文化观念上一方面体现为沃尔夫所说的"夜郎自大"、"迷恋穷苦"、"清心寡欲"和顺从贫困即美德；另一方面则"集体嫉妒"，迷信巫术以对付那些来自其他世界的物欲陷阱和"向上爬"的作风，保持经济平均和传统行为规范。① 恰亚诺夫认为，传统农民不仅"黏着在土地上"，甚至在土地上也是"好逸恶劳"的，传统农民一旦生产出足够自己消费的粮食就会减少自身的劳动甚至停止劳动。② 因而说传统农民重视个人幸福体验，弱化经济攀比，这在乡土中国是主流意识形态，而在当下的农村这种状况发生了翻天覆地的变化。以经济能力的强弱而非文化技能的高低来判断乡里能人。如果不能改善自身的经济状况，即使社火表演再好也会被认为是"不务正业"和"好逸恶劳"。这样的舆论氛围使得众多乡民放弃民间技艺而进入打工赚钱的行列。疙瘩脸社火是陇县一个极具特色的社火种类，在鸡蛋壳上彩绘，贴在面部形成疙瘩，使演员性格更张扬、突出，视觉感极强，疙瘩脸社火传承人严永强告诉我们："我现在主要以贩卖辣椒为主业，

---

① ［美］托马斯·哈定等：《文化与进化》，韩建军、商戈令译，浙江人民出版社1987年版，第52页。

② ［俄］恰亚诺夫：《农民经济组织》，萧正洪译，中央编译出版社1996年版，第53页。

没办法，得生活。"当被问及有没有徒弟时，他苦笑着说："年轻后生都不学，说没前途，赚不来钱。"从他一脸沧桑中我们读出了无奈和伤感。

（三）新农村文化建设中形式与内容的脱节影响到社火的传承

新农村文化建设是精神文明建设的一个重要举措，对农村未来发展意义重大。但在具体实施中却不尽如人意，表现出"重形式，轻内容"的倾向。比如说在社火表演上，一些村落经济发展好，资金充足，就大量购置设备、服装，因而社火排演阵容大、现代、排场，但技术性和艺术性差。一些村子虽然技艺传承好，民间意蕴丰富，技艺高，观赏性好，但由于经济落后，因而条件差，服饰参差不齐、拼凑，看起来不排场，没有气势。这里面存在经费投资与使用不合理和不规范的倾向，对真正民间的、艺术性的社火形式要予以鼓励、资助，使社火表演者感受到自身技艺的价值，使其产生愉悦感受，去功利性而回归社火的本质，这样的配置才是合理而有效的，而农村文化建设也有义务有责任去承担。

总而言之，改革开放以来，关陇地区乡村民众的经济水平和物质生活有了很大改观，但乡村文化依然处于相对贫乏和落后的状况，而社火这一集体性行为为民众文化生活与日常交往提供了一个良好的平台。民众可以通过参与社火而增进交流、化解矛盾，还可以丰富文化生活和提高审美水平，营造良好的乡村文化空间。如此看来，对社火这一传统艺术形式的价值和意义应予以冷静思考和明确认识。不论怎么说，持存数千年的这一重要民间技艺如果在我们这个时代失去其本来面目或者发生传承断裂，将是十分遗憾的事情。

（作者工作单位：宝鸡文理学院中文系）

关陇地区社火与乡村文化建设调查

赵建昌

一 引言

近年来，乡村文化建设成为各界关注的热点。2005 年 11 月 7 日，中共中央办公厅、国务院办公厅发出《关于进一步加强农村文化建设的意见》，指出："加强农村文化建设，是全面建设小康社会的内在要求，是树立和落实科学发展观、构建社会主义和谐社会的重要内容，是建设社会主义新农村、满足广大农民群众多层次多方面精神文化需求的有效途径，对于提高党的执政能力和巩固党的执政基础，促进农村经济发展和社会进步，实现农村物质文明、政治文明和精神文明协调发展，具有重大意义。"[①] 党的十七大报告也指出："要重视城乡、区域文化协调发展，着力丰富农村、偏远地区、进城务工人员的精神文化生活。"可见，乡村文化建设已成为国家战略。学术界对乡村文化内涵及建设路径主要有两种观点：一是从"都市他者"角度来审视我国乡村文化，以都市移植文化为标准来衡量乡村本土文化的发展；二是从"乡土自觉"角度出发，认为只有乡村传统文化的恢复和发展才能整合乡村秩序、重建乡村道德。[②] 很显然，前者能使乡

---

① 《关于进一步加强农村文化建设的意见》，《人民日报》2005 年 12 月 12 日。

② 孙可敬、傅琼、黄娟：《社会认同视角下我国乡村文化建设路径初探》，《中国农业教育》2011 年第 3 期。

村文化建设成为无源之水；至于后者，封闭性的文化建设是无法持续的。现代社会发展是以城市文化为主流的，城市文化不可避免地会对传统乡村文化形成冲击。然而，毕竟乡村不同于城市，传统乡村文化在乡村文化建设中将始终具有重要意义。乡村文化建设中对传统文化的价值判断及其合理利用成为亟须研究的课题。只有科学判断传统文化价值并对之加以合理利用，才能使乡村文化建设更具有效果。文化事象的居民感知是指某一文化分布区域的居民对该文化综合性的心理态度。文化是民众的文化，民众对文化的心理态度直接反映文化存在的现状和发展趋势，也决定着乡村文化建设中对该传统文化的利用程度和利用方向。

对于关陇地区具体文化及地理范围，研究者通常会根据自己的研究内容和视角作出界定。从社火文化存在及乡村文化建设的角度出发，本文限定的关陇地区包括陕西关中及甘肃东部广大地区。社火是关陇地区乡村重要的文化事象。关陇社火历史悠久而影响深远。① 时至今日，社火仍是这一地区乡村居民喜闻乐见的文化形式，与乡村居民的文化、生活、心理等密切联系，是典型的乡村"强势文化"，也因此成为关陇地区乡村文化建设中可资利用的文化资源。本文从居民文化感知的角度，在实证调研的基础上分析关陇地区乡村文化建设中社火文化的现状、价值、发展及问题等，从而进一步探讨乡村传统文化的时代意义。

二 研究地点及问卷设计

（一）研究地点

本研究问卷发放地点选择社火分布典型的关陇地区乡村区域，主要包括甘肃的天水、平凉，陕西的宝鸡、咸阳、西安、渭南、杨凌等地。因为本研究重点探讨社火在乡村文化建设中的作用，所以问卷发放地点选择主要采用两个标准，即乡村地区和社火存在显著地区。对于同样进行社火表演的城市和城镇地区以及社火存在不明显的乡村地

---

① 仵军智：《关陇传统社火持存与变异的调查与思考》，《文艺争鸣》2011 年第 3 期。

区均不在研究之列。为确保问卷发放地点的有效性，在问卷发放之前通过各种渠道对拟调查地点做了社火文化的摸底。

（二）问卷设计

本研究所采用调查问卷分为两部分内容。第一部分是被调查对象的社会亚文化特征，包括性别、学历、年龄、家庭人均年收入、职业等；第二部分是被调查对象对社火态度的感知衡量。调查研究时间为2011年3—6月。为保证调查结果的科学性，问卷分多个不同时间段发放完成。调查对象是研究所涉及地区拥有明显社火文化的乡村居民，问卷发放采用定点随机发放和不定点随机发放的形式，调查者包括作者本人及宝鸡文理学院历史文化与旅游系旅游管理专业、渭南师范学院人文学院中文专业及天水两个中学部分学生。共发放调查问卷1000份，收回有效问卷855份。调查数据分析采用计算机辅助完成，统计分析软件是SPSS13.0。

从被调查对象的社会亚文化特征百分比统计来看，问卷发放比较全面地涵盖了项目所设计的调查分类，比较准确地反映了关陇地区被调查对象的事实。如性别及年龄两项比例相当；学历方面，小学及以下占13.0%，这反映出关陇地区乡村居民学力整体提高的事实；家庭人均年收入中3000元以下较低收入家庭占比大（72.7%），这与该地区大多数乡村居民收入情况相当。不过，这也反映出问卷发放中存在的不足，如学历中大学（28.9%）及职业中学生（29.6%）的占比较高，说明参与发放问卷的学生有意选择了与自己便于交流的学生类被调查对象或者问卷发放地的学生受访率太高，这在一定程度上影响了项目研究的准确性。在以下分析中应考虑到这些因素。（见表1）

问卷第二部分是反映对社火文化态度的调查内容，在综合分析国内外文化感知研究成果的基础上主要分为基本认知、社火价值、社火组织、政府管理、社火发展五个方面。调查内容设计的理由主要是：社火作为关陇地区乡村文化的重要符号，居民目前对其的基本认知态度是整个研究的基础；作为历史久远的文化存在，社火对关陇地区乡村居民的影响是深刻的。但随着社会的发展变化，传统文化在受到冲击而变迁的同时其社会文化价值也发生着变化。分析目前居民感知中的社火存在价值对研究社火在乡村文化建设中的具体作用有着重要的

表1　　　　　　　**被调查对象的社会亚文化特征（样本数 = 855）**

项目		百分比	感知均值	项目		百分比	感知均值
性别	男	50.9	1.35	年龄	18 岁以下	22.8	1.43
	女	49.1	1.34		18—30 岁	25.6	1.33
学历	小学及以下	13.0	1.41		31—45 岁	25.3	1.37
	初中	33.3	1.39		45—60 岁	16.0	1.24
	高中	24.8	1.32		60 岁以上	10.3	1.29
	大学及以上	28.9	1.31	职业	农民	26.8	1.24
家庭人均年收入	1500 元以下	32.3	1.35		学生	29.6	1.30
	1500—3000 元	40.4	1.34		工人	19.3	1.36
	3000—5000 元	17.7	1.33		进城务工人员	8.0	1.35
	5000 元以上	9.6	1.41		公务员	5.5	1.35
					教师	10.8	1.30

参考价值；社火组织是关陇乡村特殊的社会组织，在一定程度上影响着居民对社火文化的感知；乡村传统文化应当与政府乡村治理密切结合。社火应当成为官方乡村文化建设中的重要力量。分析目前关陇地区社火与政府政策之间的关系是判断政府乡村治理及乡村文化建设中对社火文化态度的关键。虽然类似社火等传统文化的发展变迁是客观的，但从居民感知视角分析其对社火发展的态度能够引导社火文化发展方向。基于以上理由，研究问卷就这五个方面共设计了 31 个问题。对问题的回答，采用同意和不同意两种方式，统计时同意为 1，不同意为 2（其中"在电视节目和社火之间您会选择什么"这一问题，电视节目为 1，社火为 2）（见表2）。

表2　　　　**对社火文化态度反映（赞同度）的衡量与可信度分析**

（样本数 = 855，Alpha = 0.756）

项目	均值	标准方差	项目—总体相关度	如果项目被删除的 Alpha 值
一　基本认知				

续表

项目	均值	标准方差	项目—总体相关度	如果项目被删除的 Alpha 值
1. 您看过社火表演吗?	1.15	0.353	0.137	0.755
2. 您会为社火演出捐资捐物吗?	1.25	0.432	0.321	0.747
3. 在电视节目和社火之间您会选择什么?	1.47	0.500	-0.298	0.780
4. 您喜欢社火吗?	1.27	0.442	0.419	0.742
5. 您觉得社火对您的吸引力大吗?	1.42	0.494	0.403	0.742
6. 您经常谈论社火吗?	1.51	0.501	0.384	0.743
7. 您了解当地的社火历史吗?	1.52	0.500	0.419	0.741
8. 您能看懂社火表演内容吗?	1.35	0.477	0.384	0.743
二 社火价值				
1. 您认为乡村文化活动或农闲时娱乐活动充实吗?	1.41	0.492	0.418	0.741
2. 社火对您的生产、生活有影响吗?	1.46	0.499	0.307	0.747
3. 您认为社火是过年或农闲期间重要的娱乐活动吗?	1.23	0.419	0.259	0.750
4. 您认为社火能为村民带来快乐吗?	1.13	0.337	0.137	0.755
5. 您觉得社火能促进村民团结吗?	1.17	0.372	0.180	0.754
6. 您认为社火是一种乡村体育活动吗?	1.27	0.445	0.292	0.748
7. 您认为社火有教育意义并影响您的生活和思想吗?	1.40	0.491	0.333	0.746
8. 您认为社火能够敬奉神灵或驱邪辟邪吗?	1.63	0.484	0.187	0.754
9. 您认为社火能为村民提供信息交流的机会吗?	1.24	0.429	0.267	0.750
10. 您会为自己村的社火自豪吗?	1.22	0.416	0.206	0.753
11. 您认为演社火会减少赌博活动吗?	1.32	0.465	0.323	0.747
三 社火组织				
1. 您认为演社火是令人羡慕的工作吗?	1.39	0.489	0.411	0.742
2. 您认为社火头人是领导能力强的人吗?	1.34	0.475	0.302	0.748
3. 您愿意自己或家人参与社火组织吗?	1.24	0.429	0.341	0.746
4. 您会为自己或家人参与社火而自豪吗?	1.23	0.423	0.362	0.745

续表

项目	均值	标准方差	项目—总体相关度	如果项目被删除的 Alpha 值
四　政府管理				
1. 您认为政府对社火的管理和支持力度够吗？	1.59	0.492	0.236	0.751
2. 您知道国家有对社火保护和利用的政策吗？	1.61	0.488	0.251	0.751
3. 您知道社火是非物质文化遗产吗？	1.49	0.501	0.241	0.751
五　社火发展				
1. 您认为社火妆扮好看吗？	1.22	0.415	0.296	0.748
2. 您认为社火应该继续演下去吗？	1.16	0.367	0.230	0.752
3. 您认为社火适应现代村民的娱乐要求吗？	1.54	0.499	-0.146	0.772
4. 如果没有社火，您会怀念它吗？	1.22	0.413	0.347	0.746
5. 您觉得社火应该改变表演形式吗？	1.32	0.467	0.012	0.763

三　调查结果分析

可信度分析（Reliability Analysis）的目的是衡量每一潜在评价因子与总体的相关度与总体评价要素的可信度。如果某项目与总体的相关度小于0.3000，就应当被删除。但一般认为如果项目与总体的相关度小于0.3000的项目被删除后，Alpha系数大于该评价要素的整体Alpha系数，该项目就应当被删除；如果小于该评价要素的整体Alpha系数，该项目可以被视为可信，在相关度分析时可以不删除。如果在没有项目被删除的情况下，Alpha系数大于0.7000，则整体评价要素是可信的。如果整体Alpha系数小于0.7000，在不可信项目被删除后升至0.7000以上，则该评价要素变为可信，或者为不可信评价要素。① 该研究项目整体Alpha系数为0.756，具有较好的可信度（见表2）。以下依据调研结果进行居民对社火文化的态度衡量和可信度分析。

① 谭建跃：《当前我国乡村文化建设存在的问题及对策——以湖南X乡村为例》，《南华大学学报》2008年第4期。

（一）调查对象态度衡量与可信度分析

1. 调查对象对"基本认知"的态度衡量与可信度分析

该项目评价中第 3 项与总体相关度小于 0.3000，且被删除后 Alpha 系数大于项目整体的 Alpha 系数 0.756，为不可信评价项目，在相关度和文化感知分析时仅供参考。第 1 项虽然与总体相关度小于 0.3000，但被删除后 Alpha 系数小于项目整体的 Alpha 系数 0.756，视为可信评价项目。

通过调查发现，居民对作为关陇地区乡村社会重要文化事象的社火的基本认知态度是积极的。绝大多数调查对象看过社火（1.15），并能为社火演出捐资捐物（1.25），对社火的热爱程度（1.27）也很高。这些充分说明在关陇地区的乡村社会，社火目前仍然与居民社会、文化、生活、心理、娱乐等有着密切联系，社火成为这些地区无处不在的文化事实。正是因为这种事实的存在，乡村文化建设中必须正视社火的价值。虽然大多数调查对象能够看懂社火表演内容（1.35），但目前社火对居民真正的吸引力（1.42）相对有限，社火已不是大多数乡村居民茶余饭后所讨论的话题（1.51），对当地社火历史的了解也有限（1.52）。社火作为关陇地区乡村社会曾经重要的娱乐方式，在娱乐手段多元化的今天，对居民吸引力的下降是必然的。虽然通过广播、电视收听或收看社火节目可能成为常态，但一般正式社火表演具有明显的时段性。这也是调查中社火娱乐与电视节目无法并论的原因（-0.298）。综合来看，社火目前在关陇地区乡村居民中有深厚的群众基础，是这一地区乡村文化建设中重要的文化资源。

2. 调查对象对"社火价值"的态度衡量与可信度分析

在该项评价中，第 3、4、5、6、8、9、10 项与总体相关度小于 0.3000，但各项删除后 Alpha 系数均小于项目整体的 Alpha 系数，视为可信评价项目。文化的存在是与其功利性的社会价值紧密联系的。在崇尚实用主义的中国传统社会，任何文化的发展都必须是"有价值的"。关陇地区广泛分布的社火文化，在社会转型期的今天，其价值主要表现在哪些方面？乡村文化建设应当是基于两个方面的目的，即如何引导乡村文化向人们预想的方向发展和如何使文化活动相对贫乏的乡村地区活动丰富化。人们一般相信,因乡村缺少相应文化设施和环境,居民对自身文化娱乐活动不满意。但调查显示,居民对乡村文化活动或农闲时娱乐活动的不充实感(1.41)并不是非常突出。这一方面说明社火及其他乡村传统文化活动在乡村文化活动中扮演着重要角色,另一方面说明现代乡村文化建设空间较大。社火演出在一定程度上影响了居民的生产和生活(1.46)。社火演出时间在关陇地区乡村主要是过年或其他农闲时间,这段时间社火是当地居民主要的娱乐方式(1.23)。作为乡村重要的娱乐活动,社火目前仍能为居民带来很多快乐(1.13)。社火是一种乡村集体活动,有重要的凝聚人心和团结民众的作用。大多数调查对象认为社火能够促进居民间的团结(1.17)。因为社火表演及欣赏具有体育运动的特点,所有社火在关陇地区乡村还发挥着民间体育活动的作用。多数居民认为参与社火能起到体育锻炼的作用(1.27)。传统社火内容都具有劝世教化的功用,在乡村社会发挥着规范秩序、约束行为和激发情感的作用,成为乡村治理的有力工具。目前,仍有众多居民认为社火有教育意义并影响到自己的生活和思想(1.40)。乡村社火传统价值中应当包括满足敬奉神灵、趋吉避凶等一般民众的愿望,社火不自觉地成为乡村民众的信仰食粮。但随着时代的变化,我们发现这种传统观点在一定意义上有了淡化,认为社火能敬奉神灵或驱邪辟凶的居民人数不占多数(1.63)。这虽然是社会进步和科学宣传的结果,但这种变化能否真正成为民众的福祉,还有待更深入的研究。因为民众如果缺乏心理及信仰慰藉,他们也是不幸福的。社火能为居民提供信息交流的机会(1.24)。只有民众间信息相互自由交流,才能使其互相更加了解,乡村社会才能真正和谐。提升村民文化自豪感是增加其生活幸福感的重要内容。社火在一定程度上发挥了这种作用。大多数居民对自己村的社火表演感到自豪(1.22)。乡村文化建设的难点之一是对各种陋习的逐渐制止以至根除。赌博作为社会顽疾之一,对乡村社会的危害是深刻的。特别是在年头节下或农闲时节,更是赌博活动猖獗之际。这些时段演出的社火,在一定程度上充实了乡村居民的闲暇娱乐活动,从而减少了赌博的发生(1.32)。总之,对关陇地区乡村居民而言,社火不仅是一般季节性文化娱乐工具,它还发挥着人际交流、团结民众、体育锻炼、精神信仰、劝世教化、抵制恶习、自尊自豪等作用。乡村文化建设内容应当是全面立体的，是对乡村居民文化的整体改良。社火文化事关乡村居民文化的根本利益，在乡村文化建设中具有重要价值。[①]

3. 调查对象对"社火组织"的态度衡量与可信度分析

该项评价所有项目为可信评价项目。为保证社火的正常演出，乡村社火组织成为对社火活动进行管理的主要的非正式组织。这种组织通常会成为社火爱好者、社火演出艺人和社会精英人士的俱乐部，在乡村社会发挥着一定的社会治理和管理沟通的作用。居民对社火组织的认可态度是判断这一非正式组织存在价值的重要标准。虽然社火是广泛意义上大众化的娱乐方式，但社火的具体演出往往只是少数艺人的事。多数居民认为能够表演社火是令人羡慕的（1.39）。这表现出居民对社火组织中核心成员之一的艺人的认可和尊重。观看社火者羡慕艺人的表演，社火艺人也因此而深感自豪，这成为学习社火表演者的主要理由。乡村非正式组织的领导人是在组织发展过程中逐渐形成的。因为某种特长而成为社火组织"头人"的领导人，通常会成为乡村社会的精英人士，居民会因其管理和组织能力以及个人影响力而对其产生崇拜心理（1.34）。可见，社火组织的领导人成为乡村文化建设的关键人物。由于对这一组织的认可，大多数居民都同意家人参与社火组织（1.24）并为此而自豪（1.23）。乡村文化建设必须选择适当的切入点，而以上研究说明，广泛存在的社火组织可以成为乡村文化建设有效利用的平台。

4. 调查对象对"政府管理"的态度衡量与可信度分析

该项评价中所有三项指标均与总体相关度达不到 0.300，但删除后 Alpha 系数均小于项目整体的 Alpha 系数，视其为可信项目。所谓乡村文化建设，实质是意识形态主导下的政府行为，因此，政府在这一过程中如何发挥好作用，对乡村文化建设质量的影响是决定性的。然而，令人遗憾的是，目前政府在乡村文化建设中的做法经常是不恰

---

① 谭建跃：《当前我国乡村文化建设存在的问题及对策——以湖南 X 乡村为例》，《南华大学学报》2008 年第 4 期。

当的。就拿社火来看，居民认为政府对社火的管理和支持力度不够
（1.59）。很久以来，关陇地区社火文化的发展游离于政府的管理和
支持之外，除了近几年个别地方政府因为利用特色文化宣传形象的功
利性需要而对社火进行资金扶持外，大多数地方的社火发展仍然是民
间自发性的。当加强乡村文化建设成为国家战略的时候，地方政府必
须研究如何更好地利用与当地民众关系紧密的传统文化。与其不遗余
力地植入所谓先进文化，还不如引导和利用传统文化的效果要好。大
多数居民不知道国家有对社火保护和利用的政策（1.61），特别是对
社火是非物质文化遗产（1.49）的了解也相当有限。从国家层面来
讲，对类似社火的文化遗产的保护和利用有相关政策。特别是在关陇
地区，很多地方已就社火申报了不同级别的非物质文化遗产。但是，
被调查对象对此均了解不够。可能对于政府及相关文化工作者来讲，
让乡村民众了解这些显得没有必要或者需要的宣传工作太多，但就民
众而言，这显然是不公平的。自己的传统文化被拿去换成资金或者政
绩，而文化的承载者却可以浑然不知，这是不人道的。了解国家的政
策和对不同级别非物质文化遗产的保护，对关陇地区居民来讲，这是
增强其幸福感和自豪感的重要手段。只有传统文化能为居民带来幸福
与自豪，对其保护和利用将更加容易。

5. 调查对象对"社火发展"的态度衡量与可信度分析

在该项评价中，为达到与总体相关度 0.300 的 1、2 项删除后 Al-
pha 系数小于项目整体 Alpha 系数，视其为可信项目。第 3、5 两项为
不可信项目，在分析时仅供参考。传统文化在后工业和信息时代，其
加速变化是必然的。虽然社火历史悠久且民间基础深厚，也不能摆脱
"发展"的命运。功利化思想的蔓延，以往单纯为娱乐而义务参与社
火演出者会越来越少；娱乐活动的多样化及社火表演形式的单一性都
使社火很难满足年轻居民的需求；新技术的利用使传统社火的表演方
式正接受着考验；社火越来越成为政府层面保护和利用开发的对象。
诸多事实表明，社火文化所面临的发展变迁环境是复杂的。大多数居
民认为社火妆扮好看（1.22），这可能是他们喜欢社火的最初理由。
传统文化的力量是巨大的。作为社火活动频繁地区的居民，一生中许
多人生的酸甜苦辣和喜怒哀乐都与社火联系在一起，社火自然地成为

居民生活的一部分。或许，对于社火及其存在环境的许多变化，居民是很少思考的。但正是社火好看的这种淳朴感知，成为社火能够长期发展的动力。或许，居民已经自觉地发现了社火的变化，但无论怎样，绝大多数居民仍然认为社火应该继续演下去（1.16）。传统文化一旦突然消失殆尽，必然会对居民生活和心理造成缺憾，因此，大多数居民认为如果没有社火，会怀念它（1.22）。正是民众对传统文化的执著，和传统文化所具有的深厚民众基础，使对传统文化发展的研究显得格外重要。社火作为生命力顽强的民间文化，应该得到更广泛的研究，同时应该得到政府层面的真正关切。相当一部分居民认为社火已不适应现代村民的娱乐要求（1.54），社火有必要改变表演形式（1.32）。这说明一方面社火确实很难满足一部分人的娱乐愿望，另一方面社火本身在表演形式和内容方面很难有突破。这也反映了社火文化的主要发展方向，即积极进行自身改革，以满足新时期社会民众娱乐要求。遗产与现实本身就是一对矛盾，任何保守的保护利用行为都是行不通的。只有因势利导和与时俱进，才是文化遗产保护和利用的出路。乡村文化建设中只有辩证地对待传统文化，才能真正发挥传统文化的时代作用。

（二）调查对象社会亚文化特征与社火文化态度关系分析（见表1）

研究调查对象社会亚文化特征与社火文化态度之间的关系，旨在从被调查对象个人特征的角度对社火文化感知做进一步分析。调查发现，性别方面，男（1.35）、女（1.34）文化感知均值差距不大。社火作为老少、男女咸宜的乡村传统文化，具有广泛的适宜性。年龄方面，以45岁左右为界限表现出明显的差别，45岁以上居民（1.24、1.29）比45岁以下居民（1.43、1.33、1.37）表现出对社火明显的正面感知。这与事实相符。与青少年相比，社火更是中老年居民的所爱。调查中发现，青少年当中已很少有会唱或演社火者。学力方面，表现出较高学历者（1.31、1.31）因随着学识的增加和对社火认识的深入，对社火及发展中存在的问题更加乐观和宽容。家庭人均年收入方面，5000元以下中低收入者对社火感知区别不大（1.35、1.34、1.33），这再次说明社火文化的广泛适宜性。5000元以上较高收入者

（1.41），通常是乡村地区的致富能人，与别人相比，因见多识广而对社火有新的看法。职业方面，农民（1.24）表现出对社火的正面感知较高，这说明一方面从社火和乡村文化建设角度来讲，农民是主要对象，特别是农民是社火文化的主要参与者和传承者；另一方面也说明农民对诸如政府政策、社火发展等问题的盲目乐观。作为农民，可能因忙于生计或相关知识的欠缺而对社火及乡村文化建设的困境没有觉察。工人（1.36）、进城务工人员（1.35）、公务员（1.35）等与农民相比，对社火的感知否定率略高。乡村文化建设是对乡村民众综合素质提升的过程，应当让农民了解社火所处环境的事实和危机，从而减少盲目乐观并主动保护和利用社火等传统文化。从调查对象社会亚文化特征与社火文化态度之间的关系来看，在乡村社会，社火仍具有普遍的适应性。虽然调查对象因年龄、职业、收入、文化程度等不同而对社火的看法略有差距，但这种差距是有限的，更多的则是整体调查对象对社火文化的积极态度。乡村文化建设的对象应当是乡村地区的全体民众，并且建设当中应当利用绝大多数民众都喜闻乐见的文化形式。社火正是这种文化载体的代表。

四　结论

对传统文化的利用是中国乡村文化建设的重点。就关陇地区而言，社火在乡村文化建设中具有重要意义。目前，关陇地区居民对社火的基本感知是积极的，社火在这一地区拥有深厚的民众基础。长期以来，因在社火发展中的缺位使政府的积极作用发挥有限。以政府为主导的乡村文化建设，必须要求政府改变以往对待传统文化的消极态度，正视社火等传统文化在乡村文化建设中的重要价值，主动利用各种乡村自发性的文化组织，合理利用传统文化资源，科学引导民众的文化理念，真正使乡村文化建设工作能够在和谐社会建设中发挥应有的作用。

（作者工作单位：宝鸡文理学院中文系）

西府社火起源于炎帝时代

王岁孝

社火民俗文化的起源问题可用历史学和社会学两种方法去追寻。历史学认为，社火民俗在某时某地最早出现是其起源；社会学认为社火民俗最晚在什么时间具备了它存在的基本要素就是起源。事实上，按照历史学的观点研究社火起源只是研究者的一厢情愿而已，谁也不敢确定某年、某月、某日就是社火民俗产生的最早时间。但是，以探求事物产生条件为思路的社会学方法会使该问题的研究更具可行性。中华人文始祖炎帝发祥于西府，并且在此创造了辉煌的农业文明。西府又因社火民俗文化积淀非常深厚而被誉为"社火之乡"。从社火民俗的内涵及其表现形式来看，社火的产生至少与社神、火神、歌舞这三个文化因素有关。也就是这三个文化因素的不期而遇才形成了社火民俗。众所周知，炎帝神农氏因为教民开土种田、用火开荒、熟食烧陶以及开创蜡祭傩舞等贡献而彪炳史册、千古流芳。所以从炎帝开创农业入手分析社火民俗赖以存在的三大因素是研究社火起源问题的正确途径。

一 炎帝与社神

炎帝在西府地区开创的农业文明也被称为"姜炎文化"，文献于其多有记载。《易·系辞下》曰："神农氏作，斫木为耜，揉木为耒。耒耨之利，以教天下。"《白虎通·德论·号》又曰："神农氏因天之时，分地之利，制耒耜，教民耕作。"耒耜的使用"使先民们赖以生存的采摘生活方式变成了点播农业"①，而渭河中上游的关桃园考古发现的 23 件骨耜又为炎帝发明耒耜和开垦土地提供了实物证据。② 炎帝所生活的秦陇地区和新石器时代文化是以"仰韶文化和前仰韶文化为主体的粟作农业文化"。③ 文献记载："神农之时，天雨粟。神农遂耕而种之，作陶冶斧斤，为耒耜锄耨，以垦草莽。然后五谷兴助，百果藏实。"（《逸周书·尝麦解》）还有晋王嘉《拾遗记》所记"丹雀衔九穗禾"的传说以及《淮南子·主术训》中的叙说均反映了炎帝培育耐旱嘉谷——粟的历史事实。宝鸡北首岭、斗鸡台等地碳化粟的发现，也证明炎帝发祥地西府是粟作农业的起源地之一。

炎帝发明农业才使先民在真正意义上与土地亲密接触，认识到土地是万物生长的基础这一重要性。人们对土地和谷物的崇拜产生了社神和稷神，也崇拜整治土地、发明农业的人。炎帝因此而被尊称为神农氏，并享受祭祀。共工氏乃炎帝后裔，是神农氏后因发明"筑堤蓄水"之法而成为中原部落联盟的又一个首领。故《国语·鲁语上》载："共工氏之伯九有"。"伯"通"霸"，"伯九有"就是九州的领导者。其后"共工氏有子曰句龙，为后土……后土为社；稷，田正也。有烈山氏之子曰柱为稷，自夏以上祀之"（《左传》昭公二十九年）。因"社祭，土谷之神，有德者配食焉"（《周礼·大宗伯》），所以炎帝以及与之一脉相传的共工、句龙、柱等就是有德者，可配祀于社神。到夏商以后的西周，社神地位更加提高，社稷成为政权的象征。武王伐纣得胜的第二天就以隆重的仪式祭祀了社神。《诗经·甫田》也有关于社祭的信息：

以我齐明，与我牺羊，以社以方。
我田既臧，农夫之庆。

---

① 刘明科：《宝鸡关桃园考古与炎帝文化》，见宝鸡炎帝研究会《炎帝与民族复兴》，陕西人民出版社 2006 年版，第 90 页。
② 陕西省考古研究所、宝鸡市考古工作队：《陕西宝鸡市关桃园考古发掘简报》，《考古与文物》2003 年第 2 期。
③ 石兴邦：《有关炎帝文化的几个问题》，见宝鸡市社科联《姜炎文化论》，三秦出版社 2001 年版，第 16—17 页。

> 琴瑟击鼓以御田祖。
>
> 以祈甘雨，以介我稷黍，以谷我士女。

其中透漏出祭祀社神和四方之神是农夫的喜庆之事，还要进行琴瑟击鼓等娱乐活动，说明庄严的社祭活动已经添加了后代社火所具有的喜庆娱乐的因子，更让我们理解了诸多的社火种类都离不开锣鼓的根源。另外《周礼·龠章》郑注"田祖，始耕田者，谓神农也"，又指出了此时的社祭与炎帝神农氏仍不无关联。

春秋时期社神由王社、侯社向州社、里社乃至中溜的普及，说明其已经逐渐由过去"周王的保护神变为各诸侯国以至每个家族和民户的保护神。由此而产生的一个重要的变化便是社神不再具有太多的威严，而是越来越多地呈现出普通民众也可以亲近的面孔。对于普通民众而言，社祭不再是单纯的对于神灵的祈祷，而是一个欢乐聚会的场合"。① 鲁庄公二十三年（671）夏，鲁庄公"如齐观社"和《诗经·桑中》美孟姜"期我乎桑中，要我乎上宫"都说明无论是燕国之祖、齐之社稷还是宋之桑林、楚之云梦皆"男女所属而观也"（《墨子·明鬼》）。社祭已成为既娱神又娱民，既严肃又活泼的全民参与的喜庆活动了。越到后来在祭社娱神的因素不减的同时，喜庆娱乐的倾向愈益明显。民俗是人类历史的活化石，西府普通民众虽然说不清炎帝与社火的关系，但是每当西府社火"神农拿（擒）野苗"游演之时，或供奉大脑袋农神"牛头爷"时②，我们可以肯定地说：没有炎帝神农氏就没有西府社火。

二 炎帝与火神

炎帝用火之功，一是取火使民熟食，给饥寒交迫的先民带来了光明和温暖，更增强了他们与自然抗争的信心和能力；二是用火烧山开荒，增地之肥力以种嘉禾；三是用火制陶以便民用。于是先民

---

① 晁福林：《先秦民俗史》，上海人民出版社 2001 年版，第 328 页。
② 高强：《西府民俗与姜炎文化》，《华夏文化》2005 年第 2 期。

对火就无比崇拜,视若神明。对发明用火的炎帝神农氏则更是神而化之,顶礼膜拜。《管子·轻重篇》说:炎帝"作钻燧生火,以熟劳臊,民食之无兹胃之病,而天下化之"。《左传·昭公十九年》载:"炎帝氏以火纪,故为火师而火名。"《淮南子·氾论训》曰:"炎帝死而为灶",因此,司马贞在《补史记·三皇本纪》中说,炎帝神农氏以"火德王,故曰炎帝"。至今西府民俗中还有许多崇红尚火的习俗和观念,西府山民在前些年依然有放火烧山垦荒,变荆棘为灰肥的习俗。炎帝利用火改变泥土的化学性质,做成比较坚固耐用的陶器以利百姓。这些贡献在古文献中也有据可查,《周书》有"神农耕而作陶",《路史·外记》也说神农"埏埴以为器"。在已发现的处于炎帝时代宝鸡地区的新石器遗址中,陶器和陶器作坊遗址以及陶器残片数量极大亦可佐证。陶器给原始先民的生产和生活带来了巨大变革,也为原始先民的彩陶艺术提供了重要的载体。《说文解字》云:"炎者,火光上也,从重火。"《论衡》说:"炎帝作火,死而后社神",先民们对出产赖以维持生命的谷物的土地及土地之神"社"和对于人们摆脱茹毛饮血,进入刀耕火种具有划时代意义的火及火神充满着无限的敬意和崇拜。这样就从祭社神炎帝、农神炎帝到祭火神炎帝直至产生了"社火"文化现象。西府社火实际上是几千年来人们对以炎帝为代表的土地神、农神和火神以及诸方神灵敬仰的艺术表达。所以,火和火神这一文化质素的介入,使社祭不再平淡而寂静,而是内涵愈加丰富,形式也更趋热烈。每逢社稷,火神也在祭祀之列,更重要的是在社坛生篝火燎烤牺牲,臭味飘扬、神灵尽享,则会带来风调雨顺、幸福安康。西府山区端午节前一天晚上要"抢火把"、"烧高山(点燃平日里堆积如高山的柴草)"可能就是夏收前祭社祭火仪式的遗留。

三 炎帝与蜡祭傩舞

社火是祭祀社神和火神的祈愿活动,只有以恰当的载体和具体的内容为依托才足以表达先民们对社神、火神的崇拜和敬仰之情,赢得诸神的眷爱和赐福。

炎帝发明蜡祭傩舞这一文化因素恰恰填补了这一空白。相传蜡祭由炎帝神农氏始创，"是原始先民在腊月里庆贺农业丰收的报酬之礼，是农耕文化的重要节庆"。①《路史》卷 12 载，神农氏于"每岁阳月，盍百种率，万民蜡戏于国中，已报其岁之成"。另《诗传旁通》、《钦定授时通考》等也有相同记载。这种盛大的报岁之功，祈求来年丰收的祭祀典礼不仅全民都要参与，而且要载歌载舞，戏于国中。这个歌据传就是炎帝创作的《蜡祭歌》，其词曰："土反其宅，水归其壑，昆虫毋作，草木归其泽。"（《礼记·郊特牲》）这个舞实际上就是炎帝创始的傩舞，是一种驱疫除鬼的仪式，即让民众戴上面具装扮成能威慑病疫鬼蜮的形象，成为在锣鼓声中又跳又唱的面具舞。一般在蜡祭的前一天要进行傩舞表演。《续汉书·礼仪志》记载："先蜡一日，大傩，谓之驱疫。"如此，则有了闻名遐迩的西府社火脸谱，更有了社火民俗中以人物造型和工艺为特征的造型社火和在场院进行以斗打演唱为主的表演社火。流行于宝鸡凤阁岭、拓石、赤沙、香泉、胡店、新街的黑社火夜晚表演，韵味古朴。这些地区地域比较褊狭，似乎更适于保留古老的傩舞文化传统。黑社火即天黑后在村落较大的场院或民户的家院生起篝火或炭火围圈，一来照明，二来取暖，三来围场。锣鼓手、三弦手、二胡手等在火堆旁坐定，数人的社火身子在圈内或随锣鼓跑动、打斗，或随音乐引艳歌（秧歌或作引言歌）、演唱曲子、说乱弹搞笑，众乡亲在外层层围观，帮腔捧场直到深夜。

炎帝神农氏因为创始农业而开社祭之先，成为农神、火神被崇拜，并且开创了蜡祭与傩舞。西府社火就是社神崇拜、火神崇拜、蜡祭傩舞这几种古老文化因素在历史时空下不期而遇所产生的文化现象。所以西府社火起源于炎帝时代，并随着炎帝农业文明的传播而发扬光大。西府社火与姜炎文化水乳交融、息息相关。西府社火不仅体现了姜炎文化的博大精深，而且以其历史悠久、种类繁多、特征鲜明、内涵丰富、闻名遐迩而影响了周边地区社火文化的发展

---

① 何星亮：《炎帝与中华民族的创新精神》，见宝鸡炎帝研究会《炎帝与民族复兴》，陕西人民出版社 2006 年版，第 170 页。

与繁荣。"西府民俗文化的根在姜炎文化。从姜炎文化那里我们找到了西府民俗文化的基因，从西府民俗文化身上我们看到了姜炎文化的印迹。"①

（作者工作单位：宝鸡文理学院中文系）

---

① 高强：《西府民俗与姜炎文化》，《华夏文化》2005 年第 2 期。

六盘山地区社火习俗

王知三

社火，即民间节日举行的各种杂戏。"民间鼓乐谓之社火，不可悉记，大抵以滑稽取笑。"（南宋范成大《上元纪吴中节物俳谐体三十二韵》）

正月闹社火，在六盘山地区的民间已形成传统习惯了。闹不闹社火，反映了一个村子的精神面貌以及人情世故和文明风尚。闹社火，有很多讲究，也有很多不成文的规定，一辈一辈流传下来，成了一个村子里人人恪守的"乡规民约"，谁也无法扬弃，谁也不能随意更改。

六盘山地区的社火内容丰富，形式多样。主要有地摊子、高跷（高脚、高拐子）、高台（高架）、狮子、旱船、旱龙、马社火、纸马（飞竹马灯、跑竹马）、跑驴、小车（推车）、二爸爸种豆、割缠、妖婆子、驿臣（春官）、抬扛、大头娃、秧歌等十多种。形式有别，耍法各异，统称"社火"。"闹正月、耍十五"，叫"闹社火"或"耍社火"。迎新春、庆丰收，农家人凑在一起，尽情热闹一番，这就是民间自发的群众性文化娱乐活动。

下面是耍"地摊子"社火的一些习俗。

商量社火。腊月冬闲，村子里好耍笑的青年承头，备上烟酒，到德高望重、能说起话的老年人家里，请他们出面说话，号召村子里的人，支持他们"办社火"，热闹正月，热闹女人娃娃。老人乐意应承后，便邀请各家"掌柜的"来商量办社火的事宜，大伙一旦商议通，就由这些青年（人称"社火头"或"社火大大"、"社火娅娅"），组织有耍笑特长和兴趣的人，选内容，安排"练"（即排练）社火的时间、地点、办法。

"闹五穷"。农家视"五"为不祥之日，逢五日，有许多忌讳。三天新年一过，正月初四经过一番准备后，初五就开始闹社火，这叫"闹五穷"。一大早社火队就敲锣打鼓，引上狮子、旱船，由驿臣官（春宫）开道，到家家院里耍一阵，叫"禳五穷"。意思是这样一闹腾，"穷"被驱赶走了，福要降临家家户户了。

晚上，地摊子社火到村子里有威望的人家院里去耍，全村的男人女人、老汉娃娃都要去看社火，以示对主家的敬重。

彻秋风。实际上是社火队向全村各家各户集收耍社火的经费。新年家家团圆，亲人相聚一起，喜过新年，社火队以"禳五穷"为名，顶起狮子，划上旱船，喊上驿臣，锣鼓喧天地挨门逐户"拜年"。主家用香火、纸炮将其迎进院里。社火队在经过一番表演后，狮子卧在当院，等待主人的"赏赐"。如果主人大方，慷慨解囊，狮子就高高兴兴地起身走出大门；如果主人吝啬，不肯掏钱或拿出一点"赏金"，狮子便生气地卧下一丝不动，一直逼迫主人拿出相当数量的资金，待到喜欢之后才肯离去。

如果谁家不肯出钱或蛮不讲理地大发一通脾气并说些风凉话，狮子就会卧在他家院里不再起来（实际上是顶狮子皮者把狮子皮放在院里），表示社火倒在了他家门上。这会以破坏庄风之罪名，受到村子里老老少少的斥责，会弄得他在村子里抬不起头，说不起话，日子也过得不精神。无论多么困难的人家，这事也是万万不能做出来的。

彻秋风得来的钱，全归社火会管理（为耍社火，一村或数村自愿结合的一种群众文艺组织，专管一年的社火活动事宜），或扩大社火箱具，或用做支付、接待其他村社火的花销。

演社火。联系社火出庄演出事宜，叫"演社火"。社火在村子里热闹数天后，就要出庄演出。由社火头安排，选定演出村之后，就打发村子里有和选定演出的那个村子里为亲的人，或有其他来往者，带上礼情去"演社火"。本家亲戚请来自己村子里的社火头或头前人进行商量，如果对方乐意接迎，便以礼款待来人，来人立即折回村子，通知社火头，准备出庄演出。

出庄演出。社火要趁黑出庄，出庄上路灯火齐明，锣鼓要敲"上路鼓"（鼓点）。如路过别的村子时，必须停止锣鼓，息灯灭火，以防该村的好事者"劫社火"（阻挡下为他们村演出）。快接近要演出的村子时，社火队压在山湾，派人前头打听情况。如果村头灯火通明，锣鼓喧天，社火队便即刻点起灯笼火把，敲响锣鼓直入村子。

说驿臣。说驿臣，就是说"春官词"。社火队里要选一位口才干练、思维敏捷、想象丰富、逢场作"词"的人，进入村子，锣鼓助兴，见啥赞颂、恭维啥。遇见一棵大树就说："这棵大树长得端，皇上爷家修金殿，金殿当做顶梁柱，一条金龙缠上边。"遇见人家大门又说："这座大门面朝东，一年四季进金银，门口连通京城地，来回走的大贵人。"遇见白胡老人，出口又说："老者胡子似白银，寿比南山不老松，寿星越活越年轻，儿孙满堂福满门。"

新年头上，恭维、道贺、祝福，热热闹闹，耍耍笑笑直到演出场地。

社火演出。社火演出的地点，一般都在村里头前人或"演社火"者亲戚的院里，社火迎进演出地点，先是一番热情的款待。把社火队的每一个人都请到早以摆好"暖锅子"的桌子前坐下，递上竹筷子，端上油饼油果，美餐招待，实际上客人只是礼貌性地尝尝味道，应酬一下，便要赶快离席准备演出。这时候是不能贪吃的，贪吃者要受到同伙的斥责，招来对方的笑话。社火队要有五六位年长者来应酬这一俗礼，这叫跟社火。

演出开始，必须先唱《开场曲》。四男四女边舞边唱："高高山上挂红灯，这多年没走财东家门，财东家门上挂红灯，掌柜的本是财宝星……"恭喜庄家发财万福。接下去就开始其他内容的演出。

演出的内容是决不能损伤主家感情的，有碍和气，内容污秽，言词肮脏酸腐的节目禁忌演出。如果同一个晚上几家社火一起演出，必须先唱《和气曲》，以表示与对方和好。《和气曲》唱道："风吹了白云雨洒洒，咱多年没到一达，今晚到一达，和和气气耍一耍，亲戚要前我要后，耍一个《狮娃滚绣球》，亲戚要后我要前，耍一个《珍珠倒卷帘》……"

收场要唱《道谢曲》："天上星星打掉掉，我给亲戚把谢道，我有心给亲戚多玩耍，月落灯灭难回家，初八、十八、二十八，多谢亲戚好高茶，初九、十九、二十九，多谢亲戚好高酒。茶喝了，酒喝了，我把亲戚打搅了……"

演出全部结束后，就收场准备回家，社火忌留宿在东家，夜里遮"丑"，大白天怕露底。庄家拉拉扯扯，"虚情假意"地留一番，最后就打起锣鼓送出庄口。

磨社火。为了欢闹，一个村子里往往邀来两家或几家社火演出，庄家要求哪一家先演，哪一家就得先演。事先叮咛好，只许演"文"社火，不许演"武"社火，以防伤害两家和气，先演的一家还得演《和气曲》，往下一家一折轮流演出。如果庄家不限制演出内容，谁家有啥就演啥，这样，几家社火你一折，我一折，他一折，相互推起"磨"来，这叫"磨"社火。磨起社火来，就不论演出水平和社火内容了，以戏中主要人物职衔大小来压对方，譬如，一家唱《小升官》，另一家就唱《大升官》来磨，以《五名驹》磨《火焰驹》，《南桥担水》磨《彦贵卖水》，而《广成子骂阵》则磨所有阵法社火。磨起社火来，唱词胡编乱诌，以肮脏、低级、粗野为快。两家社火磨起"火"来，就相互打起架来，这时庄家出面劝解，双方仍争斗不停，于是他们便组织人暗暗用土扬打，驱赶散离，这叫"扬社火"。两家社火瞎灯哑鼓，悄悄溜回家去。

赏。社火正演出时，庄家要拿出一定的钱或物（六尺或八尺红布）来赏赠，以表示对社火的支持，这叫"赏"。"赏"是扬庄家的富有、厚道仁慈。红纸条上写着赠赏钱物数量，递上来，一折社火耍完后，社火头便走上场，拦住表演者，站在观众前面，当众宣布"××亲戚的赏"，表演者深鞠一躬，然后退进后场。赏"红"还要挂在表演者身上，称做"挂红"。"赏"全归社火队所有，个人是不能拿去的。

串庄。白天，社火队还要装扮上"马社火"、旱船、高跷、"二爸爸种豆"等内容的社火，敲锣打鼓，一个庄口挨一个庄口地去表演，这就叫"串庄"。社火串庄表演，先由"探马"（社火队专门派出打探传信的使者）打探，探清前庄口接迎的虚实，马上传回消息，社火头即刻拿出是否进庄表演的决定。探马探听到前庄口锣鼓喧天地迎接，社火队就得去这个庄表演。社火队被迎进村子后，庄家头前人便安排自家人换下社火队牵马和敲锣打鼓者,连同其他跟社火的人一起请到场中桌子前,抽烟、喝茶、吃暖锅,盛情款待。社火队由庄家牵马引路,敲锣打鼓地串巷走道表演,家家门前鸣放纸炮,烧香点表欢迎。而后,社火队来到大场转几圈,接受庄家的"赏"。结束后,在锣鼓、炮声中被送出村口。

吃娃娃。耍狮子是闹社火的一项传统内容,人们把"狮子"当做镇邪除恶的吉祥物。新年头上,"耍一耍狮子保平安","狮子"挨门挨户去拜年,主家高高兴兴地拿出糖果热情招待,最后抱来自家的小孩,从"狮子"里放进去,再从"狮子"口里吐出来,象征娃娃得到了狮子的保护,一年中吉祥如意,不受任何邪恶伤害,再抢拔上几根"狮子毛"挂在屋里,以镇邪恶入内。

在人家院里耍狮子叫"禳院",意思是驱除邪恶,家中一年万事如意,平安吉利。"狮子""禳院"时,毛掉在院里,主人最欢喜不过了,认为他们在年内将会福贵临门。

捣墨。耍社火,耍文耍武也耍丑,丑社火往往会以滑稽可笑的动作佯相逗惹观众。装社火常装一个身背"背夹",翻穿皮袄,手拿镰刀,带着"山羊"胡子的老者,后面紧随一个身穿红花袄、绿绸裤大脚片的"麻"老婆子,耳坠两只用萝卜切片做的大耳环,手里拿着一把秃帚子,蘸着锅墨,人称"妖婆"。"妖婆"跑在前面,横冲直撞地向人们脸上捣墨。谁一旦被这个"妖婆"捣上墨,谁就会倒霉一年,做啥都不顺利。因此,看社火时,要慎不防被"妖婆"捣上墨,看见她闯过来,人们便推前操后地躲闪。但装扮"妖婆"的人是决不会随意往人们脸上捣墨的,只是吓唬吓唬而已,提醒人们一年中做事要谨慎小心。据说"倒霉"一词是从"捣墨"①的社火演义而来的。

停演。村子里一旦死了人,社火就要停演,不准出庄,也不接迎外庄口的社火演出,这是村人表示对死亡人的哀悼。

烧社火。一年正月,社火热热闹闹地耍出来后,就得停止演出活动,进行农事生产。古历二月二日,在本庄最后一场演出后,社火队

---

① 墨,在关陇地区方言中发"mei"音。

便扮装上天官和四大灵官，点上灯笼火把，敲锣打鼓，挥鞭呐喊地逐家赶瘟神，驱逐邪恶到河边。然后把耍社火所用的纸物，如绣球、花朵、符角、"都儿"等堆起来，放火烧个一干二净。纸灰倒进河里，让水冲走。这叫"烧社火"，也叫龙头送瘟神，天官、四大灵官卸妆，息鼓灭灯，悄然回家。

社火烧掉后，就再不能演出了，直到翌年正月。

（作者工作单位：甘肃省平凉市民间文艺家协会）

庆阳传统社火的文化内涵

雷天旭

"正月里，过新年，秧歌社火闹翻天。"社火是一种祈祥纳福、驱疫逐魔的民间祭祀活动，更是春节期间在汉族乡村社会中普遍流行的一种大型民间文艺娱乐活动，可以说具有娱神和娱人的双重功能。然而，单就社火表演的艺术形式而言，关陇以至于整个西北似乎都是大同小异的。但是作为中华民族早期农耕文明发祥地之一的庆阳，由于地理环境独特，文化变迁缓慢，旧有的习俗保留得相对完整，社火也传承了历史文化传统，更富有古老的文化气息。因为在其表演仪式的背后，反映的是民间社会的伦理观念和精神风貌。尤其是庆阳社火曲扎根于庆阳民间，它是当地人民群众自我表现、自我教育、自我欣赏、自我娱乐的文化工具。在社火这一民间艺术活动中所传递出的内容已经无形地支配了人民群众的日常行为，从吃穿住行到婚丧嫁娶，从社会交际到精神信仰无不渗透。它是伴随着劳动人民的生活和斗争而产生的，直接反映了人民群众的思想感情和最淳朴的理想愿望，具有很强的思想性和现实性。

一　娱神祈福，驱疫逐魔

社火是在古代驱傩和社祭仪式的基础上形成的。社祭本是对本境地方神的祭礼活动，祈告本地五谷丰登；而驱傩则是驱逐鬼魅疫疠，保一境之平安。傩事活动还有一个特征就是"扮"，是一种运用假面化装的模拟性表演。《秦中岁时记》载："岁除日进傩，皆做鬼神状，内二老儿傩公、傩母，五杂组傩，以驱疫。"①《后汉书》也曾记载大傩之时，用火炬来驱疫，并弃之洛水中，可见，驱傩离不开火。但经历了几千年的传承演变，社祭和傩文化已大大超越了单纯祭神祈福、驱疫逐魔的范畴，"乡人们加入了各种杂耍、杂戏、故事、芯子等，使之成为兼有迎春、祭神、驱疫除魔、狂欢意义上的集体文娱活动"②，即现在的社火。而娱神祈福，驱疫逐魔则是社火的主体功能。

就笔者的调查来看，庆阳市西峰区什社乡庆丰村齐家老庄社火对传统习俗保留得相对比较完整，堪称庆阳传统社火的代表。由于经过长期的传承和积淀，该村社火每年表演时都无需排练，要耍时即在村口擂鼓召集人员，随之装扮上阵，村人戏称"猛出窝"。而从出窝到谢将的整个过程中，都包含了祭神、祈福、驱魔、镇邪、求平安的内容。主要表现在以下几个方面：

第一，祭神。庆阳民间敬神畏鬼之风盛行，因此，敬神、畏鬼、辟邪活动就成为庆阳社火的重要内容。社火出窝的第一件事就是祭神，参与社火表演的所有人员装扮整齐后，在社火母子（社火头）的带领下，先祭喜神，然后再到村里各个庙宇上香、烧表（祭祀鬼神时烧的黄纸，呈长条形，这里称"表"）、磕头，以示对神灵的祭奠。之后有一段表演，这是社火出窝的第一场表演，也是单一娱神性的表演，其目的在于娱乐神灵，祈求神降福，从而确保一年四季平安。

第二，清庄。在社火出窝后，会安排一次挨家挨户的上门拜年，西峰称之为"清庄"（在镇原县则叫"打过庄"），时间一般在人七（正月初七）、初九或元宵节。参与表演的人员或装扮成古代将领的模样，或装扮成神的模样，（在白天则需要化装，晚上无需化装）进入庄户时，各家照例要摆香桌、上香、烧表以示接待。入户后的第一件事是祭神，一般祭财神，由装扮的神说些祝福、吉祥的话。表演与

---

① （唐）李淖：《秦中岁时记》，转引自陈玉平《论傩公傩母信仰与传说》，《怀化学院学报》2007 年 12 月。

② 宋清：《关中民间社火的原生性》，《民间艺术》2008 年第 1 期。

否，视情形而定，表演的内容包括跑马和折子性曲目。跑马至少八人八马，多可 10 人、16 人甚至 32 人，装扮的内容多取材于历史故事，如《二进宫》、《三英战吕布》、《五虎上将》等，形式有九连环、三角门钻、四角门钻、白马分鬃、里洛城、外洛城等。曲目则是吉祥祝福性的，如《双驸马回朝》、《天官赐福》、《刘海撒金钱》、《火焰驹》等。表演结束后，要刷扫宅子，即把烧红的石头放入盛器，再倒醋，再加入五谷杂粮，然后撒到每个房间包括院子的每个角落。所有这一切都反映了乡人最为纯朴的理想和愿望，即财源茂盛、家庭和睦、四季平安。

第三，过关。在社火队伍行进途中，或者是清庄，或者是去邻村表演。这时往往会有人抱着体弱多病的小孩请求过关，报子便会报道："前面有妖魔挡道，众家弟子不能过关。"将（一般是关云长）即答道："将孩子带到二爷马下，待二爷斩将上来。"随即从孩子头顶跨过，后面的锣鼓也从孩子头顶抬过，表示已将疾病带走。同样的仪式在镇原社火中则由春官主持，他会面对需要过关的孩子即兴说一首祝福性的打油诗，诸如，"小小孩童来过关，能把疾病带上天。长大若能把书念，保证是个文状元"。虽然这里不乏迷信的成分，但无疑是落后、贫穷、无钱看病的古代乡民们对神灵所寄托的除病辟邪，保佑平安的最为美好的愿望和最淳朴的理想的传承。

第四，谢将。每年社火表演结束时的最后一个环节就是谢将，也是社火结束的仪式，要求当年参与表演的人员全部参加，进行最后一次大规模的表演活动，时间或者是正月二十三，或者是二月二，表演结束后，进行祭神仪式，然后解散。

二　消遣娱乐功能

娱神功能始终是庆阳传统社火的主体功能，但在长期发展的过程中，又逐渐加入了娱人娱乐的成分。正如王宁宇先生所说的"上元日放灯火，闹元宵；社祭娱神，扮演百戏，天人共娱"。[①] 可见，消遣

——————————

① 王宁宇：《中国西部民间美术论》，青海人民出版社 1993 年版，第 226 页。

娱乐是庆阳传统社火的又一功能。在庆阳传统社火表演当中，消遣娱乐的成分是很明显的。

首先，表现在社火队伍的行进途中，比如清庄，必然有两个少不了的角色——害婆娘和叫花子。害婆娘无疑是快乐的使者，意指丑、脏、烂的婆娘，均由长相较丑、幽默风趣的男人男扮女装，身穿大红大绿的花衣，头裹毛巾，耳朵上挂两个大红辣椒或红炮杖，面敷一层厚厚的白粉，还涂红了两个大脸蛋，与黑脖子形成鲜明的对比。"她"一手挎一只篮子，一手拿一把小巧的笤帚，踩着鼓点且行且扭，逢人而扫，为人们驱逐"晦气"、"邪气"，赚得一点零钱或小吃。"她"走到哪里，就在哪里用滑稽播种一片欢笑，且一边扫一边说，如，"这位大嫂不一般，眉毛画得弯，头发烫得卷，一看就是个福蛋蛋！"与害婆娘一起的还有"叫花子"。"叫花子"的脸画得越丑越好，手拿一杆长长的旱烟袋，时吸时停，头戴一顶大小很不相宜的帽子。两人相互逗趣，时而佯装亲昵，时而佯作闹气，时而互相追逐，时而故作哭笑，一颦一笑，都显得十分幽默、滑稽。他们在社火队伍中自由穿插，往来自如，即兴发挥，随意表演，使整场演出气氛异常活跃，引逗得观众笑声不止。娱乐的目的显而易见。

其次，还表现在社火曲的演唱当中，这类表演多模拟夸张，趣味幽默，从演出的内容和效果看，纯以丢丑、弄怪、耍神气见长，招人喜爱，逗人发笑，具有浓郁的乡土气息。在表演形式和手法上，大致可分为四种类型：（1）有曲调、有道白、道白与音乐曲调相结合的。如《背板凳》、《相面》等。（2）无音乐曲调纯属道白的。道白包括顺口溜、数来宝、绕口令等，如《花子拾金》、《上天官》等。（3）在表演上人数不限，既有一人独演的，如《拉熊》、《拉猴》等；又有两人以上表演的，如《二傻子赶车》、《打岔》等。（4）在唱法上有说唱、对唱、表演唱和一唱众合。表演者以丑角为主，如《背板凳》中老丑的唱词："不吃不喝攒银钱，攒下银钱娶老婆。一下娶了个呆盒盒，斜鼻子，瞪眼窝。镰把腿，刀刀脚，那一年，秋风凉。娃她妈，剪衣裳。前襟剪了个大豁豁，后襟剪了个滴啦角。左手剪了个胳膊长，右手剪了个短胳膊。"

再如《拉熊》中丑角唱道："刚出四川成都市，拉上个毛团混饭吃。我把毛团耍一遍，众位弟兄帮个盘缠。你也难呀我也难，你难我难不一般。我难没钱做盘缠，你难没钱抽大烟。"艺人在演唱这首曲子的过程中，不断穿插着拉熊人的道白、动作，扮熊的人也配合着做各种滑稽动作，如俯、仰、蹲、坐、跳跃、直立收赏钱等，以逗人发笑。这类表演具有强烈的娱乐性，是一种以逗笑见长，以道白和表演为主的谈笑艺术，没有固定的模式，善于变化，完全由演员即兴创作，短小精悍，机动灵活，又有幽默、滑稽的趣味，完全迎合了乡民的欣赏口味。

三 庆阳传统社火曲的文化蕴涵

庆阳传统社火在娱神祈福、驱疫逐魔的同时，还具有自我教育、自我反思的意识，其实也是民间社会长期以来形成的伦理观念和精神风貌所渗透的结果，这主要是以社火曲的形式表现出来的。庆阳传统社火的表演形式从大的方面可分为武社火和文社火。武社火为观众展现的是打斗场面，并以哑剧的形式出现，往往取材于历史故事、中国古代小说和神话故事。如《长坂坡》、《秦怀玉杀四门》、《赵匡胤千里送金娘》等。在武社火表演歇场时，文社火上场。文社火包括说唱、民间小曲、秧歌等，并以弦唢伴奏。其中最有价值的便是民间小曲，它真实地记录了乡村社会的风貌，既是时代的旋律，又是乡民心声的写照。其深层文化内涵表现在以下几个方面。

第一，劝人向善。庆阳地理环境独特，文化变迁缓慢，传统文化保留得相对完整，民风淳朴，因而社火曲中也保存了相当数量的劝人向善的曲子。如《十劝郎》（之一）、《十劝郎》（之二）、《十二月劝人》、《劝说玩赌人》，其中大多是以妻子的口吻劝诫丈夫。节录《十劝郎》（之一）如下：

……小姐开言道，郎君你莫要躁，平心静气听我讲，听我十劝郎。一劝好兄长，苦苦读文章，一步登在龙虎榜，四海把名扬。……二劝奴的郎，孝顺二爹娘，孝顺爹娘寿数长，孝名天下扬。……三劝小兄弟，莫可伤和气……做事要让人，莫可和人争……四劝奴郎君，好好下苦心……劝郎莫怠慢，好好务庄田。……五劝小乖乖，无事少上街，三朋四友蹲一摊，喝酒那谝闲传。六劝奴郎君，早把银钱挣……七劝奴郎君，莫踩两只船，花街柳巷少闹玩，莫可把花恋。牡丹花美人，得下个蜜蜂症，擦胭脂抹粉像妖精，几个有良心。……八劝奴亲哥，莫可恋赌博，十个赌博九个没，几个有下落。九劝奴郎君，不可丧良心，大斗小秤莫亏人，亏人损阴公。……十劝把你劝，莫可抽洋烟，抽上洋烟枉费钱，到老受饥寒。……

这首《十劝郎》（之一）便是庆阳传统社火经常唱的曲子，它以一个贤良的妻子的口吻劝诫丈夫读书考试、孝敬父母、和气忍让、务农养家，希望他养成少喝酒、多赚钱、不逛窑子、不赌钱、不抽大烟、诚实做人的良好品德。其实，我们完全可以将其理解为纯朴的乡民对后辈的期望。同样的如《劝说玩赌人》，罗列了玩赌的种种害处："赌博是邪门，越玩心越重"，"输得没出路，做贼把人偷"，"见了钱财眼睛绿，必然下毒手"，劝诫他们"错了你就改"，"重新把人做"，完全是本着与人为善，治病救人的原则，谆谆告诫，真可谓语重心长。

第二，反映旧式婚姻家庭生活。婚姻家庭问题不仅在中国文学史上是一个古老的话题，作为民间文学的庆阳传统社火曲也对此津津乐道，而且这类题材的曲子可以说比比皆是，其中反映较多的要数婆媳矛盾了，且都是婆婆折磨媳妇的故事。如"自从出嫁随婆婆，你妹妹天天受折磨。灶火里无柴要妹揽，缸里无水要我担。……锅又大来水又多，柴湿的妹妹烧不着。一件活儿做不好，婆婆就来撕耳朵。"（《十八姐担水》）"刚刚睡着死鸡啼，就听见婆婆叫我起。……麻杆柴来豆柴火，三口两口吹不着。公公过来踏两脚，婆婆过来拧耳朵。"（《媳妇受折磨》）甚至有被折磨致死的，如《婆婆嫌媳妇》、《挑菜芽》中就写了被迫害致死的两个悲剧媳妇的故事。其次是反映童养媳制度给妇女带来的伤害，典型的有《骂媒人》、《大妻小夫》等，节录《骂媒人》如下：

十七的女孩儿，八岁郎，十七和八岁配成双。……一盏明灯照得亮，拉过板凳吊上炕。五道纽子不会解，抬到跟前齐解开。衣服脱了衣架搭，帽子抹了帽架放。袜子脱了窗台放，鸳鸯枕搬来头枕上。睡到半夜尿一炕，揭开被子两巴掌。打得轻了不理失，打得重了叫他娘。不怨爹来不怨娘，单怨媒人舌头长。

这是典型的旧式畸形婚姻的反映，作为主人公的妻子不仅既做妻子又做娘，而且精神上和心灵上也必然会受到严重的伤害。还有诸如《秃子尿床》、《三姐骂媒人》、《小寡妇》、《女望娘》、《蓝桥担水》、《打离婚》等曲子中所反映的夫妻不和、年轻守寡等问题也属于此类题材，不再赘述。

不难看出，此类题材的小曲都是站在媳妇的角度，或倾诉公婆对自己的折磨和迫害，或指责畸形婚姻制度给自身带来的伤害，或诅咒黑心媒人因贪钱财而乱点鸳鸯谱，但其深层内涵无外乎是反映旧式婚姻对妇女的迫害及对包办婚姻的抗议和控诉，折射出民间传统的伦理观念。

第三，反映青年男女的爱情生活。在目睹了一个个家庭悲剧之后，青年男女不能不为之胆寒，于是他们为了寻找幸福和自由，敢于冲破传统婚姻观念的束缚，追求美好的爱情生活。这在传统社火曲《绣荷包》、《送情郎》、《十里墩》、《莲花落》、《十写》、《十里亭》、《姑娘十二表》、《十爱姐》中都有生动的描述。如：

月亮绕着日头转，不见妹妹我心里乱。冰草穗穗一炷香，等不见哥哥我看月亮。

桃花开来杏花绽，看不见妹妹我吃不下饭。六月里日头着了火，夜夜梦见好哥哥。

豌豆开花结笼头，几时你我成两口。细溜溜南风把天刮阴，时候不早哥哥要启程。

白马过河二点头，撂不下妹妹我哭上走。哥哥走来没法留，急得妹妹抠墙头。

——《十里墩》

这首曲子将一对情人因思念对方而心烦意乱、夜不能寐、茶饭不思及分别时的依依不舍而又痛苦难当的情形刻画得细腻、逼真，宛若目前，其中充满了农村生活气息。再如"马里头挑马不一般高，人里头挑人数你好"，都形象地表现了农村青年男女朴素真挚的爱情。其余如："天上黑云撑白云，妹妹等你不变心"，"香头头点火一点点明，酒盅盅量米不嫌哥哥穷"，"受苦受累奴不怨，只盼郎君早回还"，则反映了农村青年男女在恋爱时所表现出的高尚道德情操和纯洁善良的美好心灵。而通过对青年男女爱情生活的表现，客观上也反映出农村妇女的女性意识正在逐步觉醒。

第四，反映人民的劳动生活。对农村百姓来说，劳动是第一位的，是他们赖以养家糊口的唯一手段。作为乡村社会中自发组织的民间文艺娱乐活动的社火必然对其有所反映，庆阳传统社火中就传唱着大量的与劳动生活有关的曲子。如《磨豆腐》、《黑牛耕地》、《拉长工》、《揽工调》、《揽工人儿难》、《打酸枣》、《种荞麦》等。一方面反映普通百姓辛苦而快乐的劳动生活，另一方面也反映了让人痛彻心扉的长工的劳动生活。如：

> 天黑地黑乌洞洞黑，吆了黑牛种荞麦。头明种了二亩半，不见老婆送早饭。打个火镰抽袋烟，让我的牛娃缓一缓。出了东门上南坡，走了一坑有一窝。蒸的馍馍四棱砖，擀的面像打牛鞭。刀又老，案又洼，擀杖就像辘轳把。灶火无柴椽烟大，你不吃疙瘩你吃啥。
> ——《黑牛耕地》

> 初一早起心闲无事干，妹妹二人梳洗巧打扮。大姐姐天生下鸡蛋面皮脸，而小妹子同拿上胭脂点。太阳上来不高高，妹妹二商量去打酸枣。大姐姐拿上竹竿竿，二小妹子手提上竹篮篮。低头走来抬头看，转过了弯弯就是个酸枣畔。大姐姐打来二小妹子捡，霎时间酸枣儿装满了竹篮篮。
> ——《打酸枣》

这些曲子反映了农事劳动的艰辛，但是劳动者却能以轻松愉快的心态去面对，在辛苦中寻找快乐，很富有生活气息，可以说是辛苦却

不痛苦，体现了劳动者健康的心态和乐观的精神面貌。但是下面这首
《拉长工》曲子却截然相反。

　　三月里来有一个三月子工，肩上犁儿地里行，一晌揭了二亩
多，掌柜的骂死骂活骂长工。

　　四月里来有一个四月子工，肩上锄锄地里行，一晌锄了三亩
多，掌柜的还说慢腾腾。

　　五月里来有一个五月子工，五月天气忙得很，掌柜的监工搭
凉棚，活活挣死了老长工。

　　六月里来有一个六月子工，六月里太阳热得很，掌柜的打的
清凉伞，晒死晒活晒长工。

　　七月里来有一个七月子工，手拿上镰镰地里行，白天割草四
五捆，夜晚铡草到天明。

　　……

　　九月里来有一个九月子工，九月里荞麦揽起笼，掌柜的屋里
粮满囤，长工肚内饥难忍。

　　十月里来有一个十月子工，十月里冻冰刮寒风，掌柜的烤的
木炭火，冻死冻活冻长工。

　　冬月里来有一个冬月子工，长工盼的回家行，掌柜的算盘哗
啦啦响，长工到头两手空。

　　相对于普通农民的劳动生活，长工的劳动只有痛苦。他们一年四
季、不分昼夜地替掌柜干活，换来的却是非人的待遇。不仅要忍受严
寒酷暑，还要忍饥挨饿，年底结账时，却落得个两手空空，劳动成果
被盘剥殆尽，不亚于奴隶主对奴隶的剥削。这既是长工对掌柜的血泪
控诉，更是身处社会最底层的百姓对不公平、不合理的社会制度的
抗议。

　　总之，传承了历史文化传统的庆阳民间传统社火，既富有古老的
文化气息，又能立足于现实生活，在其表演仪式的背后，反映了乡村
社会的伦理观念和精神风貌，并以其丰富的内容和独特的艺术形式表
现出深厚的文化底蕴。这里有民众的自我表现、自我欣赏、自我娱

乐，也有自我教育和自我反思的意识，直接反映了人民群众的思想感情和淳朴的理想愿望，甚至影响到民众的日常生产和生活，这在民俗文化研究中具有重要的价值。

（作者工作单位：陇东学院中文系）

天水社火的历史起源及发展演变

吴凯飞

一 天水历史文化概况

新闻界老前辈范长江先生在 20 世纪 30 年代所写的《中国西北角》中说:"甘肃人说到天水,就等于江浙人说到苏杭一样,认为是风景优美,物产富裕,人物秀美的地方。"不仅如此,中外很多到过天水的人,都认为天水是一个很特别的地方。天水之特,特在哪里?特在她的历史,羲皇故里,发祥中华民族,历史传承悠久;特在她的文化,大地湾史前遗址,追溯八千年文明,文化底蕴深厚;特在她的地域,兼具北雄南秀,黄河长江两大母亲河,赋予她钟灵毓秀;特在她的民俗,古往今来兵家必争之地,远古汉、狄、羌等民族杂居,形成了她独特的民族特色,民俗民风别有韵致,无不带有地域的深深烙印。

(一) 独特的地理位置

天水古称"成纪"、"秦州",位于甘肃省东南部,地处陕甘川三省交界,为甘肃省第二大城市,总面积 1.43 万平方公里,总人口 360 万,居甘肃省之最。现辖秦州、麦积、秦安、甘谷、武山、清水和张家川回族自治县二区五县。天水历史悠久,有 2700 年的建城史,古称"成纪",又称"秦州"。天水是"羲皇故里","太皞庖牺氏,风姓,代燧人氏继天而王。母曰华胥,履大人迹于雷泽,而生庖牺于成纪"（司马贞《补史记·三皇本纪》）。① "成纪，古帝庖牺氏所生之地。"（司马彪《续汉书·郡国志》）② 天水东抱陇坻，西倚洮泯，南控巴蜀，北指金城，为历代兵家必争之战略要塞、交通枢纽。天水地跨长江、黄河两大流域，兼有北雄南秀两大特点，素有陇上"小江南"的美称，是国家级历史文化名城。1992 年 8 月 13 日，江泽民总书记视察天水时题词"羲皇故里"。

天水是中华民族的发祥地和中华文明的发源地。中华始祖伏羲、女娲、黄帝都诞生在天水，大量的文献和文物古迹，构成了天水以伏羲文化、大地湾文化、秦早期文化、三国古战场文化、麦积山石窟文化为代表的五大历史文化。伏羲文化肇启中华文明，距今 4800—8300 年前的大地湾遗址，说明天水是中华民族、中华文明的最早发源地之一。③ 远古时期，天水曾是诸戎、羌人生活繁衍之地。天水以其悠久的历史，灿烂的文化和特殊的地理位置，在中国历史上写下了光辉灿烂的篇章。

（二）民俗民间文化特色

天水之特，还特在她的民间民俗文化。早在先秦时期，人们已经非常重视乐舞对民俗的教化作用，"凡音乐通乎政，而移风平俗者也"（《吕氏春秋·适音》）。3000 年前，起源于东方的秦人来到天水，他们在大量吸纳中原文化的基础上，又融合了西戎文化、巴蜀文化、楚文化，最终统一了中国。丝绸之路开辟以后，天水又成为沿途要邑和这一带最大的商品集散地。就是抗战时期及解放以后，天水因战争以及工农业建设、国防建设的需要，全国天南地北的人员交流频繁。由于天水地域的特殊性，它融合了北戎、南羌、西域等地的文化，形成

---

① 司马贞《史记·补三皇本记》全句为："太暤庖牺氏，风姓，代燧人氏继天而王。母曰华胥，履大人迹于雷泽而生庖牺于成纪。蛇身人首，有圣德。仰则观象于天，俯则观法于地。旁观鸟兽之文，与地之宜，近取诸身，远取诸物，始画八卦，以通神明之德，以类万物之情。造书契以代结绳之政。于是始制嫁娶，以俪皮之礼。结网罟以教佃渔，故曰宓牺氏，养牺牲以充庖厨，故曰庖牺。以龙瑞，以龙纪官，号曰龙师。作三十五弦之瑟，木德王，注春令，其帝太昊是也，都于陈，东封太山，立一百一十一年崩。"（《天水历史文化丛书·大哉羲皇》，甘肃人民出版社 2000 年版，第 16—17 页）

② 天水市政协文史资料委员会编：《羲皇颂》（内部资料），2002 年 7 月，第 26 页。

③ 最新考古发现证明，"大地湾早在 6 万年前就有人类活动的痕迹"。——新华社 2009 年 8 月 18 日电

了自己独特的文化现象。这不但是天水地方文化的宝贵财富，也是整个中华文化非常重要的组成部分。其口头文学、方言、小曲、道情、歌舞及其他的民俗文化遗存，既具有浓郁的本土特色，又具有兼收并蓄、多方融合的特点。

二　天水社火民俗特征

（一）历史起源悠久，发展传承至今

天水社火，也叫"秧（烟）歌"，它是天水各种民间民俗歌舞形式的总称。天水的社火民俗多姿多彩，堪称历代文化和民俗的博物馆。如与胡笳密切相关的秦州夹板，远古民族巫舞的余韵——武山旋鼓，元杂剧的活标本——武山秧歌，富有江南韵味的秦安蜡花舞，雅俗共赏的秦安小曲，以及其他极富民族特色和地方特色的山歌小调、说唱艺术等，凭借天水社火的形式得以保留下来。其中一些成为国家、省级非物质文化遗产保护项目，得到传承保护。天水社火历史悠久，源远流长，与远古人类劳动、祭祀、军事等生活息息相关。

天水社火源于古代祭祀的特色非常鲜明。如天水国家级非物质文化保护项目"秦州夹板"和"武山旋鼓"这两个舞蹈是天水社火流传很久的保留项目。"秦州夹板"的起源，应上溯到唐代的"拍板"，而"拍板"应源于上古时的"击壤"游戏。《旧唐书·音乐志》载："拍板长阔如手，厚寸余，以韦连之，击以代抃。"其形制与现代秦州的夹板已很接近。民间也有称其为"云阳板"的，宋元时期，夹板舞不仅用于民间喜庆盛典，也用于皇家祭祀的庄严肃穆场合；又如"旋鼓"舞，"旋鼓"又叫"玄鼓"，"玄"通"元"，古人称天为"元"、"玄"，"旋鼓"又称"天鼓"，据考证源于原始部落图腾舞，传说伏羲女娲人头蛇身，故旋鼓舞表演时鼓手行走路线模仿蛇形，号称"禹（蛇形）步"，表演中特有的甩发动作叫"甩莽头"，其彩色发辫实际上就是人首蛇身的扮相。以后鼓面常绘太极、八卦图案，敲鼓娱神，祈求保佑，是当地娱神祭祀的重要形式内容。在天水武山县，人们把社火又叫"灯火道场"，至今延续着古老的与灯、火相关的风俗。

在天水，社火又称"秧歌"、"烟歌"，这从另一方面反映出其起源与人类生活劳作紧密相关。天水社火反映劳动以及日常生活内容、场景、感受的占绝大多数，其内容及所展现的生产力发展、生活观念的改变充分体现了劳动生活是天水社火的起源之一。天水社火常常与一定的山野劳作、田间劳动、草场放牧相联系，大体上反映了一定的劳动生活。总之，无论是大地湾出土文物所显示的文化民俗信息，还是天水市清水宋墓、麦积宋墓多姿多彩的乐伎画像砖所反映的文化民俗故事，都能充分说明在天水这块古老神奇的土地上，社火文化在这里历史悠久、源远流长、根深叶茂。

（二）内容丰富多彩，涉及各个方面

天水社火内容涉及社会各个阶层各个方面的生活，上到国家大事、政治经济军事，下到民俗风情、耕种劳作、婚丧嫁娶、家居琐事，题材广泛、内容丰富。

1. 政治经济。主要有从戏曲演变而来的重大的历史故事及反映现代、当代国家大事新政、经济社会发展的新编短剧、折子戏、小曲段子等。如历史小曲《孟姜女》、《三国曲》、《光绪逃西安》，现代内容的《想红军》、《打日本》等；反映商业经济生活的对唱《卖货郎》、《卖棉花》、《箍缸》等；随着时代的发展进步，社火新的表演内容也紧跟时代不断变化，不断丰富着。如秦安现代小曲剧《情系学子》所反映的是党和政府资助贫困大学生的内容："外面的世界很精彩……打工经商闯未来"，"希望工程播希望，情暖莘莘学子心"，[1]时代气息非常浓厚。

2. 生产劳动。古代先民从事生产劳动是社火的主要起源。在天水社火表演内容中，反映生产劳动场景及心情感受的内容很多。如《砍柴》："太阳上来万丈高，我和情郎上山砍柴烧。娘问我为何回家晚，我说难捆又难挑。"[2] 其他如《割麦》、《锄草》、《拾菜》、《牧牛》、《务农曲》等，其表现内容符合我国古代主要以农牧业为主的生活特点。

---

① 选自曹锐、马振寰主编《秦安小曲集成》，敦煌文艺出版社 2003 年版。
② 选自李益裕选编《天水歌谣》，甘肃文化出版社 2005 年版。

3. 庆典祭祀。每逢节庆，龙灯舞（俗称"耍龙灯"）、狮子舞、烟火等是必须有的节目，这些又是春节社火的重要组成部分；在一些小曲、歌舞中，表示庆祝、祈求幸福的内容也很多。在演唱内容中，还有一些是专用于在寺庙中敬神演唱的，如《太平年》："进的庙门往上看，后堂里坐下个活神仙；来来去去人不见，风调雨顺太平年。"① 还有诸如《十支香》、《十盏灯》、《刘海撒金钱》等。

4. 世俗生活。以农村家庭生活题材为多，民间世俗生活的方方面面都有充分反映，尤以爱情生活内容最为丰富。前者如《擀荞面》、《十月怀胎》、《李三娘研磨》、《南桥担水》等。《十月怀胎》："一月怀胎在娘身，无踪无影又无身。又如水面浮萍草，对谁不说有身孕。二月怀胎在娘身，头闷眼花路难行。口中不言心在想，孩儿在身谁知情。三月怀胎在娘身，两腿无力难出门……"② 表现的是妇女从怀孕、妊娠反应、行动不便到生产的艰辛，一月月唱下来，贴切自然，打动人心。《李三娘研磨》则表现了封建时代妇女的悲惨生活：即将临盆的李三娘还在婆婆的打骂呵斥中挺着大肚子推磨，直到生产，还没有完成婆婆规定的"任务"，令人同情、发人深思。后者如《下四川》、《送干哥》、《转娘家》等。《下四川》反映了青年男女追求自由幸福的婚姻生活，"干哥哥"带着"干妹子"下四川、到扬州，一边观灯玩景，一边表达互相的爱慕之情。因为社火内容大多是反映民俗民情的，最贴近基层生活，所以也最能打动人，受到百姓的欢迎。

5. 军事战争。主要以古代战场文化为背景，反映涉及战争及英雄人物的故事。群舞如《秦王棍舞》、《轩辕鼓舞》。表演唱类如《四季行兵》、《十月点兵》、《十二将》、《平贵吃粮》等。

---

① 选自陈定卓编著《远古流韵——武山秧歌》，（香港）中国文化出版社 2007 年版。
② 其后的句子为："银牙咬断青丝发，绣鞋蹬的地皮深。上要投天天又远，下要入地地无门。结发丈夫心不忍，香火堂前许愿心。大小愿心都许到，孩儿降生离娘身。儿本生来娘本死，只隔阴阳一层纸。忙把孩儿来抱起，一盆温水洗儿身。洗得孩儿身干净，罗裙包好揣娘身。十月怀胎辛苦毕，又费三年下苦功。干处半边孩儿睡，湿处半边娘容身。若还两边都湿了，将儿抱在娘怀中。父母恩情深似海，杀身难报养育恩。"［选自张鹏慈主编《天水民歌集成》，1987 年（内部资料）］。

（三）传统时尚交织，多元包容集成

因为天水社火历史悠久，多方融合，包罗万象，吸收了各个时代各个地区的社火精华，可以说是民间文化艺术的集大成者。

内容上有古有今，或借古喻今，或借古讽今。除前述取材于古代神话传说、历史故事、传统戏曲外，还有如《韩湘子度林英》、《赵玄郎送京娘》、《王祥卧冰》等；有随着时代发展而发展的，反映现、当代内容的，如《政策归心》、《保卫祖国》、《三中全会的好政策》等。

节目规模有大（集体性）、有中（小组合）、有小（独角或双角），民众参与性强。大型的如以唢呐或锣鼓点伴奏的大型舞蹈《秦州夹板》、《武山旋鼓》、《轩辕鼓》、《大秧歌》（俗称"扭扭队"）、《高腰伞舞》以及有固定曲调伴唱的《蜡花舞》等，往往有数十人、上百人参与演出；中型的类似于现代的表演唱，如《四季行兵》、《踩仙鹤》等，有数人或十数人演出；小型的如独角演唱，一般都有专门的曲调，如《牧牛》、《钉缸》、《擀荞面》等；小场表演的歌舞小戏，则常由一男一女表演，有专门的曲调，相互对答。如《下四川》、《花亭会》、《李三娘研磨》等；也有角色分工较细的小剧或折子戏，如《张连卖布》、《瓜女婿转丈人》、《三堂会审（苏三）》等。

形式风格多种多样，多元包容。小曲小调、山歌、情歌，独唱、对唱、表演唱、小剧、折子戏，舞蹈、武术甚至杂技（如龙舞、狮子舞就颇具杂技风格）等都可纳入社火表演。内容包罗万象，既有阳春白雪，又有下里巴人。有的发人深省、富有教育意义，有的诙谐风趣、寓教于乐。民族风情兼备，如群体表演《秦王棍舞》、《旋鼓舞》充分体现了北方民族的粗犷彪悍，《蜡花舞》音乐悠扬婉转，舞蹈婀娜多姿；《踩仙鹤》、《跑旱船》的衣着打扮，《秦安小曲》的演唱风格就很有南方少数民族的风味。

曲调兼收并蓄，海纳百川。天水是中华文明的肇启地，是中国重要地方剧种"西秦腔"的发源地。天水社火演唱大多用地方小调（曲），各县区都有自己特色的地方小曲。地方小调（曲）是当地地方剧的鼻祖，但这些地方剧又反过来影响地方小调的演唱。天水东邻陇东、陕西，北近定西、兰州，西接甘南、临夏，所以，天水社火小

调在自己已经非常丰富的各种唱腔的基础上，又吸收了陕甘秦腔、陇剧的嘛簧、陕西眉户及碗碗腔、临夏甘南的花儿等各种唱腔的精华，小调唱腔丰富多彩，表演音乐节奏明快，旋律流畅、优美，普及面广，几乎人人能演、人人能唱，老少咸宜、雅俗共赏。加之道具乐器简单（主要有鼓钹、唢呐、二胡、三弦、鼓板、碰铃），对演出场地要求不高，逢年过节，只要需要，临时拉起一支社火队伍，稍作演练，就可开场演出。

三　天水社火民俗的一般结构及内容

俗话说，五里不同风，十里不同俗。无论在内容、形式还是唱腔上，天水各乡镇甚至各村，社火的表演都有一些细微差别，但大体程式内容大同小异，仅以现在秦州区西、南一带社火表演形式举例说明。

（一）黑（夜）社火表演的一般程式

1. 表演时间。主要在每年春节期间，具体集中在正月初三至正月十五，有的村还会延长到农历二月二前；除此以外，在一些重要的传统节日或庙会期间，也进行一些社火形式的表演，但一般时间不长、次数不多。

2. 组织机构。在当地农村，每年每个村都要产生一个负责庙会及全年民间文化、祭祀活动的民间组织，一般由农户轮流担任，其负责人称"会长"。每年春节期间，会长既负责自己村的社火活动，也负责与邻村社火演出的来往接待。社火导演（俗称"社火头"）由懂得很多社火内容的人充当。在乡间，社火还是一项联络感情、增进友谊的活动。

3. 放"探马"。即社火出演前的传话程式。20 世纪 70 年代前，甲村要到乙村演出，就要提前派出"探马"（即传信人），带上"帮铃"（旧时马帮戴的串铃）到乙村会长家通知，村里人听到铃声，就知道晚上村里要来社火。如今这个程序早已被电话所代替。

4. 表演程式。敬神：社火出村时就已经装扮好，沿途敲锣打鼓。进村后先进庙，秧歌队简单引场，唱《十支香》等娱神祈祷小曲，然后才去正式演出场所，一般在较大的农家院落。如果村子较大，还要移场演出，程式一样，节目内容有变化。

打场、引场：因为是地摊演出，观众攒集，需要"打"出一个场地。一般用舞龙或武术表演"打场"。旧时"打"出场后，提灯笼的小孩迅速围出一个圈，中心就是演出场地。现在用电普及，灯笼已不多见。之后"引场"开始，在锣鼓点和唢呐先缓后急的伴奏中，由数十名男角（俗称"男身子"）、女角（"女身子"）组成秧歌队，条件较好的秧歌队男的统一装扮，头扎白毛巾，手持三角小旗。女队浓妆艳抹，头戴"额子"，身着花衣彩裙，左手端蜡花灯（也称"莲花盆"），右手拿彩扇。在"高腰伞"的带领下，"扭"出各种队形，如"大摆队"、"白马分鬃"、"黑虎剜心"、"挤麻子"等。

唱对口曲（句）：秧歌队"引"到快结束时，男女两队合为一队，男女间隔，形成一个大圈，持"高腰伞"者首先进场演唱"对口曲"。之后，一男一女为一组，分别进场中心演唱。演唱"对口曲"时是男的唱，女的围着他舞。内容大多是现编现唱，即兴发挥。如"进了场子四下看，大红灯笼挂门前；起脊瓦兽光阴好，人旺财旺万万年"。

节目表演：秧歌队"引场"之后，开始各种小调（曲）、对唱、小剧表演。语言类节目演唱后是带"道具"的演唱，如"踩仙鹤"：一般是四位"女身子"踩着用彩纸扎制的仙鹤或彩云边舞边唱；还有"跑旱船"：老船夫打桨，划着船做出争上游、过漩涡激流、抢救搁浅的种种演唱，其中有大头娃娃插科打诨，使表演显得更加妙趣横生。社火的压轴戏一般是狮子舞表演。

（二）白社火

白社火与黑社火的主要区别：一是形式不同。黑社火以演唱为主，形式活泼多样；白社火不唱，以装扮表演为主，形式比较刻板固定。二是内容不同。黑社火更接近基层，主要反映民间的"俗"生活，内容几乎是无所不包，一般限于场地表演；而白社火由于形式条件所限，一般以装扮传统"大戏"角色为主行进表演。

马社火表演的一般程式及分类：

马社火：又称"马秧歌"，历史已很悠久。春节期间，各村挑选数十匹马、骡或健驴，加以装饰，由男子妆扮成传统戏剧人物，按剧中出场次序骑在马、骡之上，走村过镇，进行表演。其程式一般是锣鼓之后，由彩旗、高杆（俗称"绕杆"）组成的仪仗队先导，戏剧人物马队紧随，浩浩荡荡，蔚为壮观。有的秧歌队还装扮有"妖公"、"妖婆"两个丑角人物，或前或后，扭捏作态，惹人发笑，以增添气氛。

高跷：俗称"长腿子"。用1.5—2米长硬木棒做成"长腿"，上半部有脚踏，表演时一般由成年男性妆扮成戏剧人物形象，将高跷绑在腿上，依剧目中出场次序排成队伍，行进表演。一般流行于路况较好的川道乡镇。有时也与其他"白社火"内容结合进行。

高抬和杠老爷：据地方志载，"高抬"早在清代就很流行，其早期形制为在特制的可抬桌形架上，饰以布景道具，数名少年儿童妆扮成一折（出）戏剧人物形象固定其上，由十数位壮汉抬着行进表演。"杠老爷"与其形制相似，只是仿照跷板原理，将两名丑角演员固定在杠杆两头，表演时压动杠杆，上下起伏，再配以演员的滑稽表演，惹人发笑。随着科技的进步，人抬表演的高抬已经绝迹，20世纪80年代以后已被"车高抬"所代替。

秧歌队：凡唢呐队、龙舞、狮子舞、旋鼓舞、夹板舞、腰鼓队、旗阵、武术表演、大秧歌队等都是其内容，其主要特征是行进表演。

以上各类社火往往组合进行表演，故俗称"白社火"，以与晚上表演的"黑社火"相区别。改革开放后天水市各县区每年春节都由政府组织进行社火会演，主要就是以"白社火"展演为主。

四 社火的演变趋势

（一）内容

天水社火在保留古代表演形式精华的同时还不断发展，随着时代的发展进步，形成了有趣的"旧瓶装新酒"现象。就是说，社火这种传统民俗文化的基本表现形式、框架还在，但内容上在一些封建的、落后的东西逐渐消亡的同时，新的东西不断产生充实。就以社火小曲《对口曲》为例，新中国成立初："这个场子平又平，驴驮金来马驮银，骡子驮的聚宝盆，金银财宝滚进门"；改革开放后："这个场子宽又宽，加耍秧歌带拜年，包产到户政策好，不愁吃来不愁穿"；新时期："进了场子四下看，四合大院新崭崭，你的生意跑得欢，银行存的定期款。"①

（二）形式

在形式上黑（夜）社火向晚会演变：随着时代的进步，先进的媒体娱乐方式越来越多，天水农村也逐渐运用许多现代音美元素和表演表现手段丰富民间文化生活。现代歌舞说唱形式逐步进入社火这一古老文化门类，已经成为发展趋势。比如，近年来天水农村方兴未艾的春节晚会（当地也简称"春晚"）日趋增多，大有代替黑社火的势头。比如秦州区平南镇30余个较大（原有社火队的）自然村中，2009年春节期间就有接近三分之一的村举办了"春晚"，除一部分传统社火节目外，绝大部分是现代风味很浓的歌舞、语言类节目。正如秦州区平南镇大柳树村在"春晚"上一首自夸的快板中所说的："过年欢，欢过年，咱庄里今晚大联欢。说一段快板表心意，男女老少尽开颜。中央台，搞春晚，年年老套很一般，唱歌跳舞没特色，耍人靠的赵本山。不如咱们自己演，自娱自乐有特点。"

马社火、高抬向车社火演变。改革开放以后，人民生活水平日益提高，农业机械化程度越来越高。20世纪80年代以后，"马社火"已被"车社火"所代替，传统社火中的"高抬"、"杠老爷"也从人肩换到车上，高抬的装饰更加美观逼真。现代声光电技术的运用，为各种社火带来了全新的表现手法，也为广大人民群众的传统文化生活带来了全新的享受。

（作者工作单位：天水市文化文物出版局非物质文化遗产中心）

---

① 此句为作者搜集。

嬴秦文化对天水社火的影响

辛　轩

天水是中国历史上第一个统一的中央集权制封建国家——秦王朝的发展、壮大、崛起之地。尧舜时期，秦人先祖为舜驯兽养马卓有成效，被赐姓嬴。商朝末年，非子又凭借天水地区森林面积广、水草丰富等自然条件为周孝王牧马有功而被周王室赐地称秦，成为附庸，后至大夫、至西垂大夫，并逐渐向东发展，称王称霸，最终剪灭其他六国统一中国。今盛行于天水城乡的社火中随处可见嬴秦文化的基因，其所受嬴秦文化的影响显而易见。本文则从尚武力、重巫觋、好车马、求功利、阳刚与阴柔兼备五个方面试为陈述。

一　天水社火中重视武术表演与嬴秦文化中尚武精神一脉相承

"秦人与戎狄长期为伍，生存环境的恶劣炼就了自身果敢勇猛、粗犷悍厉的气质"①，崇尚武力是嬴秦文化的重要内涵，这一点在《石鼓文》、《秦风》等作品中有生动的描绘。而天水社火中木人摔跤、羊皮鼓、打虎等无一不是崇尚武力的体现。

清水木人摔跤是民间社火的一种表演形式，由表演者和文武乐队两部分组成。用坚硬的木料制作成高 40 厘米，长 60 厘米的双人木架，上面装模拟人头，身穿武士服装，头戴武士帽，装扮成两武士。由年轻力壮者弯腰用胳膊代表另一个人的腿和脚，以推、拉、摔、

---

① 雍际春：《嬴秦故园》，甘肃人民出版社 2000 年版，第 167、165 页。

勾、侧面倒地，相互使旋风腿等各种武术姿势来体现或藏、或隐、或进、或退、或缓、或急的摔跤表演。文武乐队有锣、鼓、铰子、小锣、唢呐等乐器，有鼓点、鼓韵、节拍，时急时慢，参差映衬，欢乐喜庆。

羊皮鼓是天水特有的民间舞蹈，以武山县最为著名，今已名列国家级非物质文化遗产名录。羊皮鼓为男性群体舞蹈，表演人数十人或数百人。以行进、圆场式为主。羊皮鼓为单面鼓，状如团扇，以木或扁铁做框，上蒙羊皮，柄下置三孔佩九环，鼓时九环互触有声。鼓锤用羊皮或麻绳编成，状如秦剧中的马鞭，长约一尺有半，由鼓锤、鼓柄、锤穗（为红色）组成。表演时，舞者戴草帽，穿对襟上衣，内带绣花肚兜，外套白色马夹，腰系青色布带，下着青色或兰色大裆裤，脚蹬麻鞋，鞋尖饰红色或青色穗子，左手持鼓，右手握鼓锤，或奔或突或旋或圆，忽左忽右，时缓时趋，形成旋场、旋蜗牛、旋八字、旋四角、剪子扣、旋麻花、开四门、太子游四门、白马分鬃、蛇蜕皮、钻口袋、蛇嗅道、蚰蜒出洞、二龙戏珠、钻花眼等 19 种队形。如急风骤雨，气势恢弘，阳刚雄健。

流行于秦安兴国镇北大村的打虎社火在表演中一人扮老虎，一人扮猎人，猎人持连枷棍通过多次搏斗将老虎打死。这些社火都重在武术表演，粗犷豪放，崇尚武力。

二　赢秦文化中的崇马习俗在天水社火中时有体现

天水社火中的马舞表演内容丰富，形式多样，受赢秦马文化影响的痕迹异常鲜明。马是冷兵器时代重要的战争装备，而且在赢秦文化中地位更为突出。"《诗·秦风》中即有盛言马与马车的诗，单从有关车马配备和马之名类的描述中，已可看出秦人崇马的习俗"[1]。秦人几乎靠养马起家，"非子居犬丘，好马及畜，善养息之"（《史记·秦本纪》）；同时秦人所处的陇右地区水草丰美，是繁息战马的天然牧场，在秦人历史中出现如伯乐、方九皋等众多的

---

① 祝中熹：《甘肃通史·先秦卷》，甘肃人民出版社 2009 年版，第 312 页。

养马相马专家。正是受秦人崇马习俗的影响，至今天水社火中马舞表演内容丰富多样，如马社火、纸马舞、鞭杆舞、发马、探马等社火习俗经久不衰。

马社火别称"马故事"，流传于天水农村。表演者持刀、握矛、挽弓、携箭，骑自家马匹，"三眼冲"开道，伴有锣鼓，穿街走巷列队表演。纸马舞别称"竹马子"、"跑竹马"等，流传于秦州、武山一带。纸马用竹篾编制，以纸糊之，上画马纹，状马眼，点马鼻，绘马嘴。表演时女童骑马，男童扮马夫，踩鼓点，扬马鞭，竹马奔腾穿梭，队形多变。

鞭杆舞相传是秦人在长期放马畜牧的过程中逐渐形成的一种民间舞蹈，又称"打花棍"。鞭杆用三四尺长的竹竿或坚硬木棍加工而成，两头挖孔，镶有铜钱，并扎有彩绸、小铜铃。表演时生、旦两两相对，四人一组，组成多组表演。动作由放牧动作和部分武术动作融合而成，分行进步和固定步，有二胡、笛子、碰铃、云锣等伴奏，也可伴唱，唱词为秦州小曲，其《八度神仙》为必唱曲。该舞流传于秦州区秦岭乡斜坡村，演出曾于中央电视台播放，名列第三批甘肃省非物质文化遗产名录。

三 天水社火中诸多内容当是秦人巫觋之风的孑遗

秦人是个重视巫觋，每事必卜，很迷信的族群。"除长期地保留着原始氏族社会的图腾崇拜以外，主要是信奉着原始的、多元的拜物教。"[1] 自秦襄公时已"自以为主少昊之神，作西畤，祀白帝"，接着在栋阳建畦畤、雍城建四畤，拥有"百有余庙"的巨大规模。而今天水社火中如狮子舞、羊皮鼓、黑社火、打夹板、耍龙灯中都保留着或多或少的祭祀巫觋成分。

黑社火又叫"夜烟歌"，流传于秦州、麦积等县区。演出前必要去神庙祈祷祭祀，由一引伞人前导，表演队列成旋蜗牛、八字、四角、剪子扣、麻花、开四门、太子游四门、二龙戏珠等形式。狮子舞

---

① 林剑鸣：《秦史稿》，上海人民出版社 1981 年版，第 95 页。

俗称"耍狮子",在天水城乡颇为普及。狮头用竹棍缚成骨架,再用纸糊成,狮身用麻袋之类的东西绑扎而成,上缀彩染的麻丝为狮毛。表演时一人顶狮头,一人撑狮股,另有人扮武生,手执绣球前导,叫引狮子。狮子表演动作颇多,或跳、跑、越障、翻桌子、滚绣球、上高杆等。舞至厅堂时要烧香化马,凡有病人要用狮子去咬,然后从病人身上跨过去,俗谓即可病除。

耍龙灯别称"龙舞",流传于天水各地。龙灯由龙头、龙身、龙尾三部分构成,长数米至数十米不等。龙头至龙尾每隔2—3米置一灯(厝置蜡烛,今装电筒),竹扎纸糊,绘龙眼,翘龙须,张龙嘴,龇龙牙。龙身以布蒙之,上绘鳞甲。舞者穿黄色对襟上衣,着兰色紧口大裆裤,头裹白毛巾,脚蹬青布鞋,腰缠白长带,引舞者手持彩珠,逗引长龙昂首扬须,飞腾盘旋。或双龙对舞,或群龙共舞。队形有二龙戏珠、翻江倒海等,舞龙有缠、放、钻、藏等。

四 天水社火体现出对秦人始源地生活永久 而模糊的追忆特点

"秦之先,帝颛顼之苗裔孙曰女修。女修织,玄鸟陨卵,女修吞之,生子大业。"(《史记·秦本纪》)《帝王世纪》又说"颛顼生十年而佐少昊,二十而登帝位","始都穷桑"。《山海经·大荒东经》云:"东海大壑,少昊之国。少昊孺颛顼于此。""穷桑"杜预注"在鲁北";"秦国先人'商奄之民'在周成王时西迁,性质用后世的话说便是谪戍。其所以把他们遣送到西方,无疑也和飞廉一家有关,因为飞廉的父亲中潏正有为商朝'在西戎,保西垂'的经历,并且与戎人有一定的姻亲关系。中潏、飞廉一家,本来也是自东方出身的"①,也就是说,秦人最早生活的区域在今山东一带已被学界所公认。而且《通志·氏族略》明确记载"居于赢滨者赐以赢",古赢水即今泰安、莱芜之间的赢汶河。做为居于中国东部,濒临海滨的秦先祖们远离故土,来到陇右,以海滨江河为主形成的水上生活必定成为

---

① 李学勤:《清华简关于秦人始源的重要发现》,《光明日报》2011年9月8日11版。

魂牵梦萦的美好回忆，而且随着时间的推移而愈加遥远和模糊。所以天水社火中以水文化为核心，诸如海巴儿、跑旱船等表演形式也许在潜意识中成了秦人对遥远的东部族源的永久而模糊的追忆。并且由水而阴柔，使得嬴秦文化阳刚与阴柔兼备，一如《无衣》中赳赳武夫与《蒹葭》中柔情少女在《秦风》中并列存在一样。

在天水社火中，蜡花舞也许便是阴柔之花的又一次春天绽放。海巴儿流传于秦安县部分地方，舞者上身钻于海巴状的纸壳内，以手做开合状。赶旱船又称"赶花船"、"跑旱船"，流传于天水各地。旱船以竹木为骨架，由船身、船亭两部分构成。船身以彩布相围一周，船亭前开彩门，两侧及亭后有小窗，四角悬彩灯。表演时一女扮船姑立于亭内，一男扮船公挥桨，花船或跑或停，悠悠晃晃，如舟行水上。船曲有《正月里来是新春》、《采花十二月》等。蜡花舞流传于秦安县郭嘉、吊湾乡一带。女子群体舞蹈，表演时手托点有蜡烛的花灯，故称"蜡花舞"。蜡花灯高 20 厘米，宽 23 厘米，内插川草等红穗花，置蜡烛（今用手电筒），外绘山水花鸟图案，六角吊纸卷花穗，中缀红绿小花，下置手柄，动作有高绕花、平绕花、平摆扇等，阴柔细腻，抒情性强，据传产生于唐宋之际，为表达词赋感情而编排，今名列甘肃省第三批非物质文化遗产名录。

五 天水社火体现出嬴秦文化鲜明的功利色彩特点

鲜明的功利色彩是嬴秦文化的重要内涵，"极端追求功利造就了嬴秦文化强烈的兼容性和博大的开放性"[①]，这种特点体现在天水社火中，就是为我所用，不拘一格，大胆"拿来"。如高跷、高台、杠老爷、车社火等。或大胆借鉴他人的表演形式，或主动利用当代的科技成果，甚至如"打腰鼓社火"一样直接拿来，为我所用。

高跷亦称"踩高跷"，俗称"高拐子"、"柳木腿"、"长腿子"等，流传于天水各地。表演时，舞者踩高约 1—2 米、上粗下细的木腿，随锣鼓声起舞，情之所至足之蹈之。高台俗称"高杆"，流行于

---

① 雍际春：《嬴秦故园》，甘肃人民出版社 2000 年版，第 167 页。

天水各地。用木椽或钢筋制作高五六米、分三四层的树冠状骨架，饰以树枝、树叶、花朵，将演员固定在骨架上，数人抬骨架行进表演。车社火即用汽车、拖拉机运载。高台已名列甘肃省第三批非物质文化遗产名录。杠老爷仿跷板制作原理，杠杆两端固定椅框，将演员（多为滑稽丑相）固定框内，表演时互压杠杆，上下起落，逗人喜笑。腰鼓舞又名"打腰鼓"，一般为集体性舞蹈，边敲边舞，流行于秦安兴国镇，今遍及天水城乡，每逢盛大节日，盛演不衰。

要之，天水是国家级历史文化名城，上古时期的伏羲、女娲都降生在这里，为"羲皇故里"。天水又是嬴秦故园，古丝绸之路西出长安的第一重镇，历史悠久，文化灿烂，其社火形式丰富多彩，如高摇伞、背社火、打夹板、耍春牛等，其崇尚武力、重巫觋、好车马、求功利、阳刚与阴柔兼备等特点充分体现出受嬴秦文化的重要影响。

（作者工作单位：甘肃省天水市文化艺术研究所）

天水社火的类型与特点

辛　轩

　　社火是民间庆祝春社的传统庆典狂欢活动，为各种歌舞形式的总称。一般来说，天水把白天以表演为主者叫"社火"，以夜间演唱为主者叫"烟歌"（传因夜间点燃烟火围火所唱，与南方插秧时所唱不同），今则社火、烟歌、秧歌通用。本文则侧重于狭义的社火，例说其丰富多彩的表演形式。

（一）黑社火

　　黑社火又叫"夜烟歌"，为天水境内秦州、麦积等县区乡村春节社火的主要表演形式，演出多在晚上，由数名男身、数名女身、1名妖婆、1名引伞人组成，穿简单演出服装。过去不论男、女身均由男性装扮，20世纪60年代开始渐改由女性装扮女身。演出时主要是旋场舞步，由一引伞人前导，表演旋蜗牛、八字、四角、剪子扣、麻花、开四门、太子游四门、二龙戏珠等形式。其舞步男身演员一般随意走动，女身演员左手执灯笼，右手挥扇子，踏十字步。引伞人手执纸制宝盖伞（伞柄下挂一小灯笼）旋场，引导变换队形。旋场舞步时，伴有鼓、锣等乐器，边舞边唱，唱时可由场外人帮腔，形成大合唱场面。由于简便易行，舞步随意，大多数人一学即会，故成为旧时农村很普及的春节娱乐活动。80年代曾一度盛行，目前基本无人演出。

（二）马社火

　　马社火别称"马故事"，流传于天水农村。表演时饰剧中人物，画脸谱，着戏装，持刀、握矛、挽弓、携箭，骑自家马匹，"三眼冲"开道，伴有锣鼓，穿街走巷列队表演。马社火于白天演出，人数不限，可多可少。

（三）赶旱船

赶旱船又称"赶花船"、"跑旱船"，流传于天水各地。有赶摇、停摇等程式，边摇边由其他人唱舢歌。旱船以竹木为骨架，由船身、船亭两部分构成。船身以彩布相围一周，船亭前开彩门，两侧及亭后有小窗，四角悬彩灯。表演时，一女子扮船姑，涂花脸，饰头花，着大襟花衣，蹬戏鞋立于亭内，双手提花船。一男子扮船公戴草帽，穿对襟上衣，着大裆裤，裹白色绑腿，蹬青布鞋于船外挥船桨，引花船左转右转，或跑或停，悠悠晃晃，如舟行水上。船曲有《正月里来是新春》、《采花十二月》等。旱船表演历久不衰，今亦流传。

（四）狮子舞

狮子舞俗称"耍狮子"，在天水城乡颇为普及。狮头用竹棍缚成骨架，再用纸糊成，狮身用麻袋之类的物品绑扎而成，上缀彩染的麻丝为狮毛。表演时一人顶狮头，一人撑狮股，另有人扮武生相，手执绣球前导，叫引狮子，时而戏打狮子，与狮争斗。狮子表演动作颇多，或跳、跑、越障、翻桌子、滚绣球、上高杆等。耍狮子有驱逐邪恶，祈保吉祥之意，舞至厅堂时要烧香化马，凡有病人要用狮子去咬，然后从病人身上跨过去。狮子舞现已成为春节社火的重要组成部分。

（五）打夹板

打夹板是天水特有的民间舞蹈，相传产生于清乾隆年间，今已名列甘肃省第二批非物质文化遗产名录。当时秦城东关瓦窑巷（今合作巷）、忠武巷及下关一带居民，因罗玉河改道后河水常泛滥冲进东关一带，居民苦于其害，遂向天许愿，组成夹板队于每年正月初九在玉泉观举行朝山会还愿，以谢天恩，帮又名"朝山会"，后渐成夹板舞流传至今。夹板舞以架为一演出单位，每架五六十人不等，但夹板队不得少于24人。表演方式以行进式和原地式为主。演者为上着黑底白云边短打服，下着黑裤，头扎白布巾。夹板以两块长75厘米、宽6厘米、厚2.5厘米的红椿木制成，后改为桐木，皆涂漆绘彩或呈本色。一头钻孔以筋条扎之饰彩穗，一头为舞者双手所持。表演时舞者拉开夹板，右手拉至右上方，左手握夹板，右脚拉向前方。然后左手拉至后上方，右手推至左前方，左脚不动，右脚掌点地向前。这时，左右手击响夹板三次后脚原地不动。最后，左右手将夹板合拢，左脚上前并拢，即完成一行香步。表演时，舞者手持夹板在行进中反复作行香步，驻足时夹板在身体左右喳喳击之，直至曲终。

伴奏有以唢呐为主的吹打乐器。夹板舞动作简单、队形单一，呈对称两排，行走、驻足始终不变。早期打夹板为庙会群体舞蹈，每逢朝山还愿或迎神祭天之时，先放三响铁炮，随之龙旗引领仪杖开拔，仪杖由高举着大红宫灯、罩伞、佛幡，怀抱薰炉神位、佛签，手持佛棍的群体组成。之后是吹打乐队，由掌鼓、筛锣、云锣（三星子、七星子）、大锣、罗锣、木鱼、钗等打击乐器和唢呐、笙、管子、笛等吹奏乐器组成。乐队两侧为两列夹板手。整个队列在乐队吹奏的《太子游四门》乐曲的伴奏下和着夹板打击之声行进。近年来，打夹板已成为天水春节社火的重头戏。

（六）耍龙灯

耍龙灯别称"龙舞"，流传于天水各地。龙灯由龙头、龙身、龙尾三部分构成，长数米至数十米不等。龙头至龙尾每隔2—3米置一灯（厝置蜡烛，今装电筒），并有木柄撑起，木柄为舞者手持。龙头竹扎纸糊，绘龙眼，翘龙须，张龙嘴，龇龙牙。龙身以布蒙之，上绘鳞甲。龙尾状鱼尾。表演时，舞者穿黄色对襟上衣，着兰色紧口大裆裤，头裹白毛巾，脚蹬青布鞋，腰缠白长带，鞭炮和锣鼓声中引舞者举长龙出场。引舞者手持纸质彩珠，逗引长龙昂首扬须，飞腾盘旋，真切动人。或双龙对舞，或群龙共舞，蔚为壮观。基本队形有二龙戏珠、翻江倒海等，舞龙有缠、放、钻、藏等。龙灯今已成为天水人民欢度节日、举行盛会大典时的节目。

（七）蜡花舞

蜡花舞流传于秦安县郭嘉、吊湾乡一带。据传产生于唐宋之际，源于表达词赋感情而编排的女子群体舞蹈，表演时手托点有蜡烛的花灯，故称"蜡花舞"。蜡花舞一般在夜间演出，起初只舞不唱，现今边舞边唱，方式以行进式为主。表演人数六至近百人不等。舞者上着饰有云边的汉族大襟上衣，下着百褶长裙。道具有蜡花灯、花扇两种。蜡花灯，纸糊六角，高 20 厘米，宽 23 厘米，内插川草等红穗花，置蜡烛（今用手电筒），外绘山水花鸟图案，六角吊纸卷花穗，中缀红绿小花，下置手柄。花扇为纸质，绘花鸟图案，饰粉红绸边。舞蹈动作有高绕花、平绕花、平摆扇等数种。做高绕花，舞者双脚跟踮起，左手拿花灯于左侧齐腰处，右手拿扇至斜上方，横走出场，扇子从里向外绕花，头、身向左向右略摆，一拍一次。高绕花动作完成后双脚跟落地平走作平绕花。表演时，在三弦弹奏的秦安老调《四六越调》的伴奏下，舞者左手持花灯右手舞花扇，随曲一、曲二的变化边舞边唱成横"一"排、斜"一"排、圆圈形、二人相对交错形、八字形、两竖排六种队形。花灯起伏，花扇旋摆。蜡花舞动作细腻，乐曲舒展，抒情性强，今已名列甘肃省第三批非物质文化遗产名录，成为天水春节社火的重头戏。

（八）纸马舞

纸马舞别称"竹马子"、"跑竹马"等，流传于秦州、武山一带。纸马用竹篾编制，以纸糊之，上画马纹，状马眼，点马鼻，绘马嘴。表演时四女童分立四纸马中扮骑马状，四男童扮马夫，踩鼓点，扬马鞭，竹马奔腾穿梭，无固定队形。纸马舞今亦流传。

（九）高台社火

高台社火俗称"高杆"、"高台"，流行于天水各地。演出前用木椽或钢筋制作高五六米、分三四层的树冠状骨架。骨架饰以树枝、树叶、花朵。表演时将装扮戏剧、神话传说人物的小孩固定在骨架上，如在树梢上做孙悟空远眺状，在树叶上做仙女徐徐飘飞状，在花心里做菩萨坐于莲台状等。演出时数人抬骨架行进表演，现已发展为汽车或拖拉机装载进行表演。高台今亦流传，已名列甘肃省第三批非物质文化遗产名录。

（十）高跷

高跷亦称"踩高跷"，俗称"高拐子"、"长腿子"等，张川又称之为"柳木腿"，流传于天水各地。表演时，舞者穿戏装，画脸谱，持道具，踩高约 1—2 米、上粗下细的木腿，随锣鼓声起舞，或成对起舞，或绕圈起舞，亦可群舞，人数不限，且无固定舞步，情之所至足之蹈之。高跷今亦流传。

（十一）大头娃娃

大头娃娃即面具舞，也称"和尚头"，流传于天水各地。表演人数不拘多少，舞者头戴大头面具，或行走或驻足，作出各种滑稽表演。此舞今亦流传。

（十二）羊皮鼓

羊皮鼓是天水特有的民间舞蹈，以武山县最为著名，今已名列国家级非物质文化遗产名录，为天水春节社火的重头戏。羊皮鼓为男性群体舞蹈，表演人数十人或数百人上千人均可。演出方式以行进、圆场式为主。道具有羊皮鼓一面，鼓锤一只。鼓为单面鼓，状如团扇，以木或扁铁做框，上蒙羊皮，柄下置三孔佩九环，鼓时九环互触有声。鼓锤用羊皮或麻绳编成，状如秦剧中的马鞭，长约一尺有半，由鼓锤、鼓柄、锤穗（为红色）组成。动作有原地击、跑跳击、跑步击、吸腿击、蹉步击、下蹲击、翻身击、半蹲击、虎跳击、箭步击、互击11种。最精彩者为跑跳击、吸腿击、虎跳击。跑跳击，舞者左手持鼓于左胸前，右手握鼓锤击鼓，左脚向前跑跳一步，右脚抬起，左脚垫跳一步后，右脚落地跑跳一步，左脚抬起连续按一拍节奏反复。吸腿击，左手持鼓于左胸前，鼓面朝右，右手持鼓锤从右侧上方击鼓。一拍击鼓、二拍响铁环。左脚合第一拍脚尖着地，脚跟提高，右腿脚尖蹦直吸腿。第二拍脚跟落地、右腿还原。第三、四拍与第一二拍做相反动作。虎跳击，左手持鼓，右手持鼓锤落地做翻虎跳后击鼓。

表演时，舞者戴草帽，穿对襟上衣，内戴绣花肚兜，外套白色马夹，腰系青色布带，下着青色或兰色大裆裤，脚蹬麻鞋，鞋尖饰红色或青色穗子，左手持鼓右手握鼓锤和着鼓点在领舞者引领下或奔或突或旋或圆，忽左忽右，时缓时趋，形成旋场、旋蜗牛、旋八字、旋四角、剪子扣、旋麻花、开四门、太子游四门、白马分鬃、蛇蜕皮、钻口袋、蛇嗅道、蚰蜒出洞、二龙戏珠、钻花眼等19种队形。有的状如一轮圆月，动中有静；有的状如旋涡，如急风骤雨旋转；有的状如游龙，其势逼人。

（十三）戏鳌

戏鳌为面具舞、狮子舞相结合的舞蹈。扮演者3人，一人饰月礼，两人钻入竹扎纸糊的鳌之头尾。表演时，扮月礼者头戴大头面具，背酒葫芦，拿马尾拂尘，在打击乐的伴奏下摇晃出场。相传月礼和尚不堪忍受恶僧禅炳的虐待而离开清灯寺，饮酒后沿海茫然而行，醉卧于青石之上，被一鳌嬉游时发现后逗醒。后来月礼将鳌灌醉后同到极乐之境。该舞流传于秦安县郑川乡、兴国镇一带。

（十四）耍春牛

耍春牛又称"耍牛犊"，流传于秦安县。表演者为三名儿童，一扮农夫、一装农妇、一戴牛头面具披麻袋片扮犊。同时又有二人，一人胸挂猪尿脬小鼓、一人持钹。鼓乐奏《急急风》后，复奏《风交雪》，农夫牵牛犊扭舞出场，接唱《春牛曲》。如："二月里来龙抬头，打开圈门拉黄牛。一到地边头，忙忙耕来忙忙种。一天种了二斗半，还不见婆子来送饭。"每唱一段歌词奏一遍乐。五遍乐后农妇挎小篮扭舞上场后喊："老鬼，来了！"并唱《春牛曲》。如："转了一回娘家挨了一顿打，从今后再不敢转娘家。你吃饭来我种田，咱两个商量早回还。"接下来夫妇二人摹仿劳动情景表演，以表现农历二月初二过后春耕春播的繁忙景象。

（十五）鞭杆舞

鞭杆舞相传是秦人在长期放马畜牧的过程中逐渐形成的一种民间舞蹈，又称"打花棍"。道具鞭杆用三四尺长的竹竿或坚硬木棍加工而成。两头挖孔，镶有铜钱，并扎有彩绸、小铜铃。表演时生、旦两两相对，四人一组，组成八人、十二人、二十四人等长阵、方阵进行多组表演。动作由放牧动作和部分武术动作融合而成，分行进步和固定步，有二胡、笛子、碰铃、云锣等伴奏，也可伴唱，唱词是以民间传说和神话故事为内容的秦州小曲，尤其《八度神仙》为必唱曲。脸谱类似于秦腔脸谱，服饰保留着秦人服饰的特色。该舞在今秦州区秦岭乡斜坡村流传，其演出曾于中央电视台播放。今已名列第三批甘肃省非物质文化遗产名录，为天水春节社火的重头戏。

（十六）木人摔跤社火

清水木人摔跤是民间社火的一种表演形式，由表演者和文武乐队两部分组成。用坚硬的木料制作成高 40 厘米，长 60 厘米的双人木架，上面装模拟人头，身穿武士服装，头戴武士帽，装扮成两武士。

由年轻力壮者弯腰用胳膊代表另一个人的腿和脚，以推、拉、摔、勾、侧面倒地，相互使旋风腿等各种武术姿势来体现或藏、或隐、或进、或退、或缓、或急的摔跤表演。文武乐队有锣、鼓、铰子、小锣、唢呐等乐器，有鼓点、鼓韵、节拍、时急时慢，参差映衬，欢乐喜庆。

（十七）轩辕鼓

轩辕鼓由 136 人，三面大鼓寓天、地、人三界，四面大锣寓一年四季，12 面大钹寓一年十二月，24 面轩辕旗寓二十四节气，64 面小鼓寓六十四卦组成，开篇战旗猎猎，二龙出水，主体拟狩猎捕鱼、耕作畜牧、养蚕纺织等生活场景。为天水春节社火的重头戏。

（十八）杠老爷

仿跷板制作原理，杠杆两端固定椅框，将演员（多为滑稽丑相）固定框内。表演时互压杠杆，上下起落，逗人嬉笑，多在城镇流行。

（十九）腰鼓舞

腰鼓舞又名"打腰鼓"，舞蹈者身穿白色服装，头缠白羊肚手巾，腰间挂一椭圆形红色小鼓，双手各持鼓槌，鼓槌柄上系着红彩绸飘带，双手交替击鼓。腰鼓舞一般为集体性舞蹈，边敲边舞，并不断变换队形，随着有节奏的鼓点声，红白分明，显得气氛欢快热烈。腰鼓流行于秦安兴国等地，今遍及天水城乡，每逢盛大节日，盛演不衰。

（二十）海巴儿

流传于秦安县部分地方。表演时舞者上身钻于海巴状的纸壳内，以手做开合状，表演人数不限。海巴儿今已少见。

（二十一）打虎

流行于秦安兴国镇北大村。表演者 2 人，一人扮老虎，一人扮猎人。表演时猎人持连枷棍与虎搏斗，几个回合后将老虎打死。今时有演出，为春节社火的重头戏。

总要之，天水是国家级历史文化名城，上古时期的伏羲、女娲都降生在这里，为"羲皇故里"。天水又是赢秦故园，是古丝绸之路西出长安的第一重镇，历史悠久，文化灿烂，其社火形式更是丰富多彩，如高摇伞、背社火等，不能尽述，今仅举数例，以飨读者。

（作者工作单位：天水市文化艺术研究所）

人牲与血祭:宝鸡血社火的地缘
历史文化追溯

王　琼

宝鸡历史悠久,文化底蕴十分深厚,是中华民族的始祖之一——炎帝的故乡,也是我国古代文明的发祥地之一,周、秦王朝先后在此建都,创造了极其灿烂的古周秦文化,也是盛唐文化荟萃之地,著名的"青铜器之乡"。地上地下文物极为丰富,不仅留下了许多名胜古迹,还遗留下来不少绚丽多彩的民俗艺术,而"社火"表演便是其中之一! 社火起源于原始社会的文面、文身、巫术、祭祀、宗教、古代的角抵、驱傩、祭社活动,而社火的种类也很多,有山社火、车社火、马社火、背社火、抬社火、高芯社火、高跷、地社火、血社火、黑社火等。

举行社火活动,一是为了祭神灵,祈求吉祥;二是以红火、多彩的场面庆贺丰收。可宝鸡县赤沙镇三寺村在正月里表演血淋淋的"快活",是什么意思? 作为首批保护项目被列入国家非物质文化遗产名录,血社火让许多人百思不得其解。

一　血社火:鲜血淋淋、阴森恐怖

血社火又名"扎快活"、"扎社火"。所谓扎就是将斧头、剪刀、铡刀等凶器化装时扎入扮演恶绅者的头部、面部及胸腔之中,而且鲜血淋淋,森煞恐怖。充分表达了劳动人民疾恶如仇、爱憎分明的思想情感,是一种集杂技、戏剧等为一体的民间社火艺术表演形式。

宝鸡血社火由赤沙镇吴氏家族创立于清道光十八年。相传当年有一河南籍铁匠路过三寺村，因重病而被先祖吴穷汉收留治病。病愈后为了报答吴家，将血社火的装演秘诀及技法传授于吴，并帮助打造了所需铁器道具，遂成为吴姓家族的传世艺业。每逢当地正月十三盛大古会都要装演，已成为宝鸡社火一项原汁原味的特技保留下来。

一把锋利的板斧或刀、剑、铡刀、剪刀扎进恶绅蒋门神及其爪牙同党的额前头顶，斧把子高悬空中，殷红的鲜血从头上汩汩流出；一把利剑插入恶绅的腹腔穿透胸背，肚皮破裂大张，心肝肠肺挂吊腹外，半露半掩，一走三晃，甚是森煞可怕。使人感觉惨不忍睹，有一种强烈的刺激感和恐怖气氛。表现故事主要以《水浒传》（武松醉打蒋门神）系列人物为主，化装师利用幻术、魔术技法和动物的血、肠进行造型，通过刀劈斧砍、剑刺凳扎及铡刀铡额、利剑穿腹的手法，以表现残酷的杀人画面。①

血社火游演时过去以骑马人抬为交通工具，现代社会利用拖拉机、农用车代步，后面有锣鼓队，分前六套、后四套不等。过去只在村内庙会游演，后逐渐发展，被邀请到赤沙镇街道演出。中央电视台、各省、市新闻媒体近年来不断拍摄录像，撰写文章宣传报导，已成为宝鸡社火一个稀有的民间艺术奇葩。

陕西血社火，除了宝鸡赤沙镇，渭南合阳县大荔县、兴平汤坊乡也有，它们多取材于凶杀格斗的传统武戏、神鬼传说。如《铡美案》、《耿娘杀仇》、《刺辽》、《小鬼推磨》、《锯裂分身》、《王佐断臂》、《阎王换头》……把铡头、挖眼、剖腹、剁脚、断手等血淋淋、阴森森的场景，通过血故事芯子装扮把式精湛的技艺，用"特写"的表现方式，夸张地彰显给观众，人们普遍认为其功能是教育人多行善举，不做恶事，汲取血的教训。

对于血社火这个独特的民俗文化事象，知道的人越来越多，但却没有几个现代人真正地理解如何欣赏它，甚至于当地人、表演者本身也不甚了然。正是考虑到这一独特的民间文化岌岌可危的发展趋向，本着保护非物质文化遗产的宗旨，本文试图从中国古代人牲及血祭文化这两个维度对其深层文化内涵进行揭示。

---

① 胡武功：《血性的关中社火》，《中华遗产》2007 年第 2 期。

二 人牲:人类早期社会祭祀鬼神的特有方式

(一) 人牲及人牲的源起

人牲产生于原始社会。当时生产力十分低下,人们无法抗拒自然灾害,于是产生万物有灵、灵魂不灭的观念,为了避免灾祸,把自然现象当成有人格、有意志的实体来加以崇拜。他们相信,神灵生活在另一个世界,他们照样要吃饭,要睡觉,为了让他们永葆青春活力,活着的人,就要给他们敬奉食物,让他们为自己消灾赐福。

这种现象普遍存在于一些农业民族。农业民族要种粮食,原始人种粮食时把种子随便地撒在土地上,且不懂得浇水、施肥、除虫等种植方法,年年种年年坏。他们认为,土地是养活人类的一个最重要的实体,所以应该给土地增强活力,先是崇拜地母,以后发展成祭祀。起先可能使用一些牲畜做祭祀,比较重大的,就用人、用人血去祭祀土地来保证粮食丰收。所谓人牲最早出现于农业民族,就是血祭地母,用血来祭祀地母,用血来祭祀五谷神、农神。中国史前期的人牲,在黄河流域最主要的表现也是血祭地母。①

当人牲被杀死的时候,把他放在要种粮食的那块土地上,让他的血慢慢流,直到血尽而亡。人死以后,就埋在地边上了,同时埋的,除了人以外,往往还有猪、羊等其他东西。这种现象在考古中发现不少,特别是黄河流域的龙山文化时期,属于原始社会末期,在陕西、河南、山东这些地方常有发现。

为什么要用血,要用人的血?因为在远古时代,人吃人是一个普遍的现象。到了新石器时代,虽然人吃人这种风气逐渐消失了,但是这种古老的遗俗,在当时人们的头脑里长期存留着。对于原始人崇拜而恐惧的地母,要让他给人们消灾赐福,最重要的就得用人,让他吃人肉,喝人血。这就是人牲这种古老的社会现象产生的原因。

那么,人牲的来源是谁呢?最初可能是用自己的亲生儿,为什么用亲生儿呢?因为在当时社会,由母系转入父系社会的时候,往往不

---

① 黄展岳:《中国古代的人牲人殉问题》,《考古》1987 年第 2 期。

知道这个新生儿的父亲是谁。为了要保存他的纯粹的血统，所以，作为父亲的这个人，他认为，这第一个儿子来历不明，往往就用亲生儿子来祭祀。在新石器时代，为了争抢食物的来源，各个部族之间长期征战。抓俘虏来祭祀，就成为最好的人牲来源。为什么要把俘虏杀掉呢？因为当时生产力很低，没有办法养活大批俘虏，所以就用他们来祭祀地母，祭祀五谷神，祭祀祖宗，于是，俘虏就成为人牲的主要对象。①

由于人类社会的复杂性和多样性，人牲的方式除了血祭地母，还有很多变相的方法，比如猎头祭谷②，即去割别的氏族的或仇人的人头来祭，保佑五谷丰登。还有河伯娶妇，西门豹治邺这个故事讲的就是这个现象。中国古代社会长期存在人牲，虽然后来不再公开用杀人来祭土地，但是，两国、两方交战的时候，砍对方首领的首级来祭庙；杀本族的仇人来报仇，所谓血亲复仇，这种情况是很流行的。这些都是原始社会人牲的变种。

（二）殷周历史中的人牲

从历史上看，人牲这种现象在中国历史上比较盛行的就是商代的后期。从武丁后，商代建都在现在的安阳，即考古界常说的安阳殷墟，发现的人牲非常多，集中在殷墟的殷王陵。安阳侯家庄这个地方是殷王陵所在地。在殷王陵的东南边有一个小屯村，是当时殷王的祖庙所在地。在殷王陵这两个地方发现的人牲特别惊人。据甲骨文记载，仅殷王陵，从盘庚迁殷一直到殷纣王灭亡一共 270 多年间，所用人牲就有 1.4 万多人。从殷墟的中期以后，人牲逐渐地减少，到了晚期，就更少了。这个时候作为人牲的，绝大多数是儿童、妇女，因为青壮年大都留做了奴隶。③

周人来自于西边的甘肃、陕西，与殷商是不同的族，不是农业民族，因而采用人牲祭地母的现象比较少，后来，由于跟殷人经常接

---

① 刘兴林：《浅议商代社会的奴隶——兼谈殉人和人牲的社会身份》，《齐鲁学刊》1990 年第 4 期。

② 孟卓男：《猎头血祭的消失》，《科学大观园》2009 年第 18 期。

③ 杨锡璋、杨宝成：《从商代祭祀坑看商代奴隶社会的人牲》，《考古》1977 年第 1 期。

触,比如周武王灭殷纣王前后,因为双方的互相交往,殷人的一些习俗影响了周人,周人也开始用人牲,把俘虏抓来,杀俘祭庙。周武王灭殷的时候,就把一大批的殷人俘虏杀了做人牲。西周时期,总的来看人牲比较少,但是也还有。①

春秋时期有很多诸侯国家,战争频仍。所以这个时候,最流行的人牲,是献俘祭社,或者献俘祭庙。就是把俘虏杀了,来祭祖宗的庙,祭家庙,或者祭社稷,祭土地。所谓血祭,就是指这个。当然到了战国时期,一般就杀敌方的首领,战败国的首领往往成为人牲的对象。祭祀,可以祭祖宗,也可以祭山川。

三 血——祭祀文化中通天的象征符号

尚血观念和尚血仪式是原始社会血祭的必然产物,在世界各民族文化中均有反映。②

《礼记·礼器》载:

> 君子曰:礼之近人情者,非其至者也。郊血,大飨腥,三献焰,一献孰。是故君子之于礼也,非作而致其情也,此有由也。

郑玄注曰:

> 近人情者亵,而远之者敬。郊,祭天也。大飨,祫祭先王也。三献,祭社稷。五祀一献,祭群小祀也,焰,沉肉于汤也。一献,祭群小祀也。血、腥、焰、熟,远近备古今也。尊者先远,差降而下。至小祀,熟而已。

可见祭祀用肉的等级差别在于:郊祀用犊,有血有肉;宗庙之祀

---

① 王凤霞:《上古的人牲报祭与相关文学事象——古代中国和以色列宗教祭祀文学之比较》,《人文杂志》2002 年第 5 期。

② 陆群:《湘西土家族血祭仪式的历史演变及原因考察——以古丈县断龙乡田家洞为例》,《民族论坛》2009 年第 10 期。

用腥，即生肉；社稷、五祀（三献）用燖，即沉汤肉；群小祀（一献）用熟肉。一方面，其祭礼的档次顺序是由尊至卑；另一方面，表示由远及近，即由古及今。表面看来，这段文字告诉我们，好像只有郊天之祭才用到血，其实非也。自孔颖达始，将祭初的降神之礼与正祭区别开来，将"郊血、大飨腥、三献燖、一献孰"的规制框定在正祭范围之内，确为探本得源的见解。宗庙大祭时，在迎神降神过程中毛、血并荐，但只是"诏于室"，诏而未祭；到正祭时，另有专门以血配生肉而祭（无毛）。这样，宗庙之祭中便有两次荐血节目。前后二荐之目的不同，前者是告杀，并以之诱神迎神；后者是致祭享祖。所以，各类祭礼初荐时都有毛、血之荐，但郊天时是先荐血而后荐腥，宗庙祭（大飨）时则是血、腥同荐。①

周人的血祭礼仪在很大程度上是因袭商文化。周人灭商，"已杀纣，周公把大钺，召公把小钺，以夹武王，衅社，告纣之罪于天，及殷民"。用牲的史实，在《尚书·洛诰》中有大致的记载，武王在新都洛邑用牲行祭天、祭社之礼："越三日丁巳，用牲于郊，牛二，越翌日戊午，乃社于新邑，牛一羊一猪一。"后来成王又在新都用牲祭文、武二王："戊辰，王在新邑，烝祭岁，文王骍牛一，武王骍牛二。"周原甲骨祭辞对此有更直接的证明："癸子（巳）彝文武帝乙宗贞，王其邵寻成唐（汤）鼎，御服二女，其彝：血羊三、豚三，斯又（有）正。"据研究，这是周武王克商后第三十天的祀辞，显然它仍然沿用了殷人的祭祀系统，祭祀殷人祖先成唐（汤）和文武帝乙。值得注意的是，其中的"血羊三"，意谓用三只公羊之血行祭，说明周初的血祭方式与商人卜辞中的办法是一脉相承的。通过这一衔接和过渡，可以看到商周礼制的因袭关系确如孔子所说："周因于殷礼，所损益可知也。"

从众多文献资料皆可看出"血"在中国古代祭祀礼仪制度文化中的独特性，为什么呢？

史载商朝时帝武乙、商纣无道，"为偶人谓之天神，与之博，令

人为行，天神不胜，乃缪辱之。为革囊，盛血，仰而射之，命曰'射天'"。战国时期，宋康王堰也曾经盛血韦囊，"射天笞地"。被称之为"慢神"、"与天帝争强"的武乙未得善终，被称为"桀宋"的宋康王也很快被杀身灭国。这表明，血对于先秦时期沟通天神时具有特别的功能，诚如张光直先生所说，血是巫师通天的法器之一，与玉同功。武王克商，向二位殷遗民询问商国是否有妖，其中一人答曰："吾国有妖，昼见星而天雨血，此吾国之妖也。"天雨血则大为不祥，是天神向下界降妖的表现，血雨的通天功能可见一斑。所以礼制规定郊祀天神时，以荐血为先。由此可见，向天、地献血的主要原因，在于血被视为具有某种巫术功能，它可以充当通天达地的法器。

四　血社火——中国古代人牲和血祭文化的活化石

社火产生于原始的宗教信仰，来源于对古老土地与火的崇拜，是随着原始的祭祀活动而逐渐形成的，它与祭祀有着一脉相承之处。祭祀就是按着一定的仪式，向神灵致敬和献礼，以恭敬的动作膜拜它，请它帮助人们达成靠人力难以实现的愿望。"受人钱财，替人消灾"，人们把这一人间的通则加于神灵身上，便成为祭祀的心理动因。所以，祭祀从本质上说，是对神灵的讨好与收买，是把人与人之间的求索酬报关系，推广到人与神之间而产生的活动。因而，祭祀活动的灵魂核心是相信神灵的存在及在场。这一巫术—神话的思维方式适用于一切形式的民间社火。

以宝鸡赤沙为代表的陕西血社火首先是一种祭祀，相信神灵的存在并向其献祭，这是其基本的文化内涵。在这一前提下，血社火中所扮演的人物身份和角色以及故事情节倒是次要的，重要的是其刀劈斧砍、剑刺凳扎及铡刀铡额、利剑穿腹的瞬间残酷的杀人场面。血社火的这一共同而基本的特征蕴含了从原始社会流传下来的古代祭祀的两个重要而独特的因素——人牲和血祭。所有的血故事，无论情节多么曲折，人物形象多么丰满而逼真，或善或恶，都投射了古代以亲子为牲，以族人为牲，以仇人为牲，以俘虏为牲的影子。鲜红的血迹凝结为人们关于几千年来神秘而恐怖的祭祀文化集体无意识的象征符号。

这种关于殷周祭祀文化的集体无意识以生命传承的方式依然存留在现代陕西的民间社会，它是生长血社火这一独特民间文化奇葩的根。甚至于宝鸡血社火源于一位河南民间艺人的传说，也不再是偶然的现象。这便是血社火这一恐怖而残忍的民俗行为得以产生和流传下来的根本原因，而不是惩恶扬善的道德教育功能。

（作者工作单位：宝鸡文理学院中文系）

伦理学视野下的凤阁岭黑社火

王岁孝

中国传统文化也称为"伦理型文化"，她关注着天、地、人之间的和谐，特别是人与人之间伦理道德规范的建立及宣化。社火民俗，作为中国非物质文化遗产的一部分，蕴含着相当丰富和重要的伦理文化因素，是社会文化娱乐与社会教育结合的主要形式，所以从伦理学的角度去研究凤阁岭黑社火民俗是我们解读和认识西府山区民间文化的一个重要窗口。

一　黑社火的表演时间以及仪式

凤阁岭地处陕西省宝鸡市陈仓区褊狭的西部山区最后一个镇，与甘肃省天水市麦积区元龙镇、三岔镇接壤，南面秦岭，北依陇山，滔滔渭水从此流过，是渭河峡谷较为开阔、人口相对稠密和文化最古老的地区之一。古朴沧桑的黑社火是凤阁岭地区众多古老民俗文化遗存中最典型而又不为世人所知的一项。其祭祀仪式、说唱内容、表演形式中彰显着中国传统文化最基本的伦理精神和道德规范，熏陶着乡村俗民的日常行为和价值取向。

凤阁岭黑社火是天黑后在村落较大的场院或民户的家院生起篝火或炭火围圈，锣鼓手、三弦手、二胡手等在火堆旁坐定，数人的社火身子在圈内或随锣鼓跑动、打斗，或随音乐引秧歌、演唱曲子、说乱谈搞笑，众乡亲在外层层围观、帮腔、捧场，直到深夜结束的一种古老的民间祭祀社神、火神的年节庆祝活动。

凤阁岭黑社火不同于西府地区的其他社火，一是表演时间上跨度较大，从正月初三以后上演，一般到正月十五结束，最晚可以延续到二月二；二是出场时间特殊，都是在天黑后上演，深夜结束；三是仪式完整，由迎神、娱神、送神三部分组成；四是表演方式丰富多彩、哀怨戏谑、诙谐幽默，颇具观赏性。

笔者调查的凤阁岭镇有建河、毛家庄、通关河、凤阁岭、鸭峡岭、张家川、大岭山、泉义、孙家村、后排十个村，十几年前这里村村都耍社火以庆新年。

如今仅有建河村二组（八米原）和毛家庄村、通关河村五组（拉家原）在艰难地支撑着。一方面社火观演者日益减少，另一方面演出者也趋于老龄化。中国社会的城市化发展使得农村青壮年劳动力几乎一年四季在城市以打工为生，即使年节回家也要忙里忙外，过不了正月十五又会踏上外出打工之路，根本没有心思去观演社火。家中的妇女孩子观看丰富多彩的电视节目的兴趣远远大于观看和学唱社火。所以，如今依然会演唱黑社火的只有那些年过半百底气不足的老人了。不过，在国家非物质文化遗产保护政策之下，毛家庄村作为凤阁岭镇黑社火民俗的重点保护对象，近两年社火表演有了新的起色。该村新店子、富家寺、旧堡子等在宝鸡市局文化部门的关注和扶持之下购置了锣鼓、衣服、把子，组织了简单的社火队，正在积极地传唱社火。

凤阁岭黑社火祭祀仪式由三部分组成。第一部分是正月初三或初四晚上的请神社火。社火头要带领村里的头前人（有威望的老者）到土地庙、菩萨庙等烽香、烧纸、跪拜、贡献祭品，同时还要在庙门前打请神鼓，唱请神歌《十炷香》恭请各路神灵下凡，其词曰：

一炷香烧予了玉皇大帝呀，二炷香烧予了王母娘娘呀。
三炷香烧予了三皇治世呀，四炷香烧予了四大天王呀。
五炷香烧予了五方五帝呀，六炷香烧予了南斗陆郎呀。
七炷香烧予了北斗七星呀，八炷香烧予了八大金刚呀。
九炷香烧予了九天仙女呀，十炷香烧予了十殿阎君呀。

随后由最优秀的社火艺人引数段精美的秧歌曲子以及舞龙、耍狮、引船等，以虔诚之心迎接各路神灵的降临。

第二部分就是初三四以后轮流到民户各家院子里耍社火以祈吉祥如意、风调雨顺、五谷丰登。社火上台日期，必须到庙上抽签打卦或请阴阳先生掐算，选择黄道吉日。在很久以前村小户少的情况下，家家户户都要接社火。随着村里人口和户数的增多，现在社火出演谁家，不是随意选定，而是受邀出场。如村里德高望重者、家业殷实者、开店铺门面者、在外公干者、喜得贵子者、男婚女嫁者、金榜题名者等邀请才出演。凤阁岭黑社火虽是民间自发组织，但是社火头们为了通过社火和官方处好关系，所以也少不了在政府部门的代表——乡镇、村组干部家院耍几场。一方面表示对政府惠民政策的感谢以求和谐，另一方面以此寻求政策和经费的支持。

第三部分是谢将，即送神阶段。日期也要慎重选择。谢将之日，天官、地官赐福、刘海撒钱、王龙官前面开道、赵龙官后边复旨。天神团队走街串巷、枪炮齐鸣、锣鼓喧天、挨家挨户驱鬼禳灾。王龙官、赵龙官齐声呐喊："娃娃玩耍，故事完满，王龙官、赵龙官下凡扫场一回！"宣布谢将驱邪正式开始。每到一家，进院后定有鞭炮欢迎，王龙官、赵龙官在高处站定，王龙官喊道："家住四川峨眉山，手持金砖和银鞭，要知吾道名和姓，南天门上王龙官。"赵龙官紧接着喊道："家住南海普陀山，手持铁链将虎拴。要知吾道名和姓，南天门上赵龙官。"两位龙官进屋，用神鞭或神砖敲打村民的箱柜以驱除妖魔鬼怪、疾病灾难。天神出门时，户主们鞭炮欢送的同时还要献上烟酒糖茶以表对诸神的敬意和谢意。如此，从下午直到夜晚才能完毕。然后，众参演人员集于村头或河边，将大量香表和部分社火道具象征性地烧掉，比如狮子、马鞭、旱船等。有些地方要将旱船点燃后，放在水中漂走……最后，所有人等偃旗息鼓，悄无声息地散去，千万不能喊叫某人姓名，据说被叫者新年会有灾难。

二 黑社火内容及形式

黑社火内涵极其丰富，表演形式多样。按内容性质可分为历史故事、爱情故事、笑谈娱乐等。按照表演的程序分为开场白、引秧歌 、主唱曲、道谢歌。

开场白主要是对接待社火的单位或民户表示感谢和良好祝愿的顺口溜，其词曰：

开场开场真开场，来到爷门宝庄上。
牛羊满圈人发旺，千粮万石堆满仓。
走进场子手一绕，四面八方修得好。
年年修来年年好，年年的银钱使不了！

开场白过后，若场子被观众围得太小还要通过耍狮子来"打场子"。紧接着进行的是引秧歌，实际上就是垫场曲，由两位嗓门响亮的男子和两位身段姣好穿戴戏衣的小丫头一男一女岔开组成。四人进场，先要随锣鼓声走两圈圆场，然后两位男子相互作出邀请手势的同时交换位置，锣鼓乍停，男子面对面以固定的脚步和姿势一边前倾后仰、左摇右晃，一边扯开嗓门对唱，而两个小丫头间于两旁手拿绸绢来回摇摆扭秧歌。周围的观众则会帮腔捧场。引秧歌的曲子有《大桃红》、《小桃红》、《珍珠倒卷帘》、《王祥卧冰》、《石沟里担水》、《绣荷包》、《 碎梅儿》、《十里清（亭)》、《十二梅花》等。每段唱腔刚刚落音，锣鼓声又会跟着响起，表演者又会随锣鼓声继续走圆场，接着上段演唱。秧歌曲一般都有十段或十二段，但是具体演唱几段，要由观众的反响和主唱曲儿准备的情况而定。相当于电视剧中间插播的广告，有时唱一两段，就会下场。

主唱曲是有鲜明主题、故事情节、人物形象、音乐伴奏的曲艺剧，是最具独特风韵的山区民间艺术，历来为群众所喜闻乐见，具有很强观赏性的社火节目。此类节目又分跑折、曲儿和笑谈三种。跑折要在锣鼓伴奏下跑圆场、跑 8 字或其他花样后，在二胡、板胡、三弦、笛子、唢呐等伴奏下唱一段，然后再跑再唱……如《保皇嫂》、《杨八郎捎书》、《穆桂英招亲》就是代表。曲儿就是在上述乐器伴奏下由二到四人以一定的脚步和姿势演唱的抒情曲艺。如《送干哥》、《拐干妹》、《大脚王》等，就是一男一女面对面甩着戏衣的长袖左右摇摆着身子向前边走边唱，一段结束后调转方向向后走仍边走边唱。相公手握扇子依着脚步极夸张地扇动，姑娘手拿绸帕随着唱调有节奏地摇摆。《扬燕麦》、《十盏灯》、《下柳州》、《张生喜莹莹》、《南桥上担水》、《钉缸》、《引船》等都有固定的调子和走手。笑谈是就一个生活或故事题材为主以夸张浪漫、幽默诙谐、说唱逗笑的方式娱乐观众的社火表演类型，如同秦腔里的丑角戏。有《亲家母打架》、《张连卖布》、《扬荞麦》、《牧牛》、《做豆腐》、《王弟背板凳》、《瓜娃子尿床》、《瓜娃子转舅家》、《瓜娃子叫他姐》等。

道谢歌是社火结束时，向接待社火的主人和观看社火群众的致谢词：

> 初八十八二十八呀，扰了我爷门的好高茶。
> 这茶不是这里的茶，这是云南贵州茶。
> 初九十九二十九，扰了我爷门的好高酒。
> 这酒不是这里的酒，这是柳林干烧酒。
> 道谢道谢多道谢，把爷门打扰了多半夜……

三　黑社火中的伦理文化因素

《周易·贲卦·象传》曰："观乎天文，以察时变；观乎人文，以化成天下。"此话充分展示了中国传统文化对于天文（天体和自然界运行的规律）、人文（人与人之间错综复杂的伦理规范）的把握以教化民众，创造天地人之间和谐的伦理思想。社火民俗是产生于远古，传承于民间，娱神娱人的文化艺术，又是乡村文化知识传递、道德宣化的重要载体，更是塑造民众文化性格、形成俗民文化认同和村社凝聚的无形力量。凤阁岭黑社火亦包含着丰富的伦理文化的因素，涉及天地、神灵、妖魔鬼怪，人间的君臣、父子、兄弟、姐妹、夫妻等各个方面的伦理关系。

首先，以敬奉天地神灵为民祈福求祥，以驱除鬼怪妖邪为民消灾去难。《风俗通》有云："百日之劳，一日之乐，集社燃火，群歌群舞。祈于天，祈于地，以期吉也。"社火的最初之意就是为了祭祀土地神和火神，祈求上天和土地赐福的一种歌舞仪式。土地和火的使用对原始先民意义极大，他们认为土和火也有灵，以载歌载舞的形式祭祀娱乐之，就形成了社火。到后来社成为鬼神会聚的地方，也成为民众和贵族信仰的主要目标。以农为本、靠天吃饭的凤阁岭山民对于土地和上天的依赖远远超过我们现在的想象，他们只能通过新年里社火演唱以表达内心的敬仰和感恩，祈求新年风调雨顺、五谷丰登。从请神时上香上表、磕头作揖等虔诚的请神仪式以及请神歌《十炷香》恭请的各路神灵可以充分证明这一点。而对于妖魔鬼怪早在炎帝神农氏创造的"蜡祭"这种"庆贺农业丰收的报酬之礼"①上，"傩舞"就已经表明了坚决驱逐的态度，即让民众戴上面具装扮成能威慑病疫鬼蜮的形象以驱疫除鬼。《续汉书·礼仪志》记载："先蜡一日，大傩，谓之驱疫。"黑社火的"谢将"阶段，实际上就是借助王龙官、赵龙官等天神天将将人神共娱的社火表演期间招惹的病疫灾邪驱除出去的仪式。凤阁岭黑社火在几千年的发展演变过程中，虽然历朝历代都要受到来自政治、经济、宗教和其他地域文化等因素的影响，但是"其巫术性、意向性、组织性和神话性却未曾因为历史的变迁而改观"。②直到今天，凤阁岭地区的人们仍然对天地神灵充满敬意，对妖魔鬼怪采取坚决打击的态度。

其次，以标榜道德楷模规范人伦关系，以歌颂忠贞爱情倡导婚姻自由。中国传统文化是礼乐文化，社火就是礼仪乐舞在民间的传承。中国传统文化也叫伦理型文化或现实主义文化，其所关注的就是现实世界人与人之间的伦理关系。周代宗法制以家庭伦理规范来扩而大之以治理整个国家，从而使这一文化类型制约和影响着上层社会乃至俗民生活的方方面面。黑社火民俗中几乎每一场、每一折、每一段都包含着丰富的伦理思想和道德规范。"社火唱词就是古人富有哲理、启示、教育或娱乐性质的经典口头语言的累积和留存。"③如《老爷保

① 何星亮：《炎帝与中华民族的创新精神》，见宝鸡炎帝研究会《炎帝与民族复兴》，陕西人民出版社 2006 年版。
② 宋清：《关中民间社火的原生性》，《西北美术》2008 年第 1 期。
③ 王岁孝：《西府社火民俗及旅游开发对策》，《宝鸡文理学院学报》2010 年第 1 期。

皇嫂》这一折社火中，通过"汉室官坐曹营一十八年，想大哥和三弟不能团圆……"唱词叙述了关羽在曹操百般恩惠、千般挽留之下，毅然离开曹营保护皇嫂甘夫人、糜夫人去寻找刘备和张飞的故事，刻画了其忠于汉室、忠于兄弟、义重泰山的鲜明形象。《杨八郎捎书》以"杨八郎城头上打一躬呀，焦贤弟孟仁兄呀……"述说了杨八郎通过焦赞、孟良向父母捎书，以表明其虽为辽人所捉，但心系杨家，忠于大宋的假投降心志。再如引秧歌的曲子《十二梅花》："正月里看灯花银灯高照，祝英台梁山伯同到杭州。二月里菜籽花刺儿黄杏，刘金定佐先生要戴手巾。三月里桃杏花满川开红，什么人在桃园结拜弟兄？四月里麦穗花青丝白面，什么人穿白袍化过真身？…… 十一月葡萄花葡蝉杀道，孔夫子摆诗书万里佳名。十二月，水岸花漂漂打打，孟姜女送寒衣哭倒长城。"在对梁祝至死不渝的纯真爱情、刘关张生非同年死必同日的兄弟情义，薛仁贵忠君爱国勇敢出征的铁肩道义，孔夫子教化百姓克己复礼的仁心，孟姜女千里寻夫感天地泣鬼神的夫妻情义歌颂的同时，向乡村俗民进行着伦理道德的宣化。《王祥卧冰》、《刘海砍柴》成为孝敬父母的古今典范。《碎梅儿》是女儿出嫁前母亲让其孝事公婆、操持家务的万般叮嘱。《石沟里担水》是妹妹向娘家哥对其在婆家所受非人待遇以及买卖婚姻的血泪控诉。《亲家母打架》又是以夸张诙谐的方式批判偏爱儿女、虐待媳妇的社会现实。特别是黑社火为年轻的姑娘小伙子脱离父母监控，相互接触、了解、相爱建立了良好平台。在黑社火中《扬燕麦》、《拐干妹》、《送干哥》、《下柳州》、《张生喜莹莹》、《南桥上担水》等都是以直白火辣的语言歌颂恋爱自由、婚姻自主为题材的经典曲目。俗民们在观看、学唱社火中潜移默化地受到了情感态度、价值观、道德观的教育和熏陶。

最后，以观演社火民俗促进文化认同，以参与社火仪式强化村社凝聚。社火民俗在娱神娱人、文化传递、道德宣化的同时，塑造着俗民的文化性格，强化着族群的文化认同，促进着乡村的社会凝聚。

即使是最古老的社神祭祀场面，也是俗民聚会交流沟通的场合。虔诚的祈求和美好的愿望，盛大的场面和优美的歌舞自然而然会给参加祭祀的人们以喜庆的快感和娱乐的美感。"从社会习俗发展的角度看，春秋时期的社 ……已经成为民众欢聚的一个场所，社祭已是民众欢聚的一个节日。"① 春节里，通过热情奔放的社火表演，人们认识、交流、沟通、联络了情感，加深了友情，邻里之间、村社之间减少了纷争与矛盾，潜滋暗长了信任与和谐。凤阁岭黑社火在学唱、组织、演出、结束的整个过程中，村民不论贫富都会积极参与、协调合作。如负责衣服、道具、把子、桌椅、板凳的要提前到位，化妆、引秧歌、跑场子的必须尽心尽力，请神、引船、耍狮、舞龙、跑腿的必须各尽职守，弹三弦、拉二胡、打鼓的必须相互配合，放炮、生火、挂灯、倒茶、递烟的服务必须热情周到，锅上洗菜做饭帮忙的必须干净麻利。这些都需要相互协调、沟通、交流，同时也是协调、沟通、交流的方式。黑社火这种民间文化艺术形式，使村民通过交流沟通，思想更近、感情更亲，参加集体活动有了默契感，对当地文化产生了认同感。社火受邀去邻村出演，更会受到邻村邀请者烟茶酒菜的热情接待。随之，有了村与村的交流与沟通，从而增进了乡村之间的文化认同与村社凝聚。积极健康的社火表演活动陶冶着村民单纯的思想情操，充实了他们空虚的精神世界，增进了农民虚弱的文化自信。社火民俗最大限度地将以家为单位的最无组织性、纪律性的村民凝聚在一起，琢磨唱词、体味唱腔、欣赏音乐、模仿动作、接受赐福、感受伦理教化、约束自我心性，从而使俗民们无心去参与打牌赌博、打架斗殴等活动。在不知不觉中营造着团结、有序、严肃、活泼的乡村文化氛围。

当然，一方面，我们在继承发扬凤阁岭黑社火民俗的优秀伦理文化传统的同时要对其中所宣扬的有些恶俗陋习进行批判性的欣赏。另一方面，我们也要清醒地认识到"在目前的中国社会，偏僻的农村是传统文化和伦理道德尚残存的唯一场所，但在经济社会消费文化的围剿下，现状也令人忧虑"。② 诸如凤阁岭地区的黑社火民俗就濒临灭绝的边缘，而维系民众精神生活的支柱也将会随着乡村民俗的消失而一

---

① 晁福林：《先秦民俗史》，上海人民出版社 2001 年版。

② 于永红：《非物质文化遗产视野中的民间社火现状及保护问题》，《社会科学论坛》2009 年第 2 期。

根根倒塌。所以我们有责任关注、整理、研究黑社火民俗，挖掘其中所蕴涵的伦理道德规范，在乡村文化建设的境域中保护这一非物质文化遗产，保存民间文化的多样性。

（作者工作单位：宝鸡文理学院中文系）

宝鸡社火的非遗保护策略

秦　锐

一　宝鸡社火的历史源起与传承

根据史料记载及学者研究，中国社火起源于远古，发源于西秦宝鸡。社火是人类社会活动的产物，《诗经·大雅·云汉》有"祀年孔夙、方社不莫"；《礼记·礼运》有"祀社与国，所以列地利也"，"礼行于社，而百货可极也"之记载。这说明在人类初期，为了祈求生存、期盼粮食丰收而出现祭祀社神土地的活动。另据《礼记·郊特性》"季春出火，为梵也"，就是说古人对火的发明与认识得到了升华。从茹毛饮血发展到烧烤熟食，出现了一种祭火活动。古人认为土生万物，烟火通天，故祭祖祭天祭社都要点火。《论衡》又述："炎帝作火，死而后社（土地）神"，后又增加了祭祀火神的活动，这样一来，就从祭社到祭火因而产生了"社火"这一民间风俗活动。而炎帝神农氏就出生在宝鸡，且《礼记》又是记述周朝祭祀礼仪活动的史料，说明社火这一民间艺术已于商周时期在民间展现出来，并逐渐在西秦大地开始盛行。

宝鸡社火随着历史的推进和祭祀面的逐渐扩大，民间社火艺人不断吸收和借鉴其他社会活动和文化娱乐的特点和形式，由起初的集民间音乐（打击）、舞蹈（狂欢）、诗、歌（谣）、龙舞、杂耍、锣鼓为一身的戏剧形式，发展到有固定特型的造型艺术。后来又受周秦汉唐时期的白戏、散乐、古代锣鼓及民间艺人的世代革新创造，更加升华到美妙绝伦、炉火纯青的高雅艺术境界。

宝鸡市近年来在"民保工程"中下了很大工夫，投入巨资、聘请国家及省上专家改编排演后，现已发展成既是广场文化艺术，又能搬上舞台表演的多功能社火表演形式。近年来，宝鸡社火艺术团代表国家出访德国、泰国、澳大利亚、英国等演出，受到国内外观众的喜爱和欢迎。2003 年被陕西省授予"陕西省民间社火艺术之乡"荣誉称号，2009 年，被国家文化部命名为"中国民间社火艺术之乡"。

二 宝鸡社火非遗保护工作的意义

宝鸡社火从古到今已有上千年的发展历史，经过民间艺人的世代承传及不断更新改良，已成为宝鸡地区群众喜爱的春节和庙会活动民俗。保护宝鸡社火既是对民俗活动传承发展的内在要求，又是弘扬传统文化和农耕文化的必然要求，对民族的传承、发展和繁荣有极其深远的意义。

在宝鸡社火游演中，十分重视对神灵的祭祀，自始至终贯穿着以农为本、民以食为天的思想，体现着对土地和粮食的热爱和崇敬。宝鸡社火深深根植于传统的农耕文化，传统农业一方面依赖土地，一方面依赖上天。只有风调雨顺、土地肥沃、勤劳耕作，才能获得丰收，才能丰衣足食。在古人心目中，风调雨顺、土地肥沃都是冥冥中由神灵掌控的，期盼丰收，必须祭祀天地神灵。这种期盼丰收的祭祀活动，教育和启发着人们对农业生产的重视，并身体力行、小心翼翼地去耕作，团结协作去克服和减少旱涝灾害对农业生产的影响。

保护宝鸡社火是保护传统民俗文化艺术的一个重要组成部分。宝鸡社火内容丰富，包含了大量民间传说、历史故事、戏剧故事及远古时期发生的重大历史事件。这些民间传说故事大部分流传于民间，史籍中记载较少，但通过宝鸡社火一代一代流传了下来。因此，通过社火，可以复现和保护这些重要的非物质文化遗产。宝鸡社火装扮、游演过程包含了民间音乐、民间舞蹈、民间宗教、民间美术、民间工艺、民间武术、民间隐语等多种民间民俗文化艺术元素，这些民间艺术元素通过宝鸡社火扮演，通过一代代民间艺人努力传承了下来，并对民间民俗文化艺术产生了积极的影响。

我国城市化、工业化进程的不断发展，已经对传统民间文化、民间艺术造成很大的冲击，许多东西已经失传或濒临失传。保护宝鸡社火是保护团结协作、探索创新的民族精神。宝鸡社火游演是群体性活动，一次活动少则几十人，多则几千人，需要调动全村甚至几个村人的共同参与。有人的出人，有钱的出钱，有车马的出车马。社火组织有明确的分工，有社火身子、画脸、服装、把杖等分工，社火队伍有旗队、炮队、锣鼓队、治安人员以及车马等。社火游演有统一的号令，集中、行进、表演必须统一步骤；社火在扮演过程中，充分发挥民间艺人的聪明才智，在脸谱、服装、把杖、车马、表演等多个方面争奇斗怪，力拔头筹。这种民族精神渗透在日常的生产生活中，团结协作共同应对自然灾害和外敌入侵；探索创新，不断改进和改善生产生活方式和器具，推动生产生活的进步和民族的进步。保护宝鸡社火对保护宝鸡地域文化，发展旅游产业，推动精神文明建设有极其重要的现实意义。宝鸡社火的对外交流演出对提升宝鸡的知名度和文化软实力已产生了积极的意义。

三　宝鸡社火民俗文化保护现状分析

"宝鸡社火" 2006 年经申报被确定为国家级非物质文化遗产保护项目名录后，陈仓区采取了以下保护措施：一是确定宝鸡民间社火重点保护村和重点保护项目，命名传承人，使保护工作有组织基础和人力保障；二是举行一年一度的宝鸡社火展演活动，表彰奖励，调动民间社火组织和民间社火艺人的传承保护积极性；三是成立宝鸡民间社火艺术团，坚持宝鸡民间社火传统特色，不断创新，推陈出新，不断提高民间社火的艺术性和观赏性，坚持对外文化交流，使宝鸡民间社火成为国际文化品牌；四是保护资金的投入，是宝鸡社火取得有效保护的关键和前提。

尽管政府对社火保护采取了一系列措施，但是，宝鸡社火生存状况堪忧，宝鸡社火的保护还存在一些问题。由于我国的工业化、城市化进程加快，传统农业快速转变为现代农业，农业人口不断向东南沿海转移，传统的农业生产方式和传统的农村生活方式逐渐消失，对农业和天地神灵的原始崇拜开始动摇，宝鸡社火存在的广泛的群众基础开始解体，组织社火、观看社火的热情已经逐步减退。

具体来说有以下几个方面的问题。一是建设宝鸡社火艺术馆和宝鸡社火生态保护区等中长期保护计划和措施无法实施。宝鸡社火的生存环境随着工业化、城市化的步伐加快而逐渐消失，宝鸡社火保护工作没有依托。二是许多实物资料得不到及时收集整理和有效的保护，部分已失传或濒临失传。三是"宝鸡社火"传承人队伍建设滞后，后继乏人。没有国家级保护传承人，健在的几位宝鸡社火传承人已年过古稀；年轻农民进入城市或外出打工，宝鸡社火传承面临断档，形势严峻。四是宝鸡社火没有系统的资料库，没有社火重点村的资料和图纸，没有宝鸡社火全面的图片、录像、教材。五是宝鸡社火理论研究不能适应保护工作的要求。

目前，宝鸡社火已成为享誉海内外的著名文化品牌，但宝鸡社火的理论研究尚处于散乱的、低层次的、无计划的阶段。理论研究的薄弱，制约和影响了宝鸡社火的做大做强。存在这些问题的主要原因是经费、人才和设备不足。宝鸡社火是国家首批非物质文化遗产名录，宝鸡市陈仓区是"中国民间文化社火艺术之乡"，但至今没有得到国家非物质文化遗产保护经费，保护工作无法开展；缺乏研究宝鸡社火的专业人才；没有摄影、摄像、测绘、制图等专业设备和专业人才从事此项工作。

四　宝鸡社火非遗保护基本策略

宝鸡社火保护工作必须坚持以邓小平理论和"三个代表"重要思想为指导，以科学发展观为统领，通过科学有效的保护，使宝鸡社火能够原生态地保存、传承其组织游演形式，传承其团结协作、力争第一的精神，打造国家级社火艺术之乡品牌。

要坚持以保护为主，抢救第一，合理利用，传承发展，科学规划，整体保护，和谐共存的方针。坚持真实性和整体性，防止对国家级非物质文化遗产项目名录保护工作的误解、歪曲或滥用，努力使宝鸡社火在社会上得到确认、尊重和弘扬。正确处理保护和利用的关系，努力寻求新环境下传承与传播的有效方式，实现保护与发展的良性循环等。

要坚持以人为本原则，以分级分类建立宝鸡社火传承人队伍为重点，以建设可持续的宝鸡社火传承人队伍为根本，保证宝鸡社火有效、健康、可持续的传承、保护和发展。尊重发展规律原则。积极探索宝鸡社火的艺术特点和内在规律，扬长避短，推陈出新，使宝鸡社火在保护过程中不断发展壮大。坚持活态保护原则，宝鸡社火保护在重视传承人队伍建设的同时，重视技艺的传授和生态环境的保护。合理开发利用原则，宝鸡社火保护与开发利用相结合，整合开发宝鸡社火精品节目和艺术产品，注重对外交流和推介。注重实际原则，宝鸡社火保护应从实际出发，注重对民间性、艺术性、地域性、群体性特征的保护。

注重对项目与项目代表性传承人的保护。宝鸡社火种类繁多，内容丰富。据普查统计，宝鸡社火根据表演时间可分为昼社火和夜社火两大类；根据表演形式又可分为造型社火和表演社火两种形式。从古到今，各村各寨正月十五闹元宵到二月二古会前，都有大小不一、形式不同的社火。社火的种类和内容沿革至今可用以下几句歌谣大体作一概述："昼社火、夜社火、大头娃娃抬社火；步社火、马社火、跷腿芯子车社火；背社火、转社火、高跷秋千山社火，竹马旱船赶犟驴，舞龙耍狮打社火；要看恶人啥下场，剖肠挂肚血社火。"现有传承和演出的宝鸡社火有天王镇天王村的车社火、高跷社火，曹家沟的马社火，磻溪镇双基堡村的高芯、山社火，西部山区凤阁岭镇毛家庄村的黑社火，赤沙镇三寺村的血社火。因此，宝鸡社火保护应建设一个较为全面的、系统的宝鸡社火艺术馆。其次，根据宝鸡社火的不同种类，确定宝鸡社火重点村，建立宝鸡社火不同种类传习所；建立宝鸡社火艺术团，加强宝鸡社火的整理提高和对外交流工作。

对宝鸡社火代表性传承人的保护按照集中管理和分级分类相结合的原则进行。一是成立宝鸡社火研究会，集中管理宝鸡社火传承人档案，开展宝鸡社火研究交流工作；二是按照国家、省、市、区等不同层次，制定宝鸡社火传承保护责任书，给予不同的传承保护经费和生活补助；三是按照宝鸡社火的不同种类，分马社火、车社火、高芯社火、高跷社火、山社火、血社火、黑社火七个品类对传承人进行传承保护，通过社火展演活动，对传承人群体进行表彰奖励。

加强与项目相关的民俗文化的保护。宝鸡社火一般在农历正月庙会上游演，特别是元宵节前是宝鸡社火展演的高潮。春节、元宵节、农村庙会是宝鸡社火生存、发展的节庆文化基础，宝鸡社火又使春节、元宵节、农村庙会更加热闹而富有文化精神。史载"炎帝作火，死而后社神"。"社"为土地之神，"火"为火神，"社火"为村与村、社与社为祭祀、乐人和社交而在特定的时间内群众自发组织的民间习俗活动。在祭神活动的基础上，借鉴戏曲、音乐、舞蹈、美术等加以发展和完善所形成的一种以人为主体，具有特定的脸谱、服装和社火把杖的流动造型艺术。它是集民间音乐、舞蹈、戏曲、武术、杂技、美术、工艺为一体的综合艺术，是民族感情的宣泄，又是文化才智和生命力的展示。意在祈求风调雨顺，五谷丰登，国泰民安，万事如意。因此，加强与项目相关的民俗文化的保护十分重要。

重视承载项目的信息载体的保护。宝鸡社火保护的重点是保护宝鸡社火脸谱、服装、把杖三要素。宝鸡社火以民间传说和戏剧故事为题材，通过一个或一组人物表现一个故事，一个故事为一转社火。宝鸡社火不论何种形式，都是通过脸谱、服装、把杖来表现故事的。

社火脸谱是宝鸡社火的精华，在一张脸的整体结构中，赋予了"天庭"、"地阁"、"四方"、"五位"等天地大象和这一无边无际的空间观念，也就很自然地由此获得了辽阔的表现自由。因此人们会将天地万物巧妙地安插于一张脸上，将一出戏、一个传说和一个故事呈现于一张脸上，所以说民间社火脸谱艺术并非是对一张脸的装扮，也是对万物的抽象陈述，是对时间和空间观念的另一种体现。宝鸡社火脸谱从绘画、设色、章法、布局都有固定的程式，自成体系，形成鲜明的艺术特色。

宝鸡社火从装扮到游演，都有一套十分繁杂的工序和过程，并有相当多的服饰、道具、枪棒把子。由于装演故事大多是古装历史剧和古典名著中的特型人物，所以服装头帽、武器全部是以古戏剧形式出现。社火头帽、凤冠、服装、刀、枪、剑、戟等道具与戏剧服装、道具有所不同，社火服装要求大气威武、色彩鲜艳；社火把杖讲究装饰，夸张华丽。例如天王镇天王村近年来自制的头帽就多达 40 多顶，把杖器具多达 100 多种。最具特色的有关云长扛的青龙偃月刀、姜子牙拿的打神鞭等，不但镶嵌有水银镜片，还有明光闪闪、珠露晶晶的饰物相配，而且已将过去的木柄把杖换成了现代社会常用的铝、铜管和不锈钢管，更显豪华气派、威风凛凛。

完善项目产生和发展的社会环境与自然环境的保护。陈仓是炎帝故里，周、秦发祥之地。神农氏尝百草，种谷粟，不仅开创了农耕生产之先河，更孕育和催生出了数千年浩瀚的人文历史和光辉灿烂的古代文明。与此同时，一些以祭拜天地神灵，祈求风调雨顺、五谷丰登为主要目的的民间祭祀民俗文化活动，也伴随着农耕生产应运而生。并且逐渐演化为在特定时间内群众自发的以祭祀、乐人和社交为一体的气势恢弘的民间民俗活动。

保护方式与方法。保护宝鸡社火必须突出特色，分类保护。马社火主要保护横戈铁马的古战场氛围；车社火突出庞大阵容；山社火突出恢弘气势；高跷社火突出表演技巧；高芯社火突出制作技巧；血社火凭借特殊道具和化装技巧，突出阴森恐怖；黑社火突出表演，讲述故事。

保护宝鸡社火的重点是保护脸谱、服装、把杖社火三要素。保护宝鸡社火脸谱就是保护传承宝鸡社火绘画、设色、章法、布局等固定程式。宝鸡社火服装讲究大气，符合人物身份，同一人物在不同的故事中，服装款式、颜色不同。社火把杖即社火人物所持的法宝或兵器，是社火人物的特征和标志。宝鸡社火主要在春节、元宵节和农村庙会上游演。保护和传承宝鸡社火就是丰富和发展春节、元宵节和农村庙会，保护传统文化。

要建设宝鸡社火综合信息平台，建成宝鸡社火原生态保护区。陈仓区非物质文化遗产保护中心、宝鸡社火研究会负责调查整理宝鸡社火资料，建立宝鸡社火档案；编写宝鸡社火培训教材，举办宝鸡社火高层学术研讨会和宝鸡社火培训会；建设、管理宝鸡社火传承人队伍；拍摄、录制、编辑宝鸡社火专题片，制作宝鸡社火动画及虚拟现实；宝鸡社火艺术团负责宝鸡社火的加工提高和对外交流。

（作者工作单位：宝鸡市陈仓区文化馆）

西府社火的旅游文化资源论探

王岁孝

在改革开放、经济建设和构建以人为本和谐社会的大潮中，将相关的文化遗产与当地旅游经济、社会发展相结合已成为一种强劲的意识流。西府地区文化遗产极为丰厚，被人们誉为炎帝故里、周秦祖基、石鼓原生地、青铜器之乡、民间工艺美术之乡和社火之乡等美名。以姜炎文化为品牌打造宝鸡旅游城市金牌形象，促使宝鸡旅游产业化发展既得天独厚又与时俱进，是符合时代要求的重大举措。

一 西府社火民俗是姜炎文化的重要组成部分

姜炎文化以发明农业、崇红尚火为主要特征。西府社火也是以崇拜土地之神和火神为主旨。西府地区从目前已知的考古发现来看也正是中国农业文明的起源地之一，特别是宝鸡市陈仓区关桃园遗址发现了 27 件骨耜，"这次有成批骨耜的发现，不仅填补了北方地区农业生产工具的空白，而且为探讨我国北方旱作农业的起源和发展水平提供了最直接的实物证据"。[①]刘明科先生认为这里就是姜炎文化及农业文明的源头。[②] 也就是说炎帝发明农业才使人们真正认识到土地的重要性，远古先民凭借原始的思维认为火也有灵，并以感恩和惧怕的心态，视之为具有特殊含义的神物而加以崇拜，于是形成了尚火的观

---

① 陕西省考古研究所、宝鸡市考古工作队：《陕西宝鸡市关桃园考古发掘简报》，《考古与文物》2003 年第 2 期。

② 刘明科：《宝鸡关桃园考古与炎帝文化》，宝鸡炎帝研究会：《炎帝与民族复兴》，陕西人民出版社 2006 年版。

念。先民们对出产赖以维持生命谷物的土地及土地之神"社"和对于人们摆脱茹毛饮血，进入刀耕火种具有划时代意义的火及火神充满着无限的敬意和崇拜。

《论衡》说："炎帝作火，死而后社（土地）神"，这样就从祭社到祭火产生了——"社火"这一民间风俗活动。为了祭社神、娱火神，先民们必生篝火、燎烤牺牲并围着火堆歌舞祭祀，以虔诚之心祈求神灵护佑，歌声和臭味飘扬四达，当此之时天神地祇便会从天而降、自地而出，尽情享受，从而带来一年的风调雨顺、五谷丰登、康乐太平。正是在这个意义上我们认为"西府民俗文化是西府地区历史和现实交流、对话、呼应、互动的产物，是姜炎文化传承和变异的结果。西府民俗文化的根在姜炎文化。从姜炎文化那里我们找到了西府民俗文化的基因，从西府民俗文化身上我们看到了姜炎文化的印迹"。① 姜炎部落发明农业，西府社火起源于农业，并随着农业文明的传播和区域的扩展而发扬光大，因此可以说西府社火与姜炎文化水乳交融、息息相关。西府社火不仅体现了姜炎文化的博大精深，而且以其历史悠久、种类繁多、特征鲜明、内涵丰富、闻名遐迩直接或间接地影响到周边地区社火文化的发展与繁荣。故围绕姜炎文化，促进宝鸡旅游产业化发展不能忽视对西府社火民俗文化的研究和开发利用。

二 西府社火民俗内涵丰富，文化功能突出

社火游演源于远古炎帝时代，文化底蕴极其深厚。《管子·轻重戊》篇较早记载了社祭的信息："有虞之王，烧曾薮，斩群害以为民利，封土为社，置木为闾，始民知礼也。"就是说有虞氏时期也有社祭，可以说从"新石器时代后期以来，历经商和西周时代社祭一直绵延不绝"。② 随着漫长时代的传承流变，到宋代时祭神与宗教性质已经淡化而趋于娱乐，明清之际这种娱乐活动已有相当规模。虽然如今的

---

① 高强：《西府民俗与姜炎文化》，《华夏文化》2005 年第 2 期。
② 晁福林：《先秦民俗史》，上海人民出版社 2001 年版。

西府社火往往只出现在节日庆典等特定的时间,不再具有传统意义上的感召力。但是这种厚重的文化遗留依然有着丰富的内涵和突出的文化功能。

社火从表演时间来说可分为"夜社火"和"昼社火";根据其表演形式可分为造型社火和表演社火两类,造型社火主要展示人物造型和工艺;表演社火主要在场院进行斗打表演。社火以民间传说和戏剧故事为题材,一般一出社火表演一组人物或一个故事题材。关于西府社火的具体种类,一首通俗易懂的歌谣基本将其网罗殆尽:"昼社火、夜社火、大头娃娃抬社火;步社火、马社火、跷腿芯子车社火;背社火、转社火、高跷秋千山社火,竹马旱船赶犟驴,舞龙耍狮打社火;要看恶人啥下场,剖肠挂肚血社火。"社火游演一般是探马在前,后面跟着社火会旗、炮火队、旗队、社火队,最后是锣鼓队。这种形式最适于白天在重大节日或公司、行业开业、周年庆典时表演。

在西府最典型和具有旅游开发价值的社火有:流行于潘溪、天王、钓渭、虢镇、千河的脚踩木棍支架游演的高跷社火;流行于天王、潘溪、钓渭、虢镇、阳平、千河、周原、慕仪、贾村、桥镇、县功的车社火;在天王、潘溪、虢镇、县功比较突出的马社火;在潘溪、天王、钓渭很有名的单芯、高芯山社火;一枝独秀的赤沙镇三寺村的血社火;韵味古朴夜晚表演的凤阁岭、拓石、赤沙、香泉、胡店、新街的黑社火。还有几乎村村都有节奏明快、气势磅礴、鼓舞人心的锣鼓社火。岐山"威风锣鼓"非常有名气;潘溪的百面锣鼓震天动地十分壮观;此外还有流行于陈仓香泉的刁鼓、麟游的跑鼓、扶风揉谷的腰鼓等。另有跑竹马、划旱船,祭祖娱神的舞龙,热闹雄壮的舞狮,形象逼真的耍懒婆娘等很能烘托节日气氛。

民俗文化的生命力来源于她所具有的特性和功能。西府社火民俗具有原始性、传承性、稳定性、变异性等特征。姜炎文化、周秦文化与之有着一定的渊源关系。故研究西府社火民俗就是力求从它与姜炎历史文化、当前社会、时代精神这一系列特定视角出发研究其文化功能与实现机制,揭示民俗文化如何保持合理的张力,从而找到自己的恰当位置和意义。西府社火的文化功能和价值在于:

1. 迎神、祈福。《风俗通》有云:"百日之劳,一日之乐,集社燃火，群歌群舞。祈于天，祈于地，以期吉也。"社火的最初之意就是为了祭祀土地神和火神，祈求上天和土地赐福的一种仪式。远古先民凭借原始的思维认为土和火也有灵，并以感恩和惧怕的心态，视之为具有特殊含义的神物而加以崇拜，于是形成了重土尚火的观念。古老的土地与火的崇拜产生了祭祀社和火的风俗。到后来社成为鬼神会聚的地方，也成为民众和贵族信仰的主要目标。比如鲁襄公二十五年（前548）郑军攻入陈国都邑，陈降之后，"祝祓社"（《左传·襄公二十五年》）被禳于陈国之社，以避免郑国军队入侵而触怒陈国的鬼神。可见，在陈国，"社"已经是其国鬼神会聚之所在。以农为本、靠天吃饭的姜炎文化和西府民众对于土地和上天的依赖远远超过其他行业，他们只能通过燔柴祭天、敬献牺牲、载歌载舞以表达虔诚的敬仰和感恩，同时也是对来年幸福的期盼和渴望，即祈求来年风调雨顺、五谷丰登。西府社火是远古流传下来的精神与脉络，是西府人生命与灵魂的寄托，是西府人幸福与希望的承载。陈仓区凤阁岭的黑社火上演的第一道程序就是先到土地庙或山神庙演唱一段《十炷香》向天地等各方神灵表示敬意，邀请他们来尽情享受所敬献的牺牲和社火。此外社火还有"调节劳动、举行仪式、表达爱情、教育子弟、裁决事非、交流经验、开展娱乐等多种社会功能"。①

2. 喜庆、娱乐。有人认为随着社会的发展，人们认识能力的提高，才使社火的仪式逐渐增加了娱乐成分，形成了规模盛大、内容丰富的民间娱乐活动。其实此说欠妥。其原因在于即使是古老的祭祀社神火神的活动也是既严肃又活泼的事情。虔诚的祈求和美好的愿望，盛大的场面和优美的歌舞自然而然会给参加祭祀的人们以喜庆的快感和娱乐的美感。从社会习俗发展的角度看，春秋时期的"社"已经成为民众欢聚的一个场所，社祭已是民众欢聚的一个节日。鲁庄公二十三年（前671）夏天，鲁庄公"如齐观社"，曹刿力谏，鲁庄公还是去了齐国热闹的社祭活动，在熙熙攘攘的人群中观看了齐国的女人。《墨子·明鬼》篇谓："燕之有祖，当齐之（有）社稷，宋之有桑林，楚之有云梦也，此男女所属而观也。"也即社祭之时，男女不

① 李福蔚:《西府民俗》，陕西旅游出版社2000年版。

禁，相互会合而前往观看。而且往往借社祭之宽松、喜庆、娱乐的气氛幽会产生了恋情，于是以恋歌来表达。《诗经·桑中》正是如此写照。其首章谓：

> 爰采唐矣，沫之乡矣。
> 云谁之思，美孟姜矣。
> 期我乎桑中，要我乎上官，送我乎淇之上矣。

社火作为民众欢聚喜庆的节日习俗从春秋时期开始一直相沿甚久。所以西府黑社火里有很多内容都是以表达男女恋情为主题的。如《拐干妹》、《送干哥》、《下柳州》、《扬燕麦》、《绣荷包》、《张生喜莺莺》等。而西府黑社火中的《亲家母打架》、《扬荞麦》、《做豆腐》、《王弟背板登》、《瓜娃子尿床》、《瓜娃子转舅家》、《瓜娃子叫他姐》则是用通俗易懂、幽默诙谐甚至质朴的农村酸话、乱谈，以活泼自如的形式搞笑、逗乐。演唱的人反戴破草帽等装扮，尽量使自己变得丑陋、滑稽、搞笑。一两个人进场，连唱带跳，随自己尽情瞎编，以取悦观众为主。"乡情与爆笑唱段结合，相互交融，使社火曲儿丰满、耐看，惹得人们心情激荡，如沐春风。"

另外从参与表演的人来看，无论是马社火、车社火、高跷社火还是芯子社火，个个披红挂彩，威风凛凛，神情激昂。无论彩旗队、锣鼓队还是社火队人人精神抖擞，喜气洋洋。从观看的村民来看，他们携老带幼、打扮一新、观者如潮、喜笑颜开。从接待社火的人们来看，社火经过之门口，主人燃放鞭炮，焚烧纸钱，作揖迎接。"从整个表演到结束，锣鼓喧天，爆竹声声，人欢马叫，热闹非凡。"社火队去外村游演，气氛更为热烈，村村锣鼓爆竹迎送，烟茶酒菜招待，形成一村耍社火，各村接送，沿途村庄都看社火的热闹场面。因此社火是西府人民一年里最为盛大的节庆活动。孩子们每年对社火的期待和渴望，社火游演中所彰显的欢乐、喜庆、祥和及社火演完后人们津津乐道的谈论都可说明西府社火渲染了喜庆的年节主题，烘托了愉悦的过年气氛，丰富了民众的精神文化生活。

3. 宣德、明智。在口头语言不很发达的早期人类，更多地借助于手势和口头两种语言来传递信息以教育后代。手势语言用于人际交往就形成了礼节仪式，用于描事状物以娱神或自娱就是乐舞，西府社火就是西府先民们在长期的传递信息、人际交往和娱神自娱的生活需要中所形成的特殊礼仪乐舞形式。社火唱词就是古人富有哲理、启示、教育或娱乐性质的经典口头语言的累积和留存。"西府社火往往借助某个传说故事宣传某种人生哲理或进行某种教育，也借助传统的故事宣传党的政策，这是礼乐文明重教化的文化传统在周文化的发祥地顽强的继承和发扬。"① 借助社火表演可以歌颂西府民众心中具有丰功伟绩、伟大人格和崇高风范的文化英雄，亦可以鞭挞那些奸邪无比、大逆不道、残酷无情的奸臣、叛逆和酷吏。如"社火脸谱"就可通过纹饰的不同组合塑造人物容貌、表现人物性格。以色彩各异辨识人物的忠、奸、善、恶。再如《神农拿野苗》就是歌颂炎帝发明粟作农业；《老爷保皇嫂》是赞扬关羽的义重泰山；《刘海砍柴》、《王祥卧冰》是对孝事父母嘉言懿行的鼓励和提倡。"血社火"则是以鲜血淋漓的惨烈场面对诸如西门庆等恶人恶行必有恶报向人们的告诫。实际上那些节妇烈女的悲壮凄苦、文臣武士的忠义仁爱、帝王将相的文治武功都可以通过社火"一一扮演出来，点缀上时代的气息和今人的哀思与崇拜，通过子嗣们年轻俊美的身段，重演他们修身、齐家、治国、平天下的雄才伟略"。

"一时间，扮演者和周围观众自然融合，一同沉静在热闹的节庆气氛中，一同分享五谷丰登、六畜兴旺的安逸，一同体会历史、感染世界。其魅力的彰显是无比巨大的，其作用是潜移默化的，其韵味也是无穷无尽的。"② 这既是道德与伦理的宣化和标榜，更是知识与智慧的教育和传播。西府社火引烟歌（秧歌）的诸多曲子都涉及神话传说、历史事件和文化常识。如《大桃红》就唱到了"苏三起解"、"李良谋位"、"桃园结义"、"六郎守三关"、"五郎出家"、"杨家八虎闯幽州"、"刘秀十二下南洋"、"樊梨花要斩薛天宝"等。教小孩

---

① 王岁孝：《西府民俗文化的内涵与特征》，《宝鸡文理学院学报》2005 年第 4 期。
② 霍彦儒：《西府民俗文化资源的价值与开发利用》，《宝鸡文理学院学报》2005 年第 4 期。

算账的有《一个雀雀来打食》。还有《小桃红》、《正月冻冰》、《十盏灯》、《十里清（亭）》、《十二梅花》、《牧牛》等曲子里也包含着丰富的文化知识。西府先民们的启智明理更多的是从观看和学习社火开始的。

三　西府社火自身及其开发利用中存在的问题及对策

国家非常重视非物质文化遗产的保护，2006 年 5 月 20 日，社火民俗经国务院批准列入第一批国家级非物质文化遗产名录。陕西省、宝鸡市相关部门也很重视对这一非物质文化遗产的保护和研究，并取得了一些成果。但与开发利用宝鸡旅游文化资源，打造宝鸡旅游文化产业的战略部署大势相比，西府社火的现状让人担忧，对其的保护研究、开发和利用的程度亦远远不够。

（一）西府社火自身存在的问题及原因

1. 表演形式陈旧。如今在各地普遍都出现了社火表演形式简单化、道具老化、形式陈旧的现状。无论是马社火、车社火、高跷社火、芯子社火、黑社火和血社火都是守成有余而创新不足。比如赤沙的血社火多年来形式一直不变，唯一吸引观众的就是其化妆的秘密。凤阁岭等地的黑社火亦如此。无论是引烟歌（秧歌）的曲调还是形式从第一段到最后一段都是固定程式，而且多年不变，容易造成观看者对社火形式产生审美疲劳。

2. 内容缺乏创新。社火作为一种文化存在具有传承性和保守性，但是她能从千百年前传承下来说明了她的生命力很强。生命力来自于她能及时吸收时代文化和民间文化要素之精义，包容万象、与时俱进，从而常演常新，深受群众喜爱。今天大多数社火仍然延续的是那个时代的形式和内容。比如《十盏灯》在 30 年前是凤阁岭地区很受群众欢迎的一段黑社火，但是到今天其唱词没有任何改变和革新，将缺乏变化和新意的内容正反唱两遍，就足以使人厌烦，何况是 30 年呢？

3. 表演资金欠缺。过去社火演出的经费多来源于"庙田"上的收入或生产队的积蓄，也算是有固定的基本经费来源。但是，现代社火的经费一是上面没有专项拨款，二是民众捐助的积极性不高，然而添服装、购把子、扎旱船、买锣鼓、舞龙耍狮都需要资金作为后盾。组织一个百十人的社火演出队光烟酒茶饭的费用已属不菲，若论工夫钱就更无处着落。在没有经费保障的情况下社火年年"减色"也是情理之中的事。

4. 观演人员日少。随着人民生活节奏的加快和生活结构的多元化，信息获取途径的多元化以及娱乐形式的丰富多彩，人们对形式僵化陈旧、内容枯燥呆板的古老社火观看的热情就越来越低了。前些年那种以演社火为荣而全民竞相参与的现象已经不复存在了。参与演出的人员不仅少而且趋于高龄化。比如，据笔者调查，凤阁岭地区现在能够参与演出黑社火的村民绝大多数都在五六十岁以上。年轻人一是不会，二是不感兴趣。原来每个乡镇都有一位热爱民间文化事业的文化站站长做基本的整理和研究工作，这几年缺少专门从事社火研究、收集整理和创作的人员，所以境况堪忧。

（二）外界环境存在的问题及原因

从研究的层面来说，西府社火虽然已经被列为文化遗产了，但是没有专门的研究机构和固定的研究人员，所以对其整理和研究只是初级层次的：第一缺乏对其宏观把握和整体设计；第二缺乏对其源流的历史考察；第三缺乏对其文化内涵，特别是其中蕴含的伦理文化质素的挖掘。研究的滞后和薄弱严重制约了人们对西府社火民俗历史渊源、内涵特征、伦理价值等方面的正确认识和理性判断，直接影响了政府对西府地情、民情的了解，阻碍了人们对西府社火民俗文化优良传统和消极因素的扬弃及丰富文化资源的有效开发利用。

从保护开发的层面上来说，文化部门、旅游开发部门对西府社火重视的程度不够，保护开发的措施不力：第一，西府文化遗产极其丰厚，如法门寺佛光文化、炎帝人文始祖文化、宝鸡青铜器文化、金台观道教文化、西府周礼文化、石鼓文化、太白山山水文化等诸多项目都需要政府的关注和政策护航，所以对于西府社火民俗这一非物质文化遗产，其关注和重视的程度就远远不够了，自然也就不会有切实可行的倾向性制度和措施。

第二，宝鸡市宣传部长龚晓燕指出："旅游开发靠历史文化、生态文化和民间文化来支撑，文化则通过旅游得以传承光大。我市文化与旅游尚未全方位结合，文化与旅游部门要做到互相联动、优势互补、共同开发、共同发展。"这番话颇具战略眼光。但是在资金的投入上，民间文化不及历史文化、生态文化的九牛一毛。资金不足，基本的整理研究都保证不了，何谈开发利用？

第三，西府社火现在成了人人可管，人人都可以不管的鸡肋，原因是缺乏西府社火开发利用的专门机构、负责人和办事人员，孔子云："名不正则言不顺，言不顺则事不行。"

第四，没有充分认识到西府社火对于敦化民间风俗、端正伦理道德、彰显文化内涵、促进文化旅游发展的内在潜力和重要地位。因此也就没有制定出西府社火开发利用的切实可行的策略。东北民间的二人转可以红遍大江南北。为什么有着如此悠久历史、丰富内涵和文化底蕴的西府社火却一直默默无闻，创造不了文化旅游的价值呢？所以再美好的文化遗产也只是一种潜在的旅游资源，若要让其成为现实的旅游产业，还需进行必要的策划和包装，以喜闻乐见的形式出现在大众面前。

（三）西府社火资源开发利用的策略

首先笔者确信西府社火作为姜炎文化大品牌下的小品牌必然会有自己的市场和观众群体。以下案例足以明证。

案例一：《香港人爱上天地社火》

2009年2月20日《宝鸡日报》题为《香港人爱上天地社火》的文章报道了2008年腊月二十九由"竹马高跷"、"二鬼摔跤"、旱船"福禄寿"、"水袖秦腔"以及"韩城行鼓"所组成的天地社火在香港海洋公园表演的盛况。

当演员第一次登上舞台的刹那，随着竹马高跷伴随韩城行鼓声闪亮登场，熙熙攘攘的各国友人似乎中了魔法一般，放弃了新奇的海豚游戏、走下刺激的过山车、撇下眼前的海景，全部不约而同地簇拥在天地社火的舞台前，保安人员不得不在距离舞台三米处设立栏杆，维护现场秩序。

不晓得实情的游客还误以为是哪位港台或者好莱坞明星前来演

出，等他们近身看时，才知道原来这是一场来自陕西宝鸡、比刘德华演唱会更具有感染力的地方文艺！

这是什么？几乎所有的人都在问同一个问题，这好比李小龙当年在华盛顿州立大学表演中国功夫一样令人吃惊。很快，大家记住了这个名字，铭记了陕西宝鸡，知道了在距离他们几千公里的一块文化底墒深厚的大地上，锻造出了这样一个精彩绝伦的节目。

正月十四，他们挥汗如雨地演完了整整 96 场天地社火，筋疲力尽的演员们终于可以松一口气了。令他们始料未及的是，香港人以及外国人在这短短的 14 天里，彻底地爱上了天地社火，黄土文化终于赢得了香港人的喜爱！

案例二："德、法、泰观众喜欢宝鸡社火"

中国非物质文化遗产名录数据库系统中题为《宝鸡社火所在区域及地理环境》中有一段引人瞩目的信息：

宝鸡市近年来在"民保工程"中下了很大工夫，投入巨资、聘请国家及省级专家改编演练后，社火现已发展成既是广场文化艺术，又能搬上舞台表演的多功能表演形式。2002 年、2004 年分别代表国家民间艺术团出访德国、法国、泰国等演出，受到国外观众的喜爱和欢迎。2003 年被陕西省授予"民间社火艺术之乡"荣誉称号。

案例三：大学生为西府社火鼓掌

笔者在 2009 年 3 月 4 日所教授的公选课《中国传统文化概论》的"绪论课"上曾即兴演唱了几句凤阁岭黑社火曲子《送干哥》、《扬燕麦》、《张生喜莹莹》、《牧牛》等，博得了在场 200 余名学生的热烈鼓掌和欢呼。从大学生们的掌声和欢呼声中笔者看到了他们对西府社火民俗文化的热爱和支持！也更坚定了我们继续整理、研究西府社火的信心和决心。

以上案例至少从某些方面反映了西府社火旅游开发的市场前景。鉴于民俗旅游开发及市场培育是一个渐进的过程，对西府社火民俗开发利用的策略，应从如下几个方面来逐层进行考虑：

1. 成立机构。成立社火研究表演推介的专门机构——西府社火研究开发办公室（公司）。可由市宣传部、旅游局、文化局、社科所等抽调人员组成主要负责人和办公机构，招募人员，下设采风组、科学研究组、表演开发组、宣传推介组等具体办事部门，专项负责西府社火的采集、整理、研究、开发、表演及宣传推介工作，并做好各方面的组织协调工作。

2. 筹措资金。途径有四：一是论证立项，从市、省、国家逐级上报申请研究开发经费；二是与大型旅游开发公司合作，利用其资金、人员和理念共同开发；三是从大型企业拉赞助解决资金问题；四是各地社火会在社火游演中收取费用，积累经费。

3. 树立品牌。采摘精彩典型社火形成文化品牌。此项工作首先要求采风组深入民间进行田野调查和采集最具古老文化意蕴，具有艺术表现力，又符合大众口味的经典社火。其次，科研人员从内容上做字词句的校对和历史文化背景的考订。最后，表演开发组则从表演形式方面做认真研究和策划，比如对音乐、舞蹈、服装、道具、唱腔、音调等进行全方位的策划包装，使之以最完美的形式面众。

4. 改旧布新。创新是西府社火民俗永葆青春的动力源泉。此项工作主要由科学研究组、表演开发组以及民间老艺人共同参与。一方面对那些以前很受民众喜爱，现已过时的社火，从内容到形式进行改造，既保有文化古韵，又增添时代新元素，使其焕发青春。另一方面要根据党的政策和时代要求，与时俱进地创造具有新时代特色的新社火。另外应该在时间上前伸后延，增加演出的时间。从单独的年节庆祝活动，真正变为经常性民众娱乐的节目。

5. 塑造明星。培养和塑造宝鸡社火明星，可以从当地社火传人中精选形象美、气质佳、嗓音高者进行声乐和表演技能的专业培训。也可以从音乐学院毕业的、有表演天赋的当地大学生中遴选人才。让其修习西府社火，精心打造各类社火的当家明星。陕北民歌能推出阿宝，东北二人转能有赵本山、小沈阳，西府社火经过精心策划也能打造出西府的阿宝、赵本山、小沈阳。

6. 制作光盘。对西府社火明星和经典社火选段应该刻录制作光盘，通过唱片公司或音像公司在全世界发行。比如《赶犟驴》、《二鬼摔跤》、《石沟里担水》、《牧牛》、《张连卖布》、《扬燕麦》、《血社火》甚至独具特色的《西府酒歌》等都可以刻录发行。

7. 加大宣传。宣传的途径和方式有：电台、电视、广告牌、旅游景点、研讨会、文化节等。针对社火的旅游资源特色，制定专门的旅游形象传播策略。主要包括：积极联系与组织开展庆祝和纪念性的活动，增加西府"农家乐"庭院式民间文化活动，推出西府民间小型社火表演活动，同时可以利用媒体对热点景区的关注，组织业务人员到周边热点景区做表演宣传活动，如清明节祭祀炎帝活动，宝鸡姜子牙钓鱼台旅游节，五丈原诸葛亮庙会（农历二月二十前后）、岐山周公庙古庙会（农历三月十二前后）、宝鸡金台观古庙会（农历三月初三和十月初十）等，向外深入传播社火民俗风情旅游形象。

8. 产业运作。民俗文化蕴藏着巨大的市场潜力，作为姜炎文化和西府民俗文化代表之一的社火，不久的将来必定会产生不少的社会效益和经济效益。首先应该促成西府社火产业化发展，成立西府社火演艺公司，具体负责大型锣鼓社火、高跷社火、黑社火、血社火的商业化演出活动；成立西府社火市场开发公司，专门针对社火脸谱开发旅游纪念品市场，同时制作社火音像制品。其次，要促成西府社火文化与其他诸如炎帝人文始祖文化、法门寺佛光文化、宝鸡青铜器文化、金台观道教文化、西府周礼文化、石鼓文化、太白山山水文化等旅游文化的有机融合，依托旅游市场，做强做大文化旅游，从而形成有竞争力的文化型旅游产业。

（作者工作单位：宝鸡文理学院中文系）

下　编
关陇社火调查汇录

关陇地区社火会

宝鸡市陇县北坡村社火会

陇县古称"陇州"，地处陕西省西部。东连千阳，南接宝鸡市，西北与甘肃省清水、张家川、华亭、崇信、灵台县毗邻。距宝鸡市80公里。夏朝属雍州之城，商朝为矢国领地，西周为秦非子食邑，战国时秦设千县，是为陇县第一次设立县级行政单位。先秦建都14年，北魏设秦州，西魏改名为陇州。隋改县名为千源，撤陇州。唐复设陇州，辖千源、千阳、吴山、南由、华亭五县。民国2年（1913），改陇州为陇县。1949年改属宝鸡市管辖。

（一）北坡社火会简况

陇县城关镇北坡村社火历史悠久，代代相传。据记载，清朝初年就有社火表演了。由于"文化大革命"的影响，北坡社火一度受挫，停办。"文化大革命"之后，北坡社火又如雨后春笋般迅速成长起来。一到腊月，就开始排练，然后在本村和邻村游演，到了正月十五，再进城汇演比赛。十一届三中全会以来，北坡社火在进一步完善传统挈社火的基础上，又注入了新的元素，在社火中增加了宣传党的好政策，宣传计划生育，尊老爱幼，扶贫帮困，农村产业结构调整等发展农村经济的现代生产生活内容，使北坡社火不断地丰富、发展、壮大。

北坡社火的表演形式，除挈社火配唱曲调兼表演外，其他绝大多数是造型艺术。表演内容多取材于神话、历史演义、民间传说故事，也有求吉庆、颂政通人和、宣传社会发展等内容的。北坡社火会在村上设有办公地点，配有各种表演类型的衣服 100 多套，各种鼓类 50 多个，道具 100 多件，总计价值 5 万元左右，社火经费主要来源于村民自筹、政府补贴和政企资助。

（二）北坡社火会历任会长（传承人）

代别	姓名	性别	生年	文化程度	传承方式	学艺时间
第一代	肖××	男	不祥	不详	不详	不详
第二代	段有福	男	不详	小学	师传	不详
第三代	杜发荣	男	1926	小学	师传	1946 年
	尹智祥	男	1929	小学	师传	1956 年
第四代	杨生林	男	1926	小学	师传	1954 年
	杨村娃	男	1940	文盲	师传	1956 年

（三）北坡社火会社火特点

北坡社火以掣社火闻名，有非常显著的特点。一是人背人，这是北坡掣社火最突出的特点。它由精壮男子一人，身扎木制芯子，于肩部上掣儿童扮妆的戏剧人物，在锣鼓声中行走表演，乡土气息浓厚，是陇州独特的社火形式。

二是以掣的形式展现种类繁多的节目。有掣一个身子的，如《穆桂英挂帅》；有掣两个身子的，如《老爷保皇嫂》；有掣三个身子的，如《黑虎扳三魁》。有的只耍不唱，有的配有陇州小调边唱边耍。

三是有广泛的群众参与性。北坡社火表现规模大，气氛热烈，场面热闹。村民们自制服装和道具，出物、出力又出人，积极热情地参与社火表演。有小到 8 岁的儿童，也有年过七旬的老人。每到春节，连续上演，乐此不疲。

四是内容新颖，富有时代气息。北坡掣社火在完善传统曲目的同时，在社火中增加了宣传党的好政策，宣传计划生育，尊老爱幼，扶贫帮困，农村产业结构调整等发展农村经济的现代生产生活内容。

（四）办好北坡社火会的打算

社火会老会长杨村娃谈起北坡社火的打算，颇为感慨。由于现代

社火会会长杨村娃/白志勇 摄　　　　北坡村背社火/赵德利 摄

文化娱乐的"泛滥",北坡社火的发展受到不小的冲击。但是,北坡社火会对其自身的发展已作了一个翔实的计划。虽然学演社火的年轻人越来越少了,可每逢春节,村里的老艺人和往常喜欢社火的老人们依然热情地投身到社火表演中来,积极组织和排练,仍然发挥着余热。与此同时,他们热情鼓励年轻人加入社火队伍,希望他们能真正热爱北坡社火。他们还呼吁政府能够高度重视,用政策使社火传承下去。除此之外,北坡人将努力地提高社火的表演质量,为群众带来更多的快乐,更好地活跃了群众的文化生活。

(卢永婷 采写)

平凉市静宁县周岔村社火会

周岔村位于平凉市静宁县南部45公里处,南接四河乡的古湾村,东连该乡的上寨村,北、西临该乡的郭岔村。周岔村民世代为农,现有农户130家,人口600多人。全村耕地面积2580亩,是一个纯农业的山区村落。

周岔村历史悠久，这次在村中发现的 3 处人类遗址证明，远在秦汉时期，周岔村的先民就开始在这里居住，繁衍生息。两千多年来，周岔村的先民们在这里创造了丰富的民间文化，保存完整，具有很高的历史价值和艺术价值。特别是近现代的历史文物，诸如清代古堡、民居、作坊遗址、200 多年前周祖的影牒（主案）①、门尺、102 年的舞台，藏于村民家中的清代、民国时期的书法、挽幛、牌匾和清瓷器，以及近百本戏剧手抄本和 200 多唢呐曲牌等，足以证明周岔村传统文化源远流长，历史丰厚。加之，红军长征路过周岔，红色革命遗迹尚存，红色故事在村民中广泛流传，这更给周岔村民间文化增添了色彩。

据村人追述，130 多年前，周岔村就有唱大戏（大社火）、耍灯火社火（小社火）的习俗。由于村人喜爱民间文艺，每逢过年，家家扎纸灯笼，人人学唱小曲，排练秦腔戏，吹唢呐，学演牛皮灯影、顶旱船、舞狮子、耍武术等。从正月初三送纸以后，整个村子里就热闹起来，到了正月十五点了明灯，最后一场演出后，就在庙前举行烧社火仪式。乡人称其为"卧将"。社火"卧将"后，说明一年的农事活动就要开始，村民们又要忙碌一年的生产活计了。

大社火，即唱秦腔。1949 年前后，村子里有 30—40 人参加大社火的演出。健在的老艺人主要有周志杰（77 岁）、周志清（70 岁）、周仁忠（68 岁）、周德仓（60 岁）、周杰仓（57 岁）等。在周志杰老艺人家里完整地保存着民国至 20 世纪 60 年代的手抄剧本近百本。剧目有《七人贤》、《剪红灯》、《竹子山》、《武当山》、《大香山》、《双背鞭》、《牧羊卷》、《岳王卷》、《宝莲灯》、《二进宫》、《祭灵》、《长坂坡》、《回荆州》、《过沙江》、《过玄关》、《倒打毛炳》、《鸡鸣山》、《吉家山》、《万寿山》等，现代剧有《白毛女》、《沙家浜》、《三世仇》、《红灯记》、《智取威虎山》、《血泪恨》等 70 多本。

现在，村里还活跃着两班秦腔自乐班，刮风下雨或农闲时节，他们聚集在一起吹拉弹唱，吼一段秦腔，为村民们带来无尽的欢乐。

地社火，即灯火社火。周岔村耍社火的历史可追溯到 150 多年

---

① 方言：也叫"老案"，专供祖先的牒谱。

前。据周岔村老一代人说，由于他们的先人爱"唱戏"，喜欢小曲小调，在祭祀的大王庙前筑了土台子，唱大戏、唱牛皮灯影，娱神娱人。那时，在村民中能演唱小曲小调的就有 30—40 人。流传在周岔村的小曲小调有《进门曲》、《十道黑》、《十炷香》、《摘棉花》、《十采花》、《赶嫁妆》、《绣荷包》、《十绣》、《十对花》、《十杯子酒》、《放风筝》等百余首。每年春节，在老艺人的鼓动下，村民组织起来玩灯火社火。家家花灯高挂，灯火通明，悠扬的民间小曲从周岔的山窝里飞出来，传向远方。到了光绪年间，戏班子发展壮大起来，光绪三十二年（1907），村民们集资修建了六檩四暗卷两马悬蹄飞檐式的舞台，大小社火更加热闹。

牛皮灯影。周岔村演牛皮灯影戏的历史也很悠久。最兴盛时，村里有两付皮影箱，每个班子能演皮影戏上百本。艺人主要有周志杰（77 岁）、周杰仓（57 岁）、40 多岁的周保科、周清、周仲飞等。老艺人周志杰能装演百本戏剧。主要剧目有《金山寺还原》、《火焰驹》、《茶壶记》、《游西湖》、《白蛇传》等 40 多个。两个皮影戏班经常到周边的村社演神戏。

吹唢呐。在周岔村能吹唢呐的艺人有 20 多人。年龄最大的 77 岁，年龄最小的 13 岁。现在村里有 4 个唢呐班，常年活跃在民间，吹白事，吹红事，也吹社火曲调。流传在唢呐班里的 100 多唢呐牌子曲中，有好多曲牌令都是他们周姓先人自己创作的。唢呐艺人们大都能吹出 60—70 种曲令来。如《上下眼将军令》、《大小开门》、《藩王令》、《大悲对》、《汉登山》（下眼子）、《寿江南》、《侯七倒关门》、《想调》、《豆板悲》、《小导板》、《哭黄连》、《马到令》、《进水令》、《朝天子》、《闹元宵》、《元令号》、《耍杯子》、《水龙王》、《八棱子》、《钻草》、《望北藩》、《滚头子》、《下小楼》、《哪吒令》、《状元令》、《推江令》等。60 岁以上的老艺人有 4 人，40 岁以上的有十多人。

（王知三　撰稿）

庆阳市西峰区寨子社火会

西峰区位于甘肃省东部，泾河上游，陇东黄土高原董志塬腹地。东邻西安、咸阳，西连兰州，南通天水、宝鸡，北接银川，是甘肃省庆阳市政府驻地，庆阳市政治、经济、文化中心。东西南北分别于庆阳市合水县、镇原县、宁县、庆城县毗邻，属黄土高原沟壑区。西峰区社火在庆阳地区颇具代表性，特别是寨子乡寨子村的社火历史悠久，社火类型多样，参演人员众多，其"荷花舞"——《合作花儿遍地开》受到了国内外文艺界和观众的高度肯定和广泛赞誉，代表了庆阳乃至陇东社火的最高编导、演艺水平。因此，庆阳被国家民俗学会授予"荷花舞之乡"。

（一）寨子社火会简况

据寨子村志记载，20 世纪 20 年代，由于山西、陕西、河南等地商人汇聚西峰，促进了寨子人民的生活，也带来了各地的文艺绝技，与寨子当地文艺活动相结合，便形成了寨子社火。抗战结束后，寨子社火会开始组织较大规模的社火演出。新中国成立后，寨子社火一举享名，红遍陇原，自此寨子社火经久不衰，愈演愈红。

寨子社火会演职人员多达 150 人，有村上八旬高龄的老人，也有七八岁的稚童，是寨子人民全村互乐、老少皆娱的文化活动。寨子社火会组织科学，管理严谨，策划精细，有自己的策划、编曲、编词、编剧、导演和演员队伍、民乐队伍。寨子社火的种类很多，有山社火、车社火、马社火、背社火、抬社火、高芯社火、高跷社火、地社火等。该社火会在村委大院文化室有专门的办公地点和库房，配有各种类型表演的社火服装 400 多套，各种鼓类 200 多个，道具 350 多件，总计价值超过 10 万元。20 世纪五六十年代，其经费由本村村民集资，80 年代后村上支付社火经费，90 年代后村上给演员发放工资，2000 年以后社火会耗资 13.7 万元重新购置了社火道具和服装。

（二）寨子社火会历任会长

姓名	出生年月	文化程度	任职起止时间
傅元吉	1893.4	小学	1938 年腊月—1947 年腊月
傅元秀	1908.11	小学	1947 年腊月—1959 年腊月
傅文虎	1921.5	小学	1959 年腊月—1968 年腊月
张永寿	1929.2	小学	1977 年腊月—1987 年腊月
秦振华	1932.4	初小	1987 年腊月—2003 年腊月
胡碧峰	1953.10	初中	2003 年腊月至今

（三）寨子社火会社火特点

寨子社火会有三个显著特点：一是社火的种类多，表演形式丰富多样。有山社火、车社火、马社火、背社火、抬社火、高芯社火、高跷社火、地社火等。

二是自编自演节目较多，特色鲜明。例如《荷花舞》、《劳军》、《储蓄小唱》、《恭喜发财》、《公仆赞》、《送你一朵光荣花》、《风正扬帆奔小康》、《除四害》等，深受民众欢迎。

三是寨子社火质量好、水平高，影响很大。在许多社火和文艺汇演活动中曾经多次获得大奖，赢得好评。例如寨子村民胡延龄创编的"荷花舞"《合作花儿遍地开》，以其优美的舞姿，悠扬的乐曲，独特的造型，闪烁的花灯，在甘肃省首届民族民间音乐舞蹈汇演中赢得好评。后改编为大型广场舞在庆阳香包节上亮相，庆阳因此被国家民俗学会命名为"荷花舞之乡"，后又被评选为甘肃省首批非物质文化遗产。还有《夸夸咱们的好生活》、《过大年》的唱词被刊登在《甘肃农民报》上。

四是社火节目真实地反映了当地人民生产生活状况及其变化，具有时代性。例如《草帽舞》、《走西口》、《骂媒人》、《十月怀胎》、《姐妹回娘家》、《歌唱庆阳剪纸》、《歌唱新庆阳》等。

（四）办好寨子社火会的打算

寨子社火会长胡碧峰对寨子社火会的未来做了初步规划和设想。一是社火节目要走自编、自排、自演的路子，对具有浓厚乡土气息的社火表演形式进行不断的革新。特别注重文娱活动的思想性、娱乐性和群众性，既讲求继承传统的表演形式，又强调与时俱进、不断创新。二是要加强社火传承人的培养。社火是音乐、美术、舞蹈、器乐、道具制作、文学创作等文艺形式高度结合的具有乡土气息的民间文艺，要把社火会办好，就要有较高艺术水平的年轻人一代一代继承发扬，因此，寨子社火的出路仍在年轻一代会员的培养上。三是科学规划，严密组织，积极排演，在社火经费上加大投资和集资，在逢年过节和婚庆典礼时加大排练和演出场次。

（徐治堂 撰写）

庆阳市西峰区李庄社火会

西峰区社火在庆阳地区具有代表性，后官寨乡李庄村社火会表演的地摊社火和火社火特色鲜明，风格别致。在西峰区每年正月十五的社火演出中，连续多年获奖，深受当地群众的喜爱和赞扬。

（一）李庄社火会简况

据村里老人回忆，新中国成立后，国民党旧官员、老财主朱子明捐赠钱财，购置道具，集合村里拉二胡、吹唢呐、吼秦腔、唱眉户之人组办李庄社火会。自此，李庄社火会或在逢年过节，或在村里人家红白喜事，或在大小庙会期间开始排演。经过朱子明、朱生明、李生贵、李进仙等人的努力和坚守，期间虽历经了盛衰生死的历练，但李庄社火会越办越红火，特别是改革开放以来，规模不断扩大，特色愈加明显。近几年，虽然村里人都有钱了，社火会经费越来越多，但是外出务工人员也越来越多，李庄社火的传承面临着越来越严峻的考验。

李庄社火会参加人数最多时有120多人，最少时有20几人。李庄社火种类有民歌小曲演唱、村民自编小剧、丑社火、跑马、耍龙、跑龙、马故事、跑地旦、眉户剧等，其中以地摊社火和火社火最为出名，在周边地区有一定影响。该社火会现有各类表演服装60多套，锣鼓器乐等道具大多为村民自备自存自用，总价值约3万元。社火经费多为村里大户人家朱氏、李氏所捐赠，少部分来自演出费用和演出奖品兑换资金。

（二）李庄社火会历任会长

姓名	出生年月	文化程度	任职起止时间
朱子明	1897.4	"秀才"	1948年腊月—1956年腊月
朱生明	1901.7	小学	1956年腊月—1965年腊月
李生贵	1918.5	小学	1977年腊月—1984年腊月
李进仙	1938.11	小学	1984年腊月—2007年腊月
李明兴	1971.9	高中	2007年腊月至今

（三）李庄社火会社火特点

李庄社火会有四个显著特点：一是社火的种类多，以地摊社火为主。李庄社火种类有民歌小曲演唱、村民自编小剧、丑社火、跑马、耍龙、跑龙、马故事、跑地旦等。例如，民歌小调《扬燕麦》、《劝丈夫》，眉户剧《摘辣椒》，丑社火《三仙下界》、《三圣母》，马故事《五虎上将》、《精忠报国》、《关老爷保皇嫂》，神戏《刘海撒金钱》等。其中地摊社火最为出名，如跑旱船《土地爷挂画》、《走西口》、《下四川》等均配有当地民歌，演唱结合，迎来了观众无数的喝彩声。

二是自编自演节目较多，特色鲜明。例如传统戏剧《嫦娥》、《放风筝》、《钉缸》、《卖杂货》、《挥梅》、《卖花线》等均为旧戏填新词，特别是曾任甘肃省陇剧团副团长的本村村民李生贵编排的小剧《四个老汉学毛选》、《两亲家母打架》、《四不全上任》等滑稽可笑，挑逗性强，富有戏剧特色。

三是火社火特色明显，别具一格。李庄以火为主要道具和背景的社火分为武社火、吉祥社火、神话社火、脸谱社火、灯塔社火、战争社火等小类。例如武社火节目有《大火城》、《平章审鬼》、《杀白僧》、《黄河镇》、《游戏湖》、《秦怀玉杀四门》、《火烧连营》、《长坂坡》。吉祥社火常演节目有《双驸马回朝》、《天官赐福》、《火焰驹》、《爱情搬救兵》。神话社火有《出窝》、《敬喜神》、《黄道斩妖》。战争社火有《过五关》、《游西湖》。脸谱社火有《黑牛耕地》、《磨豆腐》、《珍珠倒卷帘》、《潜力送亨牛》等。在这些社火演出高潮时，或者放鞭炮，或者点火烛，或者放烟雾，或者在篝火旁边狂欢，或者以火为道具，玩火功，耍火杂技等，场面热闹，演员观众可现场互动，共同娱乐。

四是以家族力量组织维系，传承保护完好。李庄社火会由本村大户朱、李两家捐资组成，其主要组织、编排、演练、器乐、后勤人员也大都是这两家的子孙后代，而且世代传承，所以，李庄社火的精髓——火社火和地摊社火得到了完好的保存和较好的发展。

（四）办好李庄社火会的打算

李庄社火会长李明兴对李庄社火会的发展既有欣喜，又存担忧。欣喜的是现在村子里人的生活富裕了，人们很乐意捐赠资金、购置社火道具，社火越办越红火；担忧的是村子里要社火的年轻人越来越少了，他们关注的都是到什么地方，干什么工作，能挣多少钱的事情，而很少有人提及要社火。即便是逢年过节回家，也只是和亲戚邻居打打麻将，玩玩扑克牌，喝喝酒，吃顿饭，很少有闲暇时间过来排练社火。近几年，李明兴每年在寒假组织村子里读书的学生排练社火，他认为，李庄社火的传承出路，有且仅有一条，就是在这些年轻人的身上下工夫。

（徐治堂　撰写）

庆阳市镇原县枣林社火会

镇原县位于甘肃省庆阳市西南部，东临庆城县、西峰区，西接宁夏自治区彭阳县，南接平凉市泾川县、崆峒区，北靠环县。境内山川塬兼有，以山地居多，占总耕地的 68% 以上，平均海拔 1500 米。镇原古属雍州，秦属北地郡，位于黄河中游、泾水以北的黄土高原，为华夏古土。镇原县社火在陇东地区很有代表性。太平镇枣林社火会由亲族筹建、组织、表演并世代传承，在镇原县乃至庆阳地区产生了一定的影响。

（一）枣林社火会简况

据"枣林社火节目资料汇编"记载，枣林社火会大约有 130 多年的历史（成立时间已无法考证。据社火传承人李建军回忆，他爷爷说他小时候就开始跟社里人要社火。而李建军小时候村子里每年腊八后就开始编排、表演社火）。现有表演人数 280 多人，1995—2000 年其人数达到高峰时的 300 多人。社火会表演类型多样，枣林社火会自编的"社火节目导演资料汇编"里共收录着 271 个节目。这些节目主要有戏剧、语言、表演、舞蹈、锣鼓、武术、神话、道具等大类型，又细分为眉户戏、秦腔、镇原小曲、快板、春官词、舞蹈、柳木拐子（高跷）、六盘龙（龙灯舞）、十二生肖、龙王故事、灶神故事、关公降福、跑旱船、霸王鞭、狮子舞、芯子、车故事、秧歌、大头娃娃、太平鼓等小样式。

枣林社火会在村部自行筹建砖瓦结构平房 5 间，配有各种类型表演的社火服装 350 多套，各种鼓类 300 多个，道具 120 多件，总计价值超过 5 万元。其经费来源主要由本村村民捐赠和社火会汇演获得的全部奖品、烟酒兑换的资金，还有政府资助、企业赞助的资金。

（二）枣林社火会历任会长

姓名	出生年月	文化程度	任职起止时间
李永兴	1875.3	小学	1921 年腊月—1942 年腊月
李渭川	1897.12	小学	1942 年腊月—1951 年腊月
李世昌	1902.5	小学	1951 年腊月—1957 年腊月
李俊周	1916.8	文盲	1957 年腊月—1959 年腊月
李俊昌	1926.4	初小	1959 年腊月—1965 年腊月
李自仁	1931.11	小学	1965 年腊月—1968 年腊月
李克昌	1944.3	高中	1977 年腊月—2010 年腊月
李彦阳	1974.8	大专	2010 年腊月至今

（三）枣林社火会社火特点

枣林社火会有三个显著特点：一是社火表演类型多样。该社火会自编的"枣林社火节目资料汇编"里共收录着 271 个社火节目，有眉户戏、秦腔、当地小曲、快板、春官词、舞蹈、柳木拐子（高跷）、六盘龙（龙灯舞）、十二生肖、龙王故事、灶神故事、关公降福、跑旱船、霸王鞭、狮子舞、芯子、车故事、秧歌、大头娃娃、太平鼓等。

二是参加演出人员多。一般演出 270 人左右，最大型的一场社火《太平鼓》曾经出动全村四个生产队的 326 人，有些家庭是男女老少全部参加。

三是社火节目大都属于村民自编自演，反映了当地人民生产生活状况。例如《小放牛》、《打草鞋》、《小姑贤》、《柜中缘》、《大懒婆

娘》、《枣林走向小康路》等都属于眉户戏。

四是以亲族筹建、组织和表演社火并世代传承。枣林社火会是典型的以家族、亲族表演、组织、出资、传承的社火会，其主要参与者都是李氏家族成员。这种家族式民间艺术传承，很好地保存了社火艺术的历史文化内涵和艺术表演方式。

（四）办好枣林社火会的打算

说起办好枣林社火会的打算，前任会长李克昌说，他将会利用他在本村本家族当中的名望，继续号召子孙后辈和村民们支持、参加社火的表演，使本家族、亲族留传下来的社火得到传承。现任会长李彦阳说，他将会利用自己担任兰庙小学校长的职务之便，在学校开设以社火为主的乡土课程，在小学生当中传授枣林社火，让社火之树在枣林常青。

（赵长军　撰写）

庆阳市宁县东丰社火会

宁县位于甘肃省东部，是甘肃省东南边境县份之一。东依子午岭，南接陕西，北靠宁夏，西临泾、蒲二河，距黄陵160公里，西安200公里，兰州510公里。扼甘、陕、宁三省之要冲，是三省结合部人流、物流、信息流、资金流的窗口，具有显著的区位优势。宁县社火在庆阳地区颇具代表性，特别是瓦斜乡东丰社火历史悠久，社火类型多样，节目多，内容新，其"斗社火"开创了中国传统耍社火的新形式。

（一）东丰社火会简况

新中国成立初期，东丰就有人耍社火；新中国成立后，宁县东丰成立了社火会。"文化大革命"结束以后，宁县恢复了生产秩序，东丰社火会就恢复排练演出。随着东丰人民生活质量的逐渐提高，东丰人对物质文化的需要日益增长，当地人民对精神文化产生了越来越强烈的需求，因此社火也就成为满足人们审美娱乐需求的形式之一。自此东丰社火愈演愈红，享誉陇东。

东丰社火会演职人员多达 110 人，是当地农民最重要的文娱活动。东丰社火会组织扎实，管理科学，策划精细。东丰社火种类齐全，有丑角、大头娃娃、高跷、高亭、秧歌、腰鼓、眉户、喜剧、快板等。该社火会在村委大院文化室办公，配有各种表演类型的社火服装 100 多套，各种鼓类 50 多个，道具 270 多件，总计价值超过 3 万元。社火经费来源于村民自筹和政府补贴。

（二）东丰社火会历任会长

姓名	出生年月	文化程度	任职起止时间
潘寿仁	1904.12	文盲	新中国成立前
潘怀智	1929.7	高小	新中国成立后
昔会儒	1946.1	小学	"文化大革命"前
潘友才	1953.4	高小	1976 年腊月—1991 年腊月
昔殿荣	1961.8	初中	1991 年腊月—2002 年腊月
昔会权	1970.9	高中	2002 年腊月至今

（三）东丰社火会社火特点

东丰社火会独具特色，绘声绘色，有唱有说，歌舞皆具：

一是社火种类多，表演节目多。社火种类有丑角、大头娃娃、高跷、高亭、秧歌、腰鼓、眉户、喜剧、快板等；常见的表演节目有《斩猴精》、《麒麟山》、《杀白生》、《绝路岭》、《封神演义》、《大闹天宫》、《十二生肖》、《张良买布》等。

二是"斗社火"特色鲜明、独具特色。东丰人耍社火时遗留下来的"斗社火"形式，是陇东社火当中的一大特色表演形式。斗社火发展起初，是两个社火表演者对自己的表演技能和社火表演中的唱念做打等基本功进行竞赛，后来发展为社火会之间对社火表演诸方面的竞技，斗社火之前双方提前约定时间、地点，或者在社火汇演中不约而斗，判断双方斗争输赢结果的是围观人数的多少和观众的喝彩声。

"斗社火"在社火表演形式上分为文斗社火、武斗社火、文武结合斗社火。东丰社火会在表演过程中最早产生了武斗社火这一新形式，武斗社火是指两个或两个以上社火表演者，或者社火会之间进行社火表演技能、社火表演动作方面的竞赛；东丰文斗社火是后来逐渐发展起来的，即两个或两个以上社火表演者，或者社火会之间在社火节目创新、内容改编、唱词更新、脸谱设计、人物造型新编等方面的竞赛。文武结合斗社火是东丰"斗社火"在近年来才发展起来的，它将以上两种斗社火在内容与形式上进行了紧密结合和高度糅合。经过多次"斗社火"，东丰社火演员的表演水平提升了，社火节目和种类也在不断地吸收和融合中成长丰富起来了。

三是与群众生活结合紧密，具有时代气息。例如《骂老蒋》、《共产风》、《东边日头西边雨》、《走进新时代》、《三个代表好》、《和谐社会和谐家庭》等都表现出浓郁的时代气息，反映了人民群众的生产生活面貌。

四是群众参演热情高涨，能够真实反映当地人民生产生活状况及其变化。东丰虽然村子不大，但是逢年过节，全村男女老少齐出动，出钱出力办社火，办社火会已经成为东丰全村人一年当中最盼望、最欢快、最难忘的事情了。

（四）办好东丰社火会的打算

社火会长昔会权对东丰社火会的未来做了美好的憧憬和科学的规划。他说，"斗社火"是东丰社火的生命所在，也是东丰社火得以流传和发展的价值所在，东丰社火是在"斗"的过程中诞生、形成、发展、壮大的，要想更好地传承东丰社火，仍然要"斗"。要将"斗社火"这种形式在娃娃中展开，发掘继承人；在青年人中展开，培养新秀；在中年人中展开，提高表演水平；在本村中"斗"，切磋技艺；在邻村中"斗"，相互学习；在全县"斗"，大显身手，宣传东丰。

（雷天旭　撰写）

庆阳市正宁县乐兴社火会

正宁县位于甘肃省庆阳市东南部，子午岭西麓。东、南、西与陕西黄陵、旬邑彬县、长武接壤，北靠甘肃宁县，辖 4 镇 6 乡。梁、峁、沟交错，河、川、塬相间，分为四塬三川。正宁社火在庆阳市颇具代表性，正宁县榆林子镇乐兴社火历史悠久，内容丰富，热闹红火，其"哑巴戏"和"皮影戏"是绽放在陇东大地文化艺术园里的一朵绚丽多彩的奇葩。

（一）乐兴社火会简况

乐兴社火历史悠久，源远流长。据正宁县志载，20 世纪 30 年代，由于革命的传播发展，乐兴社火出现了高潮，开展了革命内容的文艺活动，出现了新秧歌剧、活报剧、歌舞等形式。新中国成立后，乐兴社火不断发展壮大，每逢腊月，全村人人都排练社火，在春节演出时，在各乡镇和县城进行大规模汇演。十一届三中全会后，乐兴社火如雨后春笋般兴起，其演职人员多达 60 人。

乐兴社火会节目形式繁多，有跑旱船、耍狮子、舞龙灯、耍老虎、车故事、马故事、地故事、地云子、踩跷、跑马、跑驴、跑灯、顶灯、秧歌、民间小戏、大头娃娃、小歌舞、小演唱及一些民间杂耍等。该社火会在村庙设有办公地点，配有各种表演类型的社火服装 120 多套，各种鼓类 60 多个，道具 150 多件，总价值超过 4 万元，社火经费来源于村民自筹、企业捐助和政府补贴。

（二）乐兴社火会历任会长

姓名	出生年月	文化程度	任职起止时间
王毓修	1942 年 7 月	小学	1963 年腊月—1966 年腊月
刘自发	1945 年 2 月	初中	1979 年腊月—1991 年腊月
彭解放	1948 年 11 月	文盲	1991 年腊月—2009 年腊月
张金瑞	1963 年 9 月	高中	2009 年腊月至今

（三）乐兴社火会社火特点

乐兴社火特点显著：一是节目种类多，形式多样。只要不唱，为"哑巴戏"，例如《四红灯》、《丑女子绕花灯》、《三请诸葛》、《三战吕布》、《跑马》、《天官赐福》、《五女子降香》、《保皇嫂》、《黑虎搬山魈》等古典剧目。只有舞蹈，没有唱腔，称"哑巴戏"，还有舞狮、快板、秧歌、吹拉弹唱等夹杂其间，以娱乐群众为目的。

二是群众参与热情高，阵容强大。广大村民积极主动捐资、投劳、投车，自己购置道具、服装，群众热情参与，参演人员 65 人。上有 80 岁高龄老人，下有 13 岁儿童，每年从春节至二月二日逐队逐户上演 40 多场。

三是演出内容新颖，富有时代气息。乐兴社火会或赋予古典曲目以新的形式和内容，或编排新剧目、新舞蹈，主要是歌颂党的富民政策，宣传和谐社会，"反腐倡廉"及农村大变化。例如，《新红灯记》、《巧儿姑娘剪花窗》、《农民不交皇粮了》、《绣鞋垫都要办个合作社》、《大学生村官小马》、《黑娃的洋媳妇》等剧目反映了乐兴人民发家致富，走向新时代的心情。

四是自制道具，演出皮影戏。例如冬闲时村民刘自发、杨廷宽、樊震等人自制道具，刻制皮影，走乡串队，入窑洞演出皮影小戏《爷孙学文化》、《一个伤疤》等，受到广大群众的欢迎。

（四）办好乐兴社火会的打算

乐兴社火会对社火发展做了周密的规划。近年来，虽然年轻人学演社火的越来越少，但在逢年过节村子里的一些老一辈艺人还是坚持不懈地组织、编排、导演社火，并积极发动年轻人参加社火演出。他们计划培养年轻一代学习社火，传承乐兴社火的两大看家本事——"哑巴戏"和皮影戏，继续为群众带来快乐，活跃群众文化生活。

（吴怀仁　撰写）

天水市秦州区娘娘坝村黑社火会

（一）黑社火会简况

天水的社火民俗多姿多彩，堪称历代文化和民俗的博物馆。在天水，社火又称"秧歌"、"烟歌"。据史料记载，天水社火源于古代祭祀，明清时期已较为盛行。天水社火有黑社火、白社火之分，天水黑社火中尤以秦州区娘娘坝村的黑社火表演队最具规模，目前天水黑社火已被评为市级非物质文化遗产，目前正在积极申报省级非物质文化遗产。

娘娘坝村的黑社火在每年春节期间演出，主要集中在正月初三至正月十五，有时还会延长到农历二月二前。除此以外，在一些重要的传统节日或庙会期间，也有一些社火形式的表演，但一般时间不长、次数不多。其内容涉及社会各个阶层各个方面的生活，上到国家大事、政治经济军事，下到民俗风情、耕种劳作、婚丧嫁娶、家居琐事等。

经过多年的演变，娘娘坝村的黑社火现在已不仅仅局限于传统节日期间，已成为大小节日、新婚宴席、老人祝寿、小孩百岁等喜庆活动上的一道亮丽风景。甚至在田间地头或冬闲时节，喜好黑社火曲的人们围坐在一起，唱的风生水起，好不惬意！

娘娘坝村的黑社火唱腔包含民间的小曲、小调。其曲调的来源有两种：一是明清时期，由陕西来秦州经商、定居或逃荒的人带来的"眉户"戏与当地山歌结合在一起，形成了现在的"秧歌调"。二是来源于民间祭祀活动时庙会上由巫婆、法官唱的神曲。因神曲唱的大都是祝愿风调雨顺、国泰民安的内容，反映的是最广大人民的愿望，因此在民间广为传唱并流传了下来。娘娘坝黑社火主要由三部分组成：一是小调；二是"秧歌剧"，有人物、情节、道白、说唱，与小戏相似；三是独角戏，由一人用说快板的形式表演的极富节奏感的滑稽戏，或绕口令。演奏的器乐有三弦、板胡、二胡、笛子、四片瓦、馨碗等。

在2011年6月举行的第22届天水市伏羲文化旅游节上，秦州区娘娘坝黑社火演出队风趣幽默的表现形式、饱含乡土气息的表演风格，一经亮相即受到了观众的热捧，亦受到了市区领导的高度赞扬。中央电视台农经频道、甘肃电视台为他们录制了专题节目并进行了播放。

娘娘坝黑社火演出队现有人员50名，配有服装、道具、鼓司、乐器等，总价值3万元。社火经费主要来源于村民自筹、政府补贴和政企资助。

（二）黑社火会历任会长

代别	姓名	性别	传承方式	出生年月	文化程度	任职起止时间
第一代	范国礼	男	师传	不详	不详	1940—1950
第二代	何开俊	男	不详	1935	小学	1950—1956
第三代	钱炳君	男	师传	1933	小学	1978—1998
现任	高虎平	男	师传	1962	高中	1998—2012
现任	何有生	男	师传	1960	初中	1998—2012
现任	范小红	女	师传	1968	初中	1998—2012

（三）黑社火表演内容

娘娘坝镇的"黑社火"反映了明清以后各个社会历史阶段中政治、经济、文化等方面的内容，对后人了解社会民风民俗有一定的借鉴作用。黑社火来自于民间，创作于民间，流传于民间，是秦州百姓文化娱乐的一种形式，它是地地道道的民间传统文化，贴近生活，贴近实际，贴近群众的生活状态，是先进文化的组成部分。

神话、传说故事的演绎　多采用长期流传于民间的神话传说和传统戏曲中的历史故事。如《十二将》、《十二月花》等曲目反映了玉皇、菩萨、天女、龙王、阎罗的传说；《长坂坡》、《杨家将》等历史故事，听起来既熟悉又富有教育意义。

揭示自然规律　如《十枝花》、《十二月花》等，老百姓唱自己的歌，说身边的事，盼春暖花开，叹春去冬来，唱出了日子的酸甜苦辣，表达了心中的向往和追求。一曲唱罢，唱者听者都觉得心情格外舒畅。

男女情爱的展现　如《五更林英》、《孤雁捎书》等反映了妇女独守空房的孤寂和对亲人的思念。《绣荷包》中的男女之情更是溢于言表。而《对花》中的唱词"哥哥唱得好，妹妹对的巧；巧巧妙妙对呀对上了"则反映了恋爱中的男女青年以花比人的欢快心情。

伦理道德教育　如《王祥卧冰》、《五劝人心》等宣传孝道，规劝人除却贪欲之心，多行善事，在说唱中起到了潜移默化的教育作用。

表示祝福与祝愿 如《财神进宝》、《降吉祥》等表达了百姓希望无灾无难、平安度日的美好愿望。

（四）黑社火的艺术特点

方言土语的应用 唱词中有许多来自民间的方言土语，增添了唱词浓郁的乡土气息，听来让人倍感亲切。

夸张的剧情和夸张的唱词 如《下四川》中加进了较多的逗笑场面："一摸了个大核桃，双连车拉不动……双扇门进不下……三间房放不下……刺刀提上杀他家，一杀原来是个沙瓢瓜。"

唱词多用比兴的手法 以自然界的生物、动物比人，比心，比情。如《小桃红》中的"蜜蜂采了花儿心，却不知花儿疼不疼"暗喻小桃红春潮涌动的快乐与担忧。

曲调风格多样娘娘坝村的黑社火音调中既有西部的雄壮浑厚，又有江南的委婉柔情，优美动人，常用的有"尖尖花"、"东调"、"西调"、"越调"、"采花"、"新四月花"、"五更鸟"、"岗调"等十几种，且每一个村的曲

娘娘坝村黑社火表演队队员合影/吴凯飞 提供

调各不相同。由于历代民间艺人以口传心授的方式进行传授，即使是同一个腔调，唱词、唱法都有不同，随意性很强，因此形成了天水黑社火多种多样的曲调风格。

（五）黑社火演出队的表演特点

娘娘坝黑社火表演时先要敬神，再"打场"。"打场"时一般要用舞龙或武术表演"打场"。之后"引场"开始，在锣鼓点和唢呐先缓后急的伴奏中，由数十名男角（俗称"男身子"）、女角（"女身子"）组成秧歌队。女队浓妆艳抹，头戴"额子"，身着花衣彩裙，左手端蜡花灯（也称"莲花盆"），右手拿彩扇，在"高腰伞"的带

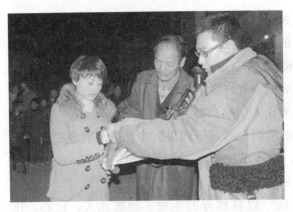

高虎平接受天水电视台记者采访/吴凯飞 提供

领下，"扭"出各种队形，如"大摆队"、"白马分鬃"等。秧歌队"引"到快结束时，男女两队合为一队，男女间隔，形成一个大圈，持"高腰伞"者首先进场演唱"对口曲"。之后，一男一女为一组，分别女的围着他舞。内容进场中心演唱。演唱"对口曲"时是男的唱，大多是现编现唱，即兴发挥。秧歌队"引场"之后，开始各种小调（曲）、对唱、小剧表演。语言类节目演唱后是"踩仙鹤"、"跑旱船"等表演，其中还有大头娃娃插科打诨，使表演显得更加妙趣横生。社火的压轴戏一般是狮子舞表演。

表演时间以晚上为主。娘娘坝黑社火演出队表演时间以夜晚为主。在谁家演出，傍晚时分便由主人在自家院子里点燃一堆火，然后再放烟花鞭炮，以迎接社火队的到来。近年来，随着黑社火演出队演出次数的增多，其表演形式已不拘时间、地点。

表演形式多样。娘娘坝黑社火演出队表演形式以唱为主，又兼各种划旱船、舞狮、舞龙等表演。

群众基础深厚。娘娘坝黑社火演出队表演规模大，气氛热烈，场面热闹。村民们自制服装和道具，参与社火表演的热情非常高，且近年来有愈来愈多的妇女参与演出。

富有时代气息。娘娘坝黑社火演出队在传承传统曲目的同时，又紧扣时代主题，在社火曲中增加了歌颂党的好政策、宣传计划生育等新内容。

（六）黑社火会今后的打算

高虎平是天水娘娘坝村黑社火的会长，谈及社火会今后的打算，他颇为兴奋："今后，我们将在节目的排练上更精益求精，在人员的培训上更加严格。在保留传统曲目精华的基础上还要融入更多的新时代有创意的新节目、新内容。目前，天水黑社火已成功申报市级非物质文化遗产，7人成为天水黑社火市级非物质文化遗产传承人，这些都对天水黑社火的传承保护起到了积极作用。让天水黑社火走出天水、走出甘肃，是我们的心愿，更是我们一直在努力做的事。"

（吴凯飞 采写）

关陇地区社火传承人

陇州高垅村社火传承人闫永强

闫永强是陇县城关镇高垅村九队人，生于 1945 年，初中肄业。他是陇州十大艺人之一，在"2011 年陇县社火脸谱大赛"中荣获第一名。他爱好绘画，对社火脸谱彩绘有着特殊的情感，从小就拜师郭新海、郭新民学习社火表演。经历几十年的风雨磨砺，他已经成为高垅村新一届社火领头人。在他的带动下，高垅村社火不仅得到继承和发展，并在陇县、陕西乃至全国产生了一定的影响。

闫永强从小就喜欢绘画，正是由于对绘画的钟爱，才使他对社火脸谱有了一分别样的情愫。由于条件的限制，他没有办法学习专业绘画，每当村子里唱大戏和演社火的时候，他就认真地观看演员们脸上的脸谱，回家后凭着记忆慢慢地练习。后来，他跟着师傅郭新海学习社火脸谱。开始由于不知道颜料如何分配，他就在郭新海的指导下画。经过师傅仔细、耐心的指导，再加上他的绘画天赋，他最终成为脸谱能手，成为村上画脸谱画得最好的人。以后每年的社火脸谱就由他一人来画了，这一画就是几十年。

闫永强是一个善于学习和创新的民间能人，他最为擅长绘制社火疙瘩脸谱。在跟随师傅学习传统社火的同时，他不断地吸收邻村社火经验，经过自己的反复摸索，和师傅一起将疙瘩脸谱进一步发展，使高垅疙瘩脸社火成为社火大军中最亮丽的风景线。这种疙瘩脸谱，是先在演员脸上画好脸谱，再在蛋壳上画好脸谱，燃后用蜂蜜和蛋清调好的糊糊将蛋壳粘在演员脸上。闫永强不断地完善疙瘩脸谱，他将原来的小蛋壳放大放长，增加了脸谱的立体感，以前社火疙瘩脸谱最多能放置四五个蛋壳，经过他反复试验，现在能贴8个蛋壳，从而使社火疙瘩脸更为明显更为突出。这也是后世模仿者所不能及的。

闫永强生活照/赵德利 摄

令闫永强最难忘的是"文化大革命"之后的那场社火汇演了。虽然"文化大革命"的爆发，社火会停止了表演，他也失去了表演的机会，但他还是跟着师傅学习社火调调、社火动作和社火表演方面的功底。同时他还不忘自己最爱的绘画，利用闲暇时间练习画社火脸谱。"文化大革命"后，在村大队领导的支持下，他和师傅们筹建、组办起了已经停办了10年之久的高垅社火会，开始在本村和周边地区演出。

闫永强化妆的疙瘩脸谱/赵德利 摄

那年，他们从腊月就开始排练社火，之后就迫不及待地在本村游演，一演就是好几天。就这还不能平复他们内心的激动，他们又在温水、坝关口、王家庄等周围的村子游演。晚上顾不上回家，就住在外庄。就这样他们不分昼夜地演了十几天。所到之处，受到人们的热烈欢迎，家家户户拿出自家最好的食品来招待他们。游演的队伍后面总是跟着一大群的观众。正月十五的时候他们去参加县上的社火汇演。那日，他们前一天晚上不睡觉，在郭新海的家里开始装社火，等到每一个社火演员都装扮好了，大概已是早上三四点了。他们顾不上吃饭就步行去县城，到了县城稍作休息，八点开始参加汇演，一直表演到下午三点，所有的人都累得精疲力尽了，但观众们还是叫好声不断，围着他们期待再一次的表演。这一年的社火表演在闫永强的心里留下了深刻的印象，从此他和师傅们一样，为耍好社火而不懈努力，付出了青春热血，钟爱社火一生一世！

闫永强跟随师傅学成并发展了高堎村社火，他们村的社火队员现在基本上都是他和张文新、王晓燕所教授的。从高堎村一队到九队都有他的徒弟，像闫建志等都是他的得意门徒。可是由于社火没有经济收益，徒弟们纷纷外出打工，不太热衷于社火，这使他万分忧虑。如今，他希望有更多的年轻人能参加到民间社火中来，使社火这一民间艺术能够永久地传承下去。同时，他更希望政府能够重视社火，使这一历史悠久的民间艺术在高堎村代代相传，永不衰竭。

（卢永婷 撰写）

陇州北坡村社火传承人杨生林

杨生林，1926 年生，陕西陇州人。背社火艺术传承人，中药药剂师，村防疫员。自小喜欢民间文化，一生献身于社火艺术。老人画脸谱已有 50 年的时间，自己开着中医药店，住在自家盖的三层楼房里，虽然已经 86 岁高龄，依然精神矍铄，十分健谈，说到社火，更是滔滔不绝，兴奋不已。

杨生林的童年既不幸又充满乐趣。母亲在其三岁时去世，无人照顾，由其外公抚养，8 岁时父亲娶继母，遂回家随父亲生活。其时在陇县药王洞小学读书，12 岁因家境贫困，无地可种，便辍学回家给人放牛。当时全家只靠父亲木匠手艺养活，生活艰难。

他从小就喜爱社火，起初只在社火队尾凑凑热闹，10 岁左右便开始参加社火游演。从此，他对社火入了迷，只要村里装社火，他的身影就会出现在装社火处。15 岁娶妻，16 岁迫于生计，经人介绍到永顺德药店当抓药伙计3年，19岁转到德盛源杂货铺打杂。在这期间，他仍然迷恋社火，参加社火表演。抗战爆发后，军队到处抓壮丁，男人们为了躲避被抓，社火便停歇了几年。新中国成立初期，杨生

杨生林/赵米振 摄

林本想重新组织社火表演，然而，当时政府并不鼓励旧的民间文化形式，迫于压力，加之身染重病，一度病危，只能在家养病，社火表演持续停歇。

1950年，陇县土改，杨生林家分得四亩地，从此他便老老实实务农。1952年，杨生林27岁，过年时节迷恋赌博，遭到父亲阻止。睿智的父亲为他重新觅回人生乐途，在父亲的支持帮助下，他组织社火队游演，社火成了村里春节期间最受欢迎的娱乐形式，村风也逐渐好转。由于经济原因，当时没有像样的社火道具、服装和颜料，社火更多的是民间的游戏娱乐形式。社火化妆也主要以净脸为主，服装比较破烂。此时，杨生林开始参与社火脸谱的绘制（俗称打脸子）。说起他的拜师学艺，他回想说："老艺人叫文贵，画脸谱好得很，我请他来画，我就跟着画。一画就画了一辈子！"

1955年，杨生林担任农业初级社会计，1956年，农业合作社、人民公社成立，继续担任会计，其间几乎每年组织社火表演。1966年"文化大革命"爆发，被视做四旧的社火文艺被禁止，同时，他因好读书和专长画脸子而遭到批斗。1970年，经过培训，他成了正式的中药药剂师，村防疫员。直至1977年，社火表演仍然受到禁止，很多社火道具除村民私下保留的脸谱和锣鼓外，其余均被毁。1978年改革开放后，老戏曲、社火等娱乐活动的限制政策被放宽，杨生林组织人私下里装社火，但社火道具仍然简单、社火身子少。21世纪以来，随着非物质文化遗产广受重视，不少省市邀请社火会前去表

演，村里便增添了不少道具、服装、锣鼓等社火必需品。但由于资金短缺，人工表演费（主要是背社火的人力）增高等多种原因，背社火的人力愈来愈少，社火表演相对减少。尤其遗憾的是，老人制作社火脸谱的手艺到目前还无人继承。

杨生林专长绘制社火脸谱。在社火会里，他主要担任打脸子工作。可别小看这社火脸谱的化妆，它是社火表演的精华所在，社火会制胜的法宝！一个优秀的社火会，一定要有一个出色的脸谱绘制艺人。在他的精心描画下，一个个栩栩如生的人物形象才能站立起来，在这个基础上，加上社火演员的表演，民众才会为之欢呼，向其捐助。

北坡村背社火（当地人俗称"挈社火"）堪称国内一绝，据杨生林老人介绍，早在清朝时期，北坡村就有背社火的表演形式。当时村上扮演的社火很简单，一条缆绳下面拴个女娃娃，穿个衫子或是黑、红颜色的道袍，女娃娃把头一梳，别点花就算扮成，没有头帽，即便是有也很简单，由人扛着表演。背社火表演的独创处是把大人背小孩这一生活习俗演变为民间表演艺术形式，保留了古朴稚拙的民俗风格。背社火扮演的多为戏剧内容，如《白蛇传说》、《李彦贵卖水》等。早年扮演的角色只有文身，没有武身。现在的社火全面多样，不仅有文身，也有武身，化妆也不像从前那样是淡妆，而是浓妆。这样一来，脸谱及其服装化妆就非常重要了。

在杨生林的家里有他几十年来描绘的脸谱样稿四本上百幅。每一幅脸谱，都是一个戏剧人物造型，都包含着杨生林对这个戏剧人物的理解和热爱。质朴稚拙的色彩造型，虽不像戏剧彩照那样鲜丽可人，但是，每一笔画都饱含着这位86岁老人对社火、对秦腔戏剧及其人物的喜爱和执著。当他翻开一页页脸谱草稿，述说着当年绘制脸谱时的构想和创造时，他那微微颤抖的胡须和充满喜悦的表情，都向我们展示着他内心深蕴的社火情结。86岁老人的社火情结，那是火一样的热情，那是神一样的圣洁，更如仙女一般的美丽！它是老人一生心血酿造生成的挚爱！

（白志勇、张宝仁 撰稿）

驱邪扶正　惩恶扬善
——宝鸡赤沙镇血社火传承人吴福来

陕西省宝鸡市陈仓区，原名宝鸡县（2003 年 5 月 26 日撤县设区），位于美丽富饶的关中平原西端，南依秦岭，与太白凤县毗邻，北靠陇山余脉与千阳、陇县、凤翔县接壤，西沿渭河与甘肃省天水市北道区、清水县隔河相望。东与岐山县连接，三面环围宝鸡市金台、渭滨两区。东西长约 119.49 千米，南北宽约 67.78 千米，总面积约 2489.49 平方千米。区政府驻地虢镇，城区规划面积约 27.25 平方千米。西距宝鸡市区 22 千米，东距省城西安 147 千米。所辖 18 个镇，372 个行政村，22250 个村民小组，总人口 59.2 万人。

赤沙镇位于陈仓区西部山区，全镇 1.3 万人。三寺村距离镇上 4.5 千米，是一个地道的山沟小村。全村人口不到 1000。有一个行政村，五个自然村。三四条山沟把不大的村子割裂得有些支离破碎。整个村子坐落在地势稍微平坦的半山坡上。三寺村以吴、任、付三大姓氏居多。吴姓算是一大血脉。据说，因清代此地有三个寺院，所以叫三寺村。这三寺，与赤沙的另外六寺以及三庵合称为"赤沙九寺三庵"，是香火旺盛的祭祀场所。当地人俗称的"快活"就诞生在这个比较偏僻、相对落后的山村里。

血社火又名"扎快活"、"扎社火"。所谓扎就是将斧头、剪刀、铡刀等凶器在化装时扎入扮演恶绅者的头部、面部及腹腔之中，呈现出鲜血淋淋、森煞恐怖的样子。这一社火扮相充分表达了劳动人民疾恶如仇、爱憎分明的思想情感，是一种集杂技幻术、民间戏剧等为一体的民间社火艺术表演形式。

三寺村血社火故事表现主要以《水浒传》（武松醉打蒋门神）等系列人物为主，化装师利用幻术、魔术技法和动物的血、肠进行造型，通过刀劈斧砍、剑刺凳扎及铡刀铡额、利剑穿腹的手法，表现出血腥的杀人场面，表达了善有善报、恶有恶报，坏人没有好下场的道德观念。

血社火游演时过去以骑马人抬为交通工具，现代社会利用拖拉机、农用车代步，后面有锣鼓队，分前六套、后四套不等。过去只在村内庙会游演，后被邀请到赤沙镇街道演出。

血社火由赤沙镇吴氏家族创立于清道光十八年。相传当年有一河南籍铁匠路过三寺村，因重病被先祖吴穷汉收留治病。来年病愈后为了报答吴家，将血社火的装演秘诀及技法相传授，并帮助打造了所需铁器道具，遂成为吴姓家族的传世艺业。每逢当地正月十三盛大古会都要装演。现在，血社火已成为宝鸡社火原生态特技保留下来。

三寺村血社火是家族式传承方式，而在本家庭内还有只传儿子媳妇，不传女儿等规矩，因此化装造型技艺十分独特，也非常保密。直到现在，无论是国家、省、市、区文化部门前去采访，均不准进入化装室观看和拍照，属于地道的家族传承的民间艺术。

赤沙镇三寺村血社火会传承谱系为：第八代传承人吴永茂，生卒不详，师传；第九代吴杰生于1919年，小学文化，师传其父，已于1999年去世；第十代传承人吴福来，出生于1962年，小学文化，师传其父；吴文龙，出生于1985年，高中文化，师传其父，2000年开始学艺，现在已成为三寺村血社火会最年轻的第十一代传承人。

三寺村血社火会现任会长吴富来，1962年4月17日生于陈仓区赤沙镇五组，现年48岁，世代居住在宝鸡市陈仓区赤沙镇三寺村。小学文化程度，农民，是三寺村血社火第十代传人，系陕西省非物质文化遗产项目陈仓区血社火传承人。

自1978年起，吴福来即跟随父亲学习血社火装扮手艺。那时，"文化大革命"刚结束，新文艺政策开始执行，传统的戏曲、社火、秧歌被重新搬上舞台和表演场地，走向人民群众中间。血社火作为一个传承久远的项目，在荒芜了十年之后重新游演，带给人们的不只是新奇，还有一分神秘感。其父亲吴杰是血社火的第五代传承人，悉心保存了社火装饰的道具、器物和服饰以及装扮的技艺和要领。吴福来16岁时，即对这一门民间艺术产生了浓厚的兴趣。跟随父亲学习血社火的全套装扮技艺。每年正月，不论是在本地还是在外地游演，小福来都跟随父亲左右，帮其打杂，跑腿，有时也装身子（即表演），慢慢地就更加喜欢这一古老的民间艺术了。

吴福来感受到，血社火的特技表演，呈现给人们的不仅仅是恐怖、神秘、快乐，更重要的是充分体现了劳动人民除暴安良、惩恶扬善、生活幸福、祈求平安的美好愿望。自己只有不断传承和保护，使其不至失传，才可以造福民众，惠及乡邻。所以就更加刻苦地跟随父亲学习，在每年的血社火装扮和演出前，从人员的选择，情节的布设，器物的调配，工具的使用，颜料的调和，化装的技法，仪式的安排，禁忌的遵守，口诀的练习，服装的穿着等方面，他都用心认真去做，精心准备。特别是对镰刀、斧头、镢头、铡刀、剪子、锥子、菜刀、木屐、砖头、透心剑、板凳、杀猪刀、锄头等道具的使用方法和要领都铭记于心，用时一丝不苟，从不马虎。经过几年的努力，他基本掌握了全部要领，可以帮助父亲参与血社火的装扮游演了。2001年，作为第五代传承人的父亲吴杰因病去世，根据约定俗成的规矩，吴福来就成为血社火的唯一传承人，承担起血社火传承、装饰、游演的工作任务。

近年来，国家政策越来越好，对非物质文化遗产给予了最大的关心和支持。2008 年血社火被申报为首批陕西省非物质文化遗产项目，得到了省、市、区各级领导的高度重视，也给予吴福来一定的经济补助，这使他感到肩头担有一份责任。同时，乡镇村组领导给予了大力支持和爱护，经常联系让其外出游演，组织相应的活动，这既丰富了人民群众的文化生活，又为精神文明建设出了一分力。吴福来精心选择了第七代传承人吴文龙和吴艳林，并严格要求，加强培养，以师父带徒弟的方式，传承要领，提要钩玄，手把手地教给他们该做什么，不该做什么。每次游演，都要求他们必须参加，要求注意每一个细节，每一个环节，从细微处全面领会血社火的精粹和内涵。目前这两个小徒弟，态度端正，学习认真，兴趣浓厚，有望在不久的将来挑起血社火传承的重担，把这一传统文化发扬光大。

据不完全统计，十年来，三寺村血社火在赤沙、香泉、通洞、坪头等附近乡镇和虢镇、钓鱼台、天王、宝鸡、杨凌、洛阳等地游演20 多场。所到之处，万人空巷；街谈巷议，影响深远。路透社、中央电视台以及陕西电视台等省市电视台，报纸等新闻媒体对其加以宣传报道，血社火已成为宝鸡社火一个稀有的民间艺术奇葩。

回顾血社火的发展历程，吴福来十分感慨：宝鸡社火这一民间传统文化艺术，近年来为国家和本省、市、区赢得了那么多的荣誉，国家又对我们这些民间艺人如此重视、保护和关爱，决心要在今后的传承保护工作中更加尽心尽责，不断创新和研究探索，发扬敢打敢拼的精神，力争再出新品和精品，并努力做好接班人的传承教育工作，使祖先流传下来的民间艺术绝活能够得到永久传承和保护，为非物质文化遗产再放异彩而努力奋斗，做出更大的贡献。

吴福来/秦锐　提供

（秦锐　撰稿）

陈仓区曹家沟村社火传承人曹三信

美丽富饶的宝鸡市陈仓区，自古就流传着一种十分神奇的民间艺术——曹家沟村马社火。从古传承至今，形成了每年春节正月初一到十五，村与村、社与社为祭祀炎帝和社神的民间习俗活动。在祭神活动的基础上，民间艺人又不断借鉴戏曲、音乐、舞蹈、美术等，将其发展和完善，形成了一种以人为主体，具有特定的脸谱、服装和社火把杖的流动造型艺术，使其成为集民间音乐、舞蹈、戏曲、武术、杂技、美术、工艺为一体的综合艺术。

（一）曹家沟村社火会及传承人

宝鸡市陈仓区天王镇曹家沟村社火第一代传承人曹兴帮、第二代传承人曹凤两位先人已作古多年，有关出生去世时间不详。第三代传承人曹三信、第四代曹彦云是在跟随师辈几十年学习和研究磨炼中不断发展、提高的，他们将宝鸡社火这一流传千古的民间艺术传承至今。

曹三信，1932 年 4 月出生于陈仓区天王镇曹家沟村，1941 年至

1946 年在天王村小学上学。他自幼喜欢绘画，热爱民间艺术，擅长中医。他利用自己家里办的中医医疗诊所和第四代传承人曹彦云一起，组织村上的社火民间艺人，常年传习陈仓社火，每年组织社火队伍在村上和临村的古庙会上演出，多次被陈仓区选调到县城虢镇参加正月十五庆元宵大型社火会演活动。曹家沟村的社火队伍以人物造型优美，脸谱化妆线条细腻，故事装扮奇巧独特而名声远扬，被人们所津津乐道。

新中国成立前曹家沟社火会有三个自然村，社火有三个分会，分别为东会、南会、北会。第二代传承人曹兴帮是社火会（三个会）总谋师。在每年的社火妆扮时由他给三会分故事，然后各自妆扮，这样既避免了重复，又可分散节省开资。外出游演时，三会合一，集为一体，统一以曹家沟村马社火会名义游演各村。

天王镇曹家沟村马社火会，从新中国成立前至今，一直擅长装演马社火。由于本村靠近秦岭坡下，渭河南岸，过去家境稍为殷实一点的农户都要喂养大牲口骡马。曹三信及师傅们利用这一优势，经常在正月调动全村各户，主动牵来大牲口为装演社火服务，以求人畜平安、大吉大利。

曹三信老人在本村由于辈份较高，就连如今 60 多岁的画脸师曹彦云也要叫其爷呢，所以在村上威信很高，不但被大伙推选为曹家沟马社火会的会长，还担任总谋师（策划）。每年在村上的社火妆扮前，要召集社火会成员，由谋师（策划）根据自身实力安排社火内容及转数，再由专门化妆师曹彦云逐个画脸，要求男角威风森煞，旦角清秀鲜亮，讲究的是干净优雅。然后穿上各类社火人物造型的古装，或骑马或坐车，或上芯子绑扎，按故事情节少则三人，多则五至六人为一转社火故事排列，前面有探马开道，后边是炮队，有牛儿炮、礼炮等，紧跟几十面彩旗鼓乐队，然后是社火列队而行，最后面是声势浩大的百面锣鼓队。形式撼天震地，气势恢宏，观者蜂拥，人流如潮。陈仓区每年正月十五都要组织各镇村社火进城游演，这一传统持续几百年久盛不衰。近年来还经常被聘请赴宝鸡市、外县区以及炎帝陵进行祭祖等大型活动游演。

每年正月初一至十五，为社火活动的最佳期。他时常组装社火，在本村及左邻右舍赶庙会期间游演，或应邀为唱大戏助兴游演，素有几天大戏就有几天社火之讲究。近年来，为了活跃春节期间的城乡文化生活，曹家沟社火连续被区文化局组织在县城游演，也曾应邀去岐山、眉县等大型企业庆典助兴。曹三信等社火绘画脸班子除为本村服务外，还时常被邀请到岐、凤、宝三县等地指导组装社火，绘画脸谱，成为远近闻名的"社火艺人"。

（二）脸谱化妆当地一绝

曹家沟马社火的画脸技法在当地实为一绝。曹三信和曹彦云（小名蛮儿）继承了师傅曹兴帮、曹凤的绝技，画脸时根据天气温度高低，调配颜料和搭配熬制蜂蜜水的浓度。用蜂蜜作底，既能保养皮肤，又能消除铅粉等化工颜料的毒蚀作用，而且画出来的脸谱光泽鲜亮，汗洗雨淋从不掉色，也不印染。曹彦云因此也经常被邻村外乡邀请去画脸。他画出来的人物脸谱线条细腻，形象逼真，颇受行家及观众的赞许。

曹三信、曹彦云的社火画脸步骤十分繁杂，要先选好特型演员，然后根据人物需要，一是用粉白打底（打初粉），二是用黑色彩墨子（打墨），三是镗土（打浮粉），四是启粉笔（打轮廓），五是填色（装色），六是开眉笔（分格线）。还要分正窍和反窍画法。反窍是将正面人物反面化，用麻纸粘上蛋壳然后装色，实为绝技。

花脸是社火脸谱中数量最大，表现力最为强烈的脸谱。花脸脸谱集中了民间社火艺人们数百年的创作心血和逐步完善的艺术智慧，是一大群民间艺术家艺术才华的结晶，深为广大百姓所喜爱。

花脸有对脸、破脸、悬脸、碎脸、转脸等。对脸是指脸上图纹色块对称，眼眉脸形对称，用以表现忠勇正直之人。破脸即不对称的脸形，表现刚强凶猛。悬脸是指用特殊技法突出脸部主要特征，作凸起处理，面露凶顽暴恶，给眼部、眉头、额上彩绘之后将做成怪诞之物的鸡蛋壳镶嵌上去，极显凶狠。碎脸是用于性格凶猛、心计颇多之人。转脸是指一脸可供多人移用之脸。主要部位画法不变，局部做些变化，即可使某一故事人物变为另一故事人物。定脸是指特定人之脸谱，其图案、纹饰、色彩均有一定的程式，不可变异。

曹三信、曹彦云画脸，还有一大创造，就是在特定的人物脸形上，依照传统粉本为蓝图，大胆创新，在不违背基本色调纹饰的前提下，采用以线定形，以形贴金，兼用他色，细心描绘。同时制作定形鸡蛋壳经彩绘后粘贴于脸部一定位置，增加色彩的对比度，使其鲜艳强烈。他们画的脸谱线条流畅，纹饰刚劲，脸形立体感与张扬力极强，使人物性格更加突出，面目愈显狰狞，人物尤见威猛，给人以强烈的震撼力。此法被当地民间艺人广泛传用，也成为曹家沟社火的一大亮点和最大特色。

因有社火画脸子的绝技，曹三信、曹彦云早在新中国成立前后就成了宝鸡地区社火装扮化妆的名人和大师，多年来经常被陈仓区渭河两岸的虢镇、天王地区，临县凤翔和岐山的蔡家坡、五丈原一带社火会聘请前去化妆和传授技艺。曹彦云现在已经收集、整理出了上百幅民间社火各类人物脸谱图案，另外还整理出了各种社火人物造型、故事内容、所持兵器把杖和图案解释等十分珍贵的资料。

（三）注重传承，自制道具

改革开放后，曹三信、曹彦云等人积极组织并培养了一代年轻爱好者，利用春节前后农闲季节，组装社火，走村串乡，进城游演。利用这一古老的民间艺术，欢庆盛事，传承文明。

年逾七旬的曹三信，文化底蕴较深，精通历史、神话故事，擅长社火故事的整体谋划，让曹家沟社火在宝鸡地区成为一枝独秀的民间艺术奇葩。为了不使曹家沟社火这一传统艺术失传断代，从 1992 年开始，他就培养曹小军、刘曹录、曹小兵、曹红强、曹志明、曹宝强六人，给他们讲述社火人物故事、脸谱技法。目前这些徒弟们都能独当一面。

曹家沟马社火从装扮到游演，都有一套十分繁杂的工序和过程，并有相当多的服饰、道具、枪棒把子。由于装演故事大多是古装历史剧和古典名著中的马背特型人物，如《三英战吕布》、《关公保皇嫂》、《封神榜》等马社火造型，服装头帽、把杖武器全部是以古戏剧形式出现的，所以投资大，价格昂贵。经济实力好的村社由在外商贾捐助，全村各户集资购置服装。曹三信回忆说：随着社会的发展，农业机械化的实现，拖拉机、小型农用车逐渐代替了大牲口骡马。为了节省资金，也逼出了一些民间艺术能人，自己学会了制作社火头帽、凤冠、刀、枪、剑、戟等用品。天王村近年来自制的头帽就多达40多顶，把子器具多达100多种。最具特色的有关云长扛的青龙偃月刀、姜子牙拿的打神鞭等，其上不但镶嵌着水银镜片，还有明光闪闪、珠露晶晶的饰物相配，而且已将过去的木柄把杖换成了现代社会常用的铝、铜管和不锈钢管，更显豪华气派、威风凛凛。

特别是1979年因村上舞台失火将服装道具付之一炬后，曹三信、曹彦云配合村上发动村民和在外干部职工多方募捐集资，购置服装，自制小件道具刀枪把杖，恢复了社火箱底，一直坚持装演并延续至今。

（四）对社火艺术的展望

说到社火艺术保护和传承，曹三信颇为感叹。近年来政府和上级文化部门对非物质文化遗产项目的保护非常重视，"宝鸡社火"普查与保护工作取得了阶段性成果，这对于挖掘和传承陈仓悠久的历史文化和优秀的民间艺术资源，提升宝鸡的知名度和对外影响力，建设和谐奋进的新陈仓都具有十分重要的现实意义。但同时也存在一些问题。一是因受经费、设备、人员的制约，许多项目得不到及时挖掘、整理和有效的保护，部分已失传或濒临失传。二是"宝鸡社火"还没有国家级保护传承人。三是没有充足的经费支持，还没有成立民间社火研究会，使民间流传久远的"山社火"、"刀山会"等非物质文化遗产项目不能得到有效传承和保护，目前面临着失传的困境。四是没有建立起民间社火艺术展厅。

面对以上诸多问题和困难，曹三信虽已是年近八旬的老人，但他身体还很健朗，他说自己现在经济情况还可以，在有生之年，愿意将省级传承人的每年4000元补贴经费拿出一部分作为宝鸡社火传承保护工作的活动经费，并要补贴家里经济比较困难的化妆师曹彦云，帮其尽快收集、整理社火装扮人物造型图谱和社火人物化妆脸谱图谱，培养和教习年轻传承弟子和学徒，以使社火传承后继有人，永久持续下去。他愿为使宝鸡社火这一民间艺术和非物质文化遗产项目得到有效传承与保护，使之光彩夺目，争色添光，取得更大的发展而不懈努力。这才是他的最大心愿。

（秦锐、李香娥　撰稿）

庆阳寨子社火传承人胡礕峰

（一）传承人胡礕峰简况

胡碧峰是庆阳市西峰区寨子乡寨子村人，生于1953年，中师毕业，现担任寨子村文化专干。早在上学期间，他就改编了庆阳民歌《扬燕麦》，在学校引起了轰动。1973年，他再次将"扬燕麦调"加工整理，借鉴老成村传统社火高亭上塑造的七仙女之"云朵子"造型，结合本村传统社火"地游子"的表演形式，创编了社火舞蹈《荷花舞》，被甘肃省首批非物质文化遗产名录列为荷花舞传承人。改革开放以来，他会同本村胡庆斋、郑希、曹习文、张希载、张永寿、秦振华等人筹建、组办了寨子社火会，并在西峰周边地区演出。在他的努力下寨子社火得以继承和发展，在甘肃乃至国内外产生了一定的影响。

（二）胡礕峰拜师学艺的原因和过程

胡碧峰自幼喜爱文艺，精通民间音乐、歌舞、社火、绘画等艺术形式。他从小就跟从村里吹唢呐、唱民歌、演社火的老艺人付文虎、马成踪和父亲胡延龄等人学习器乐、歌舞、社火表演。新中国成立初期，同村人付文虎的"扬燕麦调"唱得婉转动听、凄美豪放，他听了这首民歌后，

胡礕峰生活照

经常思忖得夜不能寐。因此就跟着付文虎，缠着让他教扬燕麦调。由于歌词里面含有爱情词句，付文虎不教给他，说小娃娃不宜听酸曲，教你唱其他的。就这样，付文虎一天给他唱一首民歌，他就一天学习一首。付文虎发现他天资聪颖，对民歌有着无限的喜好和少见的天赋，就把他能够唱的民歌全部教给了胡碧峰。同时，他对父亲胡延龄

荷花舞剧照

的社火表演也产生了浓厚的兴趣，跟着父亲胡延龄等人学习社火表演。后来，到他自己可以独立表演的时候，他将父亲的社火表演和高亭上的"云朵子"造型和"地游子"的舞蹈动作结合起来，并配以反复加工整理的"扬燕麦调"音乐，创作出轰动国内外文艺界的荷花舞，在国内外文艺舞台上演出。

（三）胡碧峰最擅长的荷花舞

胡碧峰喜爱文艺，擅长曲艺、舞蹈、表演和编导，能够演出寨子的所有社火类型。包括荷花舞、眉户戏、丑角、快板、春官词、柳木拐子（高跷）、六盘龙（龙灯舞）、关公降福、跑旱船等，但其最擅长的是荷花舞。《荷花舞》是胡碧峰结合父亲的社火表演，将庆阳民歌《扬燕麦》经过多次加工整理，借鉴老成村传统社火高亭上塑造的七仙女之"云朵子"造型，结合本村传统社火"地游子"的表演形式，创编而成的。他组织该村社火会演出社火舞蹈《荷花舞》。胡碧峰创编并导演的荷花舞以轻脚踏地的独特舞步，慢步游移地小连步动作，使寨子社火演红陇原，传遍中国，走出中国，受到了海内外的赞誉。

（四）胡碧峰对社火传承的展望

胡碧峰不仅跟随师傅学成并发展了寨子社火，而且有效地传承和大力发展了寨子社火。他和师妹郑拴香擅长舞蹈，在荷花舞表演舞台上犹如游移在湖中的荷花仙子，飘逸洒脱，舞步轻盈，深受观众喜爱，被甘肃省首批非物质文化遗产名录列为荷花舞传承人。他的许多门生在他的教导下能拉会唱，擅长器乐表演，现已成为寨子社火表演的佼佼者。如今，经过胡碧峰等人的不懈努力，寨子乡男女老少皆能表演荷花舞，而且，荷花舞和胡碧峰的名字已经刻印在陇东乃至全国民间文艺史上，胡碧峰从小的文艺梦想正在一步一步地实现。

（徐治堂　撰写）

镇原县枣林社火传承人李建军

镇原县位于甘肃省庆阳市西南部，东临庆城县、西峰区，西接宁夏自治区彭阳县，南界平凉市泾川县、崆峒区，北靠环县。镇原县社火在庆阳地区颇具代表性。太平镇枣林社火会以亲族筹建、组织、表演社火并世代传承，在镇原县乃至庆阳地区产生了一定的影响。

（一）传承人李建军简况

李建军是太平镇枣林村西头组人，生于1948年，高小毕业。他从8岁开始跟师傅李自仁学习社火表演。虽然由于"文化大革命"爆发，社火会停止表演，他失去了社火表演的机会，但还是跟师傅学习眉户唱腔、社火动作等基本功。改革开放以后，他自己筹建、组办起已经停办了10年之久的枣林社火会，并在本村和周边地区演出。在他的努力下枣林社火得以继承和发展，并在镇原县乃至庆阳地区产生了一定的影响。

（二）李建军拜师学艺的原因和过程

李建军所在村枣林有四个组全部为李氏亲族，他的爷爷和父亲都是该村有名的社火头子，所以他是伴随着"耍"社火长大的。李建军很小就学会了一些眉户戏的唱法和社火表演动作，后来跟随师傅、堂哥李自仁学习社火。经过师傅一词一腔、一招一式地传授，他掌握了当时该村流传的所有社火表演节目。

李建军是一个善于学习和思考的民间艺人。在跟随师傅学习社火的同时，他不断吸收邻村社火经验，经过自己的反复摸索，成为一名优秀的社火表演者。在11岁时，李建军跟着师傅和全村200多人在镇原县参加社火汇演，他们从腊月初八开始排练社火，然后在本村和邻村走庄串户演出。正月十五参加县上汇演，那日他们凌晨三点骑着自行车出发，早晨七点到达县城，稍作休息，化装后，八点开始参加汇演，一直表演到下午五点，演员都累得喘不过气了，但观众还是围了个水泄不通，叫好声连连不断。他们分批轮流演出、休息，一直到晚上七点才收拾了社火匣子。

枣林社火的火爆场面在大街上一时纷纷扬扬地传播起来，甚至传到了县领导的耳朵里。就在他们吃晚饭时，县里工作人员跑来通知说县长要来看社火表演，于是他们急匆匆地吃了晚饭，八点又开始了新的演出。就这样，他们在镇原县城演出了整整三天！这之后，他们又受邀到其他乡镇进行示范演出，一直演出到二月初才回家。这次演出回来后，师傅李自仁把所有的奖品和烟酒等接待用品都换成了现金，购置了许多社火道具。这件事在李建军的心里留下了非常深刻的印象，从此他和他师傅一样，对社火痴迷和钟爱了大半生，并为之付出了不懈的努力，倾注了大量的心血。他在"文化大革命"期间因表演社火被认为是封建主义思想的残留者而被拘留面壁三天，还受过批斗。

（三）李建军最擅长的眉户戏、柳木拐子、六盘龙

李建军是枣林最擅长社火表演的民间艺人，他能演出该村所有的社火类型，包括眉户戏、秦腔、当地小曲、快板、春官词、舞蹈、柳木拐子（高跷）、六盘龙（龙灯舞）、十二生肖、龙王故事、灶神故事、关公降福、跑旱船、霸王鞭、狮子舞、芯子、车故事、秧歌、大头娃娃、太平鼓等节目。但其最擅长的还是眉户戏和柳木拐子、六盘龙。他最拿手的曲目有眉户戏《小放牛》、《打草鞋》、《小姑贤》、《柜中缘》、《大懒婆娘》、《枣林走向小康路》，在镇原县和庆阳市等多个地方参加汇演并获奖，并被甘肃电视台《陇原5000年》节目拍摄并在甘肃电视台播出。

（四）李建军对社火传承的展望

李建军跟随师傅学成并发展了枣林社火，他们村子现在的社火队员基本上都是他所教授的，共计超过500多人，其中最得意的门徒是现任社火会长李彦阳。他想在有生之年把他所演出过的所有社火教授给他们村子里的年轻人，并多次提倡并促成了兰庙小学校长李彦阳担任社火会长，让其把社火表演作为乡土课程在小学生当中传授。他相信，历史悠久的民间社火，一定会在枣林代代相传，永不衰竭！

（赵长军　撰写）

正宁县乐兴社火传承人王毓修等

正宁县榆林子镇乐兴社火传承人现在还健在的有王毓修、刘自发、彭解放三位老人，他们三位是乐兴社火艺术的佼佼者。本文简述其生平简况、学艺过程、擅长表演类型及其对乐兴社火会的传承展望。

（一）乐兴社火传承人王毓修

1. 传承人王毓修生平简况

王毓修，汉族，1942 年出生，现年 70 岁，小学文化程度，正宁县榆林子镇乐兴村佑苏队人。他自幼喜爱社火，扮演武角，爱好文艺，耍了一辈子社火。他擅长武旦，是当地有名的"功夫王"，他继承、发展了当地社火中的特色表演"哑巴戏"。

2. 传承人王毓修学艺过程

王毓修自幼跟随本村社火头白清廉师傅学习社火武旦动作，他不顾家人的阻挠，"冬练三九"，把脚趾头都冻坏了，仍然坚持练习。在师傅的教导和自己的苦练下动作灵敏，身手不凡，是当地有名的"功夫王"，扮演的武角深受观众喜爱。后来，又受当地社火《大闹天宫》无语言表演的启示，自己创编并演出了"哑巴戏"。他的哑巴戏不用语言来表现主题，只注重动作的滑稽可笑、寓教于乐，深受当地老百姓的喜爱，人称"娃娃头老王"。

3. 传承人王毓修擅长表演类的"哑巴戏"

"功夫王"王毓修擅长武旦和"哑巴戏"。他扮演的《三请诸葛》、《三战吕布》、《跑马》、《天官赐福》、《保皇嫂》、《黑虎搬山魈》等古典剧目里的人物，动作灵敏、身手不凡。他创编并表演的"哑巴戏"《四红灯》、《丑女子绕花灯》、《五女子降香》享誉正宁县乃至陇东地区，受到当地老百姓的广泛赞誉和一致好评。1963 年他与乐兴社火会的赵锁平、王官印、胡有旺、张建文、代龙江、王博、张香香、张英等人带头成立乐兴社火会。逢年过节时在各村演出，并参加了全县社火汇演，巡回县直机关单位表演；1965 年在乐兴村"4月 8 日古庙会"上演出，受到了县委宣传部、文化局、山河镇等领导的好评。他演出的节目有《四红灯》、《丑女子绕花灯》、《三请诸葛》、《三战吕布》、《跑马》、《天官赐福》、《五女子降香》、《保皇嫂》、《黑虎搬山魈》等古典剧目，还有舞狮、快板、秧歌、吹拉弹唱等夹杂其间，以娱乐群众为目的。

4. 传承人王毓修对乐兴社火的传承展望

王毓修对乐兴社火传承提出了自己的看法，他说，"哑巴戏"是乐兴社火的亮点和特色，乐兴社火的传承就是要在培养年轻一代上下工夫，但要注重"哑巴戏"喜剧效果的创新和氛围的营造，对于他的武旦角色，他的两个儿子已经传承、发展了他的武术，并在当地社火表演中大显身手。

(二) 乐兴社火传承人刘自发

1. 传承人刘自发生平简况

刘自发，汉族，现年66岁，初中文化程度，正宁县榆林子镇乐兴村五组人。对社火和秦腔有一种疯狂的嗜好，他的社火表演没有经过专人教授，而是自己在长期的演出中自学的，他擅长表演皮影戏。1987年和彭解放、杨金瑞等5人带头，重建了乐兴村庙，新盖村庙5座。

2. 传承人刘自发学艺过程

刘自发的社火表演技能纯粹是自学。他酷爱文艺、戏剧、体育、书法、绘画。7岁至初中经常参加校内文艺活动，毕业后回农村曾组织大队文艺宣传队，任队长、导演，曾扮演《红灯记》中李玉和，《三世仇》中王老五，《智取威虎山》中杨志荣，《沙家浜》中胡司令，《刘巧儿》中地主，《梁秋燕》中梁老大，《白毛女》中黄世仁等角色，并将革命样板戏和当地社火表演中的哑巴戏和皮影戏巧妙结合，加工整合，形成了独具特色的乐兴社火。

3. 传承人刘自发擅长表演的皮影戏

刘自发擅长皮影戏。他冬闲时和本村社火会的杨廷宽、樊震等组织皮影戏演出，并自制道具、刻制皮影，走乡串队、为群众义务演出。他创作的民间小戏在县文艺调演节目和社火比赛中多次获奖，受到广大群众和当地文艺界的好评。其中，由他创作的皮影戏《爷孙学文化》在1968年的县文艺调演节目中获得创作二等奖；他创作、导演，兰广才主演的大型皮影戏剧本《一个伤疤》在榆林子镇上演 30 多场次，1971 年参加县 "5·23 调演" 被评为第一名；1992 年，他导演、带队的乐兴村社火会百名秧歌队，被县委抽调专门为正宁四干会开幕进行演出；2011 年他又组织乐兴庙会春节社火演出，发动广大村民捐资，参与演出，他的社火节目内容主要是歌颂党的富民政策、宣传和谐社会、"反腐倡廉" 及农村大变化，得到政府和广大村民的好评。

4. 传承人刘自发对乐兴社火的传承展望

关于乐兴社火的传承问题，刘自发有所担忧，但也很有信心。他现在最注重也最担忧的是年轻人对社火的冷淡和对他们的不理解，但他对自己组建的皮影班却津津乐道。他的皮影班里还有几个年轻人和他们一样，对社火很痴迷，他说只要这个皮影班在，乐兴社火的根就在，有根就会发芽、生枝、开花、结果，乐兴社火才有出路，才有明天。

（三）乐兴社火传承人彭解放

1. 传承人彭解放生平简况

彭解放，汉族，现年 63 岁，系正宁县榆林子镇乐兴村五组人。他从小就喜爱文艺，自学社火表演 13 年。擅长快板、杂技、武旦，最拿手的是舞狮子，当地人称 "狮子王"，曾多次在县乡社火汇演中获得大奖。

2. 传承人彭解放学艺过程

彭解放自学社火表演。他从小喜爱文艺，12 岁就参加了本村社火演出，小时跑小旦，"文化大革命" 时在乐兴大队宣传队担任跳舞、扭秧歌、唱小戏、皮影戏的主角，改革开放后又自己编创社火节目。他从小就注意当地社火表演者的狮子舞表演动作，并经常模仿狮子和其他禽兽的动作和叫声，他将猛兽狮子的暴躁雄武、勇猛好斗与农村其他牲畜的动作相结合，表演的狮子时而有山羊的善良，时而有猴子的机灵，时而有老牛的勤恳，时而有小狗的忠诚，神态不一，动作古怪，行为各异，当地老百姓称其为 "狮子王"。

3. 传承人彭解放擅长表演的舞狮子

彭解放最擅长舞狮子。他导演的《狮子舞》在县社火调演中被评为优秀节目和"优秀导演奖",个人获得了优秀表演奖。1971年,彭解放年在宣传队排演的《一个伤疤》剧中演八路军连长来广诚;1991年元宵,他担任导演,与同村刘占宁、潘浩贤、潘芳宁一起表演的"狮子舞"在正宁县文艺调演会上被评为优秀节目,其本人获得"优秀导演奖"和"优秀表演奖",这是新中国成立后狮子舞第一次登上正宁文化舞台。

4. 传承人彭解放对乐兴社火的传承展望

彭解放对耍狮子的传承还是有所忧虑的。他说,乐兴的年轻人都会耍狮子,但没有几个喜欢耍社火的,他的观点是,乐兴社火的出路不是在表演技能的传承上,而是在年轻人社火兴趣的培养上。

(吴怀仁 撰写)

宁县东丰社火传承人潘怀智

(一) 传承人潘怀智简况

潘怀智是宁县瓦斜乡东丰村人,生于1929年,高小毕业。潘怀智是"斗社火"的集大成者,他性格强悍,脾气暴躁,但又喜爱社火表演,并在社火表演中争强好胜。他将耍社火这一传统形式与当地人不甘示弱、争做一流的精神相结合,继承并发展了"斗社火"这一形式,被当地人称为"潘能汉"。在潘怀智的努力下,东丰"斗社火"得以继承和发展,并在宁县乃至陇

潘怀智生活照

东产生了很大的影响。

（二）潘怀智拜师学艺的原因和过程

潘怀智性格倔强，脾气暴躁，他从小喜爱社火表演，在社火表演中争强好斗。他先后师从村子里的社火高手昔文平、潘智华、盘寿仁三位师傅学艺，学艺时间长达 21 年，精通东丰的各种社火表演。他年轻时脾气不好，但喜欢社火，村子里的小伙伴不喜欢和他玩耍，社火头们也不愿收他为徒，教他表演社火，他只好自己白天看人家耍社火，晚上偷着练习。后来，他在村子里的一次小型社火演出中大显身手，表现出了艺术方面的特有天赋，社火会会长昔会儒看中了他，收他为徒，对其加以特别指导。后经多位社火表演高手的专门

潘怀智剧照

调教，他掌握了昔文平师傅的文斗社火，潘智华师傅的武斗社火，盘寿仁师傅在节目内容和道具设置等方面的斗社火，成为东丰"斗社火"的集大成者。

（三）潘怀智最擅长的"斗社火"

潘怀智性格强悍，脾气暴躁，是一名典型的陇东硬汉，具有陇东人不甘示弱、争做一流的精神。他对文艺有着无限的嗜好和激情，在社火表演中喜欢争强好胜，善于比拼，继承并发展了"斗社火"这一耍社火的新形式，成为东丰"斗社火"的集大成者。潘怀智的社火表演使传统社火有了新的出路，社火节目也推陈出新，逐年增加。例如他最擅长的《斩猴精》、《麒麟山》、《杀白生》、《绝路岭》等都是在"斗社火"的过程中吸收其他社火会的表演技巧，结合本村传统社火而创编的。在他的努力下，"斗社火"在周邻地区快速传播，并被其他社火会所借鉴，走出宁县，流行于陇东地区，受到当地老百姓的广泛赞誉和一致好评。

(四) 潘怀智对社火传承的展望

潘怀智对东丰社火传承信心十足。他说，社火是东丰人主要的文娱形式，耍社火是东丰人传统文化的精髓，而他所发展的"斗社火"是东丰社火的亮点和特色所在。东丰社火的传承还是要在"斗"字上做文章，下工夫。"斗"不仅是武斗，还应该文斗，特别是要在节目类型、社火内容、表演服饰、道具造型等方面与兄弟社火会"斗"，这才是东丰社火的传承出路和发展出路，也是东丰人甩掉落后，赶争上游的出路所在。

（雷天旭　撰写）

天水娘娘坝村黑社火传承人范小红等

娘娘坝镇地处长江流域西汉水之滨，属黄河与长江流域的交界处，南北文化融会一处，古往今来积累了非常深厚的文化底蕴，特别是社火等民间娱乐文化活动更是村人们必不可少的精神食粮。娘娘坝村黑社火成功申报为市级非物质文化遗产，有 7 人成为天水黑社火市级非物质文化遗产传承人。

(一) 娘娘坝村黑社火传承人范小红

范小红 1968 年出生于秦州区娘娘坝村，现为天水黑社火市级非物质文化遗产传承人之一，社火会会长。

范小红的祖父范国礼是娘娘坝村黑社火表演老艺人。从懂事起，范小红就跟随祖父学习表演黑社火，在祖父的言传身教下，十多岁时范小红即能演唱 20 多首黑社火曲目。

初中毕业后，范小红回乡务农。农闲时，她积极参加本村的黑社火表演，尤其擅长丑角表演，现在她能演唱 40 多首黑社火曲。在黑社火曲《大保媒》中，她扮演巧舌如簧、四处说媒的媒婆，表演特点泼辣、大胆。在《擀荞面》中，她边擀边唱，动作夸张、搞笑。精湛的表演为范小红赢得了众多观众，也使她成为娘娘坝黑社火演出队的主要演员、社火会会长。

娘娘坝村的黑社火演出队在组建之初，遇到了很多困难，在无任何援助之下，队员们自筹资金、自己编排，并邀请民俗专家悉心指

范小红剧照

黑社火传承人范小红

导，表演队伍渐渐壮大，变成了十里八乡颇有名气的黑社火演出队。2001年，娘娘坝镇文化专干、娘娘坝黑社火会会长高虎平组织人员开始黑社火曲目整理、挖掘工作，范小红更是积极投身其中。目前，他们已整理、挖掘出58首小曲，为娘娘坝黑社火的传承、传播起到了积极作用。

作为黑社火演出队的最早参与者和社火会长，范小红还主动承担起了队员的表演指导工作。从2008年开始，每周五、六晚上，她都要组织队员排练，并在唱腔、动作等方面进行一对一的辅导。正是有了像范小红、高虎平这样热心的参与者、组织者，娘娘坝黑社火演出队的发展才越来越兴旺。

在2011年6月第22届天水市伏羲文化旅游节上，秦州区娘娘坝黑社火演出队风趣幽默的表现形式，饱含乡土气息的表演风格，一经亮相即受到了观众的热捧，亦受到了市区领导的高度赞扬。作为娘娘坝黑社火的传承人和社火会会长，范小红谈及此事非常激动，她说："娘娘坝黑社火有这么深厚的群众基础，有这么多牵挂、喜爱黑社火的人，我相信，娘娘坝黑社火一定会越来越红火。"

（二）娘娘坝村黑社火传承人何有生

何有生现年52岁，初中文化程度，是天水黑社火市级非物质文化遗产传承人之一，演出队的主要演员，同时兼任器乐演奏。

何有生的父亲何开俊是黑社火表演老艺人，耳濡目染，让他在小时候就掌握了许多黑社火曲目。父亲去世后，他又跟随本村老艺人钱炳君学习黑社火。十七八岁时，何有生便在娘娘坝黑社火演出队中担

何有生演出照　　　　　　　　　　　何有生生活照

任主要演员。何有生擅长表演丑角，他在《大老爷告状》中，将一个糊里糊涂审案的大老爷形象扮演得惟妙惟肖，让人看后忍俊不禁。

何有生的唱腔粗犷、嘹亮，在《五点红》等集体演唱曲目中担任主唱。何有生唱得好，器乐也是"行家里手"。他演奏干鼓、碰铃、钹极为娴熟。"一个人顶几个人用"，是队员们对何有生的评价。

何有生在娘娘坝镇上经营根雕、盆景，闲暇时，他会积极参与到黑社火曲目的整理、挖掘工作中。在继承传统的基础上，他还进一步完善和创编新的内容、新的节目。如宣传党的惠农政策、歌颂党的四代领导人的功德，以让后代永世不忘，铭记在心。

何有生说："老辈人传黑社火曲都是口传心授，没有文字资料，在传承的过程中，难免会出现遗漏、错误。这也和以前的老艺人文化水平低、识字不多有关系。现在我们作为天水黑社火的传承人，有责任、有义务将其整理成文字，让这一珍贵的文化遗产能永久流传。"

（三）娘娘坝村黑社火传承人马彩霞

马彩霞，1974 年生，娘娘坝镇娘娘坝村人。天水黑社火市级非物质文化遗产传承人之一，现任娘娘坝社火会副会长。

马彩霞从小就爱唱秦腔，声音清脆，嫁到娘娘坝村后，又成为娘娘坝村黑社火演出队的主力队员，她会表演的曲目达 20 多首，尤其擅长丑角表演。在《转娘家》、《李三娘研磨》等曲目中，她饰演的虐待儿媳妇的婆婆刁钻、泼辣，表情夸张，动作大胆，深受观众的喜爱。

秦州区娘娘坝村黑社火的蓬勃发展，也带动了其他村社火队的表演，这让马彩霞极为欣慰。平时在村里幼儿园做完饭、忙完家务后，马彩霞将所有的精力都投入到了组织队员排练、指导队员表演等工作中。周围乡镇有庙会等文化活动，邀请娘娘坝黑社火演出队演出时，马彩霞也总是最积极、最热心的一个。

在 2011 年 6 月第 22 届天水市伏羲文化旅游节上，娘娘坝黑社火演出队获得了极大成功，使马彩霞唱黑社火、演黑社火的信心更大了。她说："娘娘坝村的黑社火，不但吸引了许多爱好者、观众，现在还有了政府部门的大力支持，黑社火越唱越红火，我们是越唱越有劲。希望这一代历史悠久的民间社火代代相传，永远留传下去。"

（四）娘娘坝村黑社火传承人张春花、马引珍

张春花生于 1979 年，小学文化程度，天水黑社火市级非物质文化遗产传承人之一。张春花的父母亲都是演唱黑社火的民间艺人。在他们的言传身教和母亲的悉心指导下，从很小的时候张春花就开始接触黑社火，并深深地爱上了黑社火。嫁到娘娘坝子村后，张春花积极参与到了黑社火的表演中。因为其会唱的曲目多、嗓音动听、身段动作娴熟，所以她迅速成长为娘娘坝村黑社火演出队的主要演员。

现年 44 岁的马引珍是天水黑社火市级非物质文化遗产传承人之一。酷爱唱山歌的马引珍自从嫁到娘娘坝村后，就跟随公公钱炳君学习演唱黑社火。钱炳君已 80 高龄，是娘娘坝村目前唯一一位在世的黑社火老艺人，他现在仍活跃于黑社火表演中。在老公公钱炳君的言传身教下，马引珍对娘娘坝村的黑社火有了更深的理解，同时通过深入学习、研究、挖掘、整理娘娘坝黑社火，她已成为了一名合格的黑社火传承人。马引珍扮相柔美，她表演的《南桥担水》，将一个柔弱女人担水的艰难过程唱得催人泪下。在天水第 22 届伏羲文化节上，马引珍与老公公同台演出，其精彩的表演赢得了观众的一致好评，也极大地鼓舞了她传承黑社火的决心和信心。

（五）娘娘坝村黑社火传承人高楼生、何谋生

高楼生是娘娘坝黑社火演出队乐器组组长，也是天水黑社火市级非物质文化遗产传承人之一。高楼生深受当地民间文化的浸润，自小便对民间文化充满了兴趣。从运输公司下岗后，高楼生便毅然选择回

　　马彩霞社火表演照

　　马彩霞生活照

乡参加本村黑社火的表演。高楼生说："打山歌、唱黑社火是农村人抒发感情、宣泄疲累的最好方式。近年来，娘娘坝村的黑社火发展迅速，吸引了许多人参与、观看，正是受了这种氛围的感召，我也决心成为其中的一员，和他们一起唱社火曲，在弘扬继承这一珍贵的非物质文化遗产的事业中出一分力、尽一分心。"

　　何谋生是何有生的哥哥，兄弟俩同为天水黑社火市级非物质文化遗产传承人。在娘娘坝黑社火演出队中，这种夫妻、父女、兄弟的组合很多见。59 岁的何谋生擅长唱山歌，也会演奏乐器。在祖父、父亲的言传身教下，从小与弟弟何有生一起学习黑社火，并在黑社火表演中承担主要角色。何谋生说，他常常想起小时候过年时，各村都要请戏班来唱戏，自己组织黑社火到各村表演，那时过年的气氛特别热烈，到处喜气洋洋。特别是由村人们自己组织、自己表演的黑社火更是每个人期待看到的。那些颇具乡土气息的旋律、唱词让人沉醉，心情愉快舒畅。现在自己成为黑社火演出队的成员，有幸参加节庆、庙会等各种演出，这是一份荣誉，也是一份责任。作为黑社火的传承人，他一定会尽到自己的责任。

（吴凯飞　采写）

关陇地区社火唱词选
——陇州小寨村社火曲子

（集录、教唱李家善　打印、校注张宝仁）

大绣荷包

初一到十五，十五月儿高，春风儿摆动杨柳梢；

山丹梅花开，亲人捎书来，捎书带个信要一个荷包袋；

既要荷包袋，就该亲自来，为什么捎书带一个信儿来；

打开丝线包，丝线无一条，找开扣针包，扣针无一苗①，忙
打发梅香街上跑。

上街跑下街，无有个货郎来，单等上南街张货郎来；

货郎把鼓摇，梅香把手招，我向你招手，卖的什么货；

我也不买东，我也不买西，我家的姑娘打发我叫你的；

货郎听一言，忙把担担子担，货郎担担在姑娘眼面前；

板凳拉一把，货郎你坐下，装一锅来烟，随带一杯茶；

茶儿喝一杯，咱俩说生意，我问你姑娘，都要些啥东西；

银子花三分，花线五十根，随带上两苗扣花针；

线儿分就了，要有个纸儿包，恐怕风吹褪色了；

一买洋条针，二买红头绳，三买上胭脂，四搭上粉；

五买包头裤，六扯上青鞋面，七上顶针和三环。

八买胡走帕，九买假头发，十买上花线肩肩骨搭。

---

① 一苗：一枚。

样样都买下，叫声王妈妈，你与我剪一个荷包样。

剪子可一可，荷包啥样剪，剪子可二可，想我娘家歌，把一对鸳鸯错剪了。

一绣一只船，绣在江面前，再绣个艄公来搬船；

二绣当杨桥，实实绣的好，把张飞绣在荷包上；

三绣张果老，骑驴过仙桥，四大名山一驴马肖；

四绣张天师，身穿八卦衣，把一对童儿绣在两边里；

五绣杨五郎，出家为和尚，把一座五台山绣在荷包上；

六绣杨六郎，在朝为忠良，三关口绣在荷包上；

七绣唐李渊，路过临潼山，金刚庙绣在荷包上；

八绣王宝钏，寒窑十八年，薛平贵绣在荷包上；

九绣穆桂英，打开天门阵，阵阵不离九女星；

十绣十样景，随带十三肖，把一个真天子绣在荷包上；

荷包绣成了，无有纸纸包，恐怕风吹褪色了；

荷包不送人，姑娘害心疼，荷包送在了南阳城。

小绣荷包

春风儿高来春风儿高，春风儿摆动杨柳梢；

我男人在外卖银帽，我在家里绣荷包；

一绣金钱风摆浪，二绣鸳鸯水上漂；

三绣菩萨莲台坐，四绣童儿笑呵呵；

五绣五龙来治水，六绣锦鸡卧树梢；

七绣狮子滚绣球，八绣八仙来庆寿；

九绣孔雀戏牡丹，十绣眉毛都绣全；

说荷包来道荷包，实在把荷包绣成了；

我男人带到泾阳去，实在把荷包失掉了；

有人拾到我荷包带，五湖四海把名扬。

十百钱

苏州胭脂粉，随带凤翔两朵花，十分真好看；

头上青丝如墨染，两鬓肩刀栽根一般；
脸上芙蓉桃花绽，一对银环垂耳边；
柳叶眉眉弯上秀，杏胡眼睛别盏盏；
线杆鼻子端上端，两个鼻孔塞贯钱；
樱桃小口实好看，垒来银牙尖对尖；
身穿红袍袄一件，外套珠珠白汗衫；
八副罗裙满腰转，裙边露出小金莲；
木柳喜裤香草串，蛇皮花带子左右缠。

十大将

正月里正月正，十五玩花灯，白杀了一个刘金钉；
二月里龙抬头，刘备过江州，贴赔了夫人又折兵；
三月里三月三，吕布戏貂蝉，咱三人结义三桃园；
四月里四月八，家家种红花，长坂坡杀战赵子龙；
五月里五端阳，老爷杀战场，周仓爷送他两河对；
六月里热难当，张飞战马超，八龙宝刀挑上姜黄袍；
七月里七月七，牛郎配夫妻，玉皇爷送他两河会；
八月里八月八，刘全进北瓜，翠莲女一死还阳家；
九月里九重阳，织女配牛郎，寸人下金盖划天河；
十月里十月一，孟姜女送寒衣，走一里，哭一里，哭到长城
十万里。

大片叶儿

一片叶儿金花红，满院君子思煞人，绣房里来去一人无人
走，花红花添下一盏灯。
二片叶儿长上来，三岁的孩子搂抱在怀，浑身上下冰如块，
花帽儿娃娃头上戴。
三片叶儿如三锁，青天云里狂云过，青天里一个狂云过，好
鸳鸯不能成双对。

四片叶儿游四方，东头点灯西头亮，南山外背后一个锦鸡叫，觉也没有睡，月儿大天亮。

五片叶儿热端阳，前世烧了断头香，前世外烧了一个断头香，好夫妻不能成双对。

六片叶儿热难当，奴亲娘有病凉床上，亲娘想吃一个怀郎肉，杀怀郎，搭救亲娘。

七片叶儿七点油，十七八姐儿梳油头，弹上胭脂搽上粉，小桃红接过露油层。

八片叶儿八罢罢，一对蜜蜂来采花，各样外花儿一个齐开放，花红花，单等蜜蜂坐。

九片叶儿九杆桥，九杆桥上捎书到，捎书的人儿来回跑，书也到了，人也还没到。

十片叶儿十样盼，一样的儿女两样看，要叫外一日一个天睁眼，芍药花，赛过了牡丹。

劝小郎

正月里是新年，小郎姐儿劝，劝小郎回家务庄田；
二月里花开园，咱二人进花院，手托上手来肩靠肩；
三月里三清明，小郎早上坟，后辈儿孙照样儿行；
四月里四月八，小郎转回家，劝小郎回家忙把妻儿打，
好男不打妻，好狗不咬鸡，瞎里好里是人家的；
五月里端阳节，小郎没家歇，拾上骰子摸牌打，
要钱不少拿，要的不在行，输了田地卖婆娘，
骰子骨造成，牌儿照样行，耽搁了不少少年人；
六月里热难当，小郎好排场，手拿上纸扇扇风凉；
七月里七月七，小郎性子急，人前头说话要便宜，
小郎性子刚，提起要告状，手拿上笔儿杀人强；
八月到中秋，小郎把心收，禾木烂柴往后丢；
九月里九重阳，小郎在外方，单丢下奴家守空房；
十月里刚立冬，小郎回家中，咱二人饮酒到五更；

十一月怒气生，小郎好狠心，家中单丢奴一人；
腊月里正一年，小郎姐儿奴，劝小郎回家过新年，
四合两平碗，肉儿摆中间，两碗虾米摆两边，
小郎回家转，爹娘在上边，你孩儿跪在你面前。

十盏灯

千里一个独行一个灯一盏，二仙传道两盏灯，
三战吕布灯三盏，四马投唐四盏灯，
五子夺魁灯五盏，南斗六郎六盏灯，
北半七星灯七盏，八仙庆寿八盏灯，
九天圣母灯九盏，十殿阎君十盏灯。

十盏灯，要说清，听我件件说分明，我把外一个个颠倒唱呀嗳；三支花儿开，一呀朵梅花，管你个中听不中听个颜梅花①，花子莲儿花，今天梅花开个颜梅花。

十盏灯，什么灯，王祥卧冰为母亲，孝心感动天和地，送一条仙鱼为他母亲……

九盏灯，什么灯，九天仙女在官中，九郎想吃一个虾米饭，想喝美酒醉醺醺……

八盏灯，什么灯，八郎回家探母亲，打扮起好像个大娃样，老娘一见泪纷纷……

七盏灯，什么灯，唐僧西天去求经，沙和尚拉着一个白龙马，八戒悟空保唐僧……

六盏灯，什么灯，六郎延景坐照镇，一心要斩断杨宗保，多亏穆桂英来说情……

五盏灯，什么灯，包爷打坐封府城，王朝马汉两边站，十二把钢铡定太平……

四盏灯，什么灯，四郎打柴在心中，阴面打来阳面晒，到后来落个大名声……

———————
① 颜梅花：让人讨厌，自己却不知道，依然很得意的样子。

三盏灯，什么灯，桃园结义四兄弟，要知弟兄我和姓，刘备、关张赵子龙……

二盏灯，什么灯，二郎出阵此英雄，三关爷显他手段大，各阵着了个乱东东……

一盏灯，什么灯，平贵西凉去当兵，走后留下一个宝钏女，十八年立起贞节碑……

一棵松树

一棵松树园上园，革成①板板造成船，
大板革了千千万，小板又革万万千，
大板封在船底上，看下小板钉船梆，
船上的艄公本姓刘，手挽太公赶船梆，
船上的艄公本姓李，手挽太公赶船艉，
旗杆好像麦出穗，年近老人把船搬，
一把脂头软溜溜，黄杨梳子梳油头，
前面梳的龙抬头，后面有梳龙摆尾，
左边梳的锦鸡叫，右边有梳两条龙，
打扮打扮再打扮，赛过南海观世音。

二姐娃做梦

太阳一出出往西落，二姐娃照灯进绣阁，
进了绣阁瞌睡多，瞌睡来了由不得我，
睡着了睡着梦着可梦着，梦着公公家来娶我，
来了一对一对花花轿，一抬下二个娶女婆，
吹着一对喇叭一对号，打下两个句子锣，
呦子呦，你把轿子上，把面望在西北上，
我男人骑马我坐轿，你看热闹不热闹，

---

① 革成：用木板、铸铁等材料隔分开来。

轿夫子轿，你把轿子闪，我娘家给你二百钱，
到，到了，真到了，大炮小炮响叮咚，
到了到了可下轿，我男人背我进绣房。

南桥担水

人人都说南桥好，我把南桥走一道，
轻轻提起桶和担，苗榆木水担肩上担，
东井担水路又远，西井担水路不干，
正行走来抬头看，南桥不远在眼前，
南桥底下三只眼，二眼有水一眼干，
留下一眼饮马泉，中间坐着个女天仙，
轻轻放下桶和担，再放下井绳一大盘，
轻轻担起水一担，游罢南桥回家院。

保皇嫂

头带风子盔南营飘骁，身穿上来心架外套龙袍，
胯下胭脂马如龙虎豹，把一个青钢刀斜担鞍桥，
行步儿来在华云桥道，我看他曹丞相怎样用兵，
曹丞相见将军忙拿酒宴，青龙刀他与我刀尖挑袍，
一杯酒我没喝，敬于天地，二杯酒我没喝让于仁兄，
三杯酒倒青钢火光万丈，骂一声曹丞相该死的贼子，
我有心下马来一刀杀坏，念起了在曹营一十八春。

织手巾

石榴开花石榴红，年年栽花花不成，
今年没栽花成了，我给妹妹许手中，
我在南京借子，哥在北京叫匠人，
哥和匠人路上走，我在家里等手巾，

匠人哥哥离机坐，妹妹把话表分明，

先织天来后织地，再织日月转东西，

织一个龙来织一个凤，再织上狮子滚绣球，

织一个佛爷莲台坐，再织上童儿笑呵呵，

织一个梅虚沿山跑，再织上围护等账口，

织一个兔儿沿山跑，再织上黄狗紧随跟，

织一个麻雀树上窜，再织上要子打玄玄，

织一个鱼儿顺水漂，再织上一个打鱼人，

织一个老鼠顺墙跑，再织上狸猫把洞门，

手巾织了二尺半，我要干哥哥把汗沾。

十二花套十二奖

正月里什么花人人都爱，什么人手把手送下山来，

二月里什么花披头玄掉，什么人在路旁修行学法，

三月里什么花满院红了，什么人在花园结为兄弟，

四月里什么花满川白了，什么人背书箱万古传名，

五月里什么花千层打架，什么人在花园看守瓜庭，

六月里什么花满院白了，什么人穿白袍挂帅征东，

七月里什么花青青掉下，什么人造梅酒醉坏刘林，

八月里什么花红杆黑籽，什么人在江边单鞭救主，

九月里什么花满山黄了，什么骑黄马反出了召阁，

十月里什么花一霜杀死，什么关寒衣哭倒长城，

十一月什么花飘飘浪荡，什么人为他母亲卧寒冰，

腊月里什么花堂前高照，什么人在经堂吃斋念佛，

腊月里腊梅花堂前高照，李翠莲在经堂吃斋念佛，

十一月雪花儿飘得浪荡，有王祥为他母身卧寒冰，

十月里百草花一霜杀死，孟姜女送寒衣哭倒长城，

九月里黄菊花满山黄了，黄夫子骑黄马反出召阁，

八月里荞麦花红杆黑籽，胡敬德在江边单边救主，

七月里高粱花青青掉下，刘金定造梅酒醉坏刘林，

六月里葫芦花满院白了，薛仁贵穿白袍挂帅征东，
五月里黄瓜花千层搭架，黄氏女在瓜院看守花庭，
四月里麦子花满川白了，孔夫子背书箱万古传名，
三月里桃杏花满院红了，有刘备和关张结为弟兄，
二月里胡桃花披头玄掉，青童女在路旁修行学法，
正月里看灯花人人都爱，刘金欢手把手送下山来。

十月怀胎

虹儿叶叶青，花开赛灯红，家有一女未有许诺给人，
媒婆常来走，爹娘不开口，不知道把财礼要了多和少，
九月订了姻，腊月引进门，女婿娃一见笑吟吟，
怀胎正月正，出怀不出声，不觉依水面上扎下了一苗根，
怀胎二月半，手里来盘英，英来英去生在了十月间，
怀胎三月三，茶饭来的怀，想吃酸饭吃得一半碗，
怀胎四月八，各庙把香播，娘娘爷保佑我生上个儿子娃，
怀胎五月五，怀的上里苦，想吃个酸杏儿吃得个一十五，
怀胎六月六，热得娘难受，得一把纸扇儿扇一个风溜溜，
怀胎七月七，四肢怀的底，你把娘好比个叫明鸡，
怀胎八月八，收拾转娘家，女孩儿去看我妈妈，
怀胎九月九，收拾往回走，回家你回去，娘也不留你，
娘有心留你去，恐怕你月子里，
怀胎十月整，娘的肚子疼，疼呀疼得紧，疼的满炕滚，疼呀
疼得很，疼了一身汗，成儿子成女子早离了娘的身。
妈妈你出去，女婿你进来，你予灶神许个愿心去，
前院许了猪，后院许了羊，许羊又许猪，许猪又许羊，成女
子成儿子早离了娘的身，
娃娃滴落地，咯咯叫几声，娃娃拾上炕，鸡耳打一双，叫婆
婆你与我烧一碗定心汤。
妈妈你出去，女婿你进来，忙给我娘家报了个喜去，
出了咱家门，好像马赶去，不觉依来在丈人家门，

小姑来堵狗，姐夫你头里走，进门先作揖，叫一声丈母姨，今日个你女子坐在了月子里。

晒　鞋

菜子开花铺地黄，二爹娘卖我不商量，

一心卖在平川里，没料想卖在高山上，

东井担水略有远，西井担水上南坡，

上了南坡缓一缓，扒住桶梁哭一场，

不哭爹来不哭娘，但哭媒人皮嘴长，

喝了媒酒害臊黄，吃了我媒肉害心黄，

枕了我媒枕害耳黄，穿了我媒鞋登坟堂，

人家女婿毛根长，咱的女婿秃光光，

又秃又瞎又尿床，给新娃尿了一衣裳，

头晚尿湿红厚被，第二晚又尿湿了象牙床，

第三晚打个颠倒睡，给新娃尿了一绣鞋，

头顶绣鞋面往东，老天爷阴得黑沉沉，叫一声姐儿你饶了我太平年，我明天与你买了色头，年太平，太平年。

姐儿听言怒气生，叫骂强盗你细听，只要绣鞋洗干了嗳，三盏花儿开，呀宋梅花，谁要你于我买色头个颜梅花，花枝连儿花，今天梅花落个颜梅花。

头顶绣鞋面朝南，老天爷阴得水上船，叫声姐儿你饶了我，我明天于你买了班盏。

姐儿听言怒气生，叫骂强盗作细听，只要绣鞋晒干了，谁你要与我买班盏。

头顶绣鞋面往西，老天爷阴得水几几，叫声姐儿你饶了我，我明天与你买了手帕。

姐儿听言怒气生，叫骂强盗作细听，只要绣鞋晒干了，谁要你与我买手帕。

头顶鞋面向北，老天爷阴得乌都黑，叫声姐儿你饶了我，我明天于你买了三环。

姐儿听言怒气生，叫骂强盗作细听，只要绣鞋晒干了，谁要你与我买三环。

头顶绣鞋跪中央，老天爷晴得很不光，叫声姐儿你饶了我，我明送你转娘家。

姐儿听言心喜欢，双手揽起男子汉，你洗脸，我打扮，管他个绣鞋干不干，只要送我娘家鞋，管他绣鞋干不干。

李三娘研磨

石榴花开颠倒过，二爹娘买我上南坡；
东井担水路又远，西井担水上南坡；
上了南坡缓一缓，碰上娘家亲哥哥；
搬一声碗面①哥哥坐，妹妹把怨屈对你学；
哥见妹来示一礼，妹见哥来泪淋淋；
清早间担水好几担，到晚来研磨五更天。

两亲家打架（地台戏）

1. 家有一朵花，许给了别人家，妈也没看过娃，娃也是没看过妈，我今日一心去看我女家，叫一声小冤家，一儿呦一呦，叫一声小冤家。

2. 隔壁王妈妈，我给你吩咐我们家，去看我小冤家，一儿呦一呦呀，叫声王妈妈。

3. 驴儿拉出了门，鞍子披上身，蹬儿要蹬紧，身子要坐稳，鞭子一甩就离了咱家门，去看小冤家，娘的小冤家。

4. 翻山又过岭，坡陡路不平，木底子研得②我脚心疼，叫一声小冤家。

5. 转过弯来翻过岭，眼前看着亲家门，叫一声小冤家，一儿

① 碗面：农村人路边破碎了的大黑粗碗渣块，反扣过来坐比较平坦。
② 研：磨。

呦一呦，叫一声亲家母。

6. 亲家门上么有个拴驴桩，黑驴子拴在柳树上，叫一声小冤家，一儿呦一呦，叫一声亲家母。

（亲家母上场）洗锅里，抹灶里，尿尿憋的乱跳里，抹布提召①门道里，刚到后院尿尿里，忽听门外人叫里，莫非外相好可叫里，我先开门一瞅，呦，才是亲家母来到，呦，你亲家母年过的好么，身子看硬朗么，呦，看这么忙，啥风把你给吹来咧啊。

娘亲家，东南风，西北风，二十四个乱瓜风，亲家母你听……

7. 我不是东风吹，也不是西风吹，我今日是一心看女家，叫一声亲家母。

8. 呦，你是看娃来的，呦，亲家……

板凳一拉，亲家母你坐下，抽一支香烟，忽带一杯茶，我的亲家母。

9. 烟儿我不抽，茶儿也不喝，先问咱庄农和过活，我的外亲家母。不提庄农还有可，提起庄稼把人羞杀，我的亲家母，种下二亩地，栽了半亩瓜，结下的瓜儿还么扭子大，我的亲家母，呦亲家，你外庄家不行，生意看好么？

亲家母你听：

10. 醋店加酒店，总共二间半，生意儿不行，老鸦满一院，叫声亲家母呦，外啥啥不行，外我娃看在家里么，孝顺么？

11. 亲家母你听：

12. 不提你女儿还有罢，提起女儿把人能气然②，叫声亲家母。

13. 东家串门子，西家拉闲话，游门串户不管家，叫声亲家母。

14. 过了个节令，买了个菜瓜，半个切上半个丢下，未曾炒熟，你女拿把抓，叫声亲家母。

---

① 召：扔。
② 气然：气糊涂。

我就不信，女儿过来，娘问你是否真的。

妈：称呼

过个节令，买了菜瓜，半个半个，丢下半个，未曾熟里她连锅端，我的妈妈。

我只说我女儿十分不错，单就在你家里受这个折磨。

你就说你女儿千好万好，谁叫她在我家偷吃偷喝。

尘世上抓女儿不容易也得过，单怪我抓下了这个害货。

胡说，吵闹，打架。

妈妈你不要打，妈妈你不要骂，你今日走了你女咋活家①，叫一声妈妈。

赶村长，你这人杀人哩，快救命。

村长来。

人老辈份高，管的事儿多，刚从门上过，听着人吵闹，我看是谁做啥，呦，才是两亲家打架，嗳，他麻皮，亲家正月来看你，你看你麻皮气，甭吵咧，消消气，东庄还有一台皮影戏，你给亲家赔个礼，以后日子还要靠咱儿连媳妇哩，走咱看社火走。

十对花

你唱你的，谁对上我的，

一、什么开花在水里？

水莲开花在水里。

二、什么开花在路旁？

马莲开花在路旁。

三、什么开花尖对尖？

辣子开花尖对尖

四、什么开花一身棘？

刺梅开花一身棘。

五、什么开花手托手？

---

① 咋活家：怎么活呢？"家"是语气词。

豌豆开花手托手。

六、什么开花吊衣留？

葫芦开花吊衣留。

七、什么开花一身黑？

茄子开花一身黑。

八、什么开花一抓打？

荞麦开花一抓打。

九、什么开花在坡上？

黄菊开花在坡上。

十、什么开花十对十？

十竹开花十对十。

割 麦

正月里王花如水滴，二月里鱼浑水长飘，

三月里桃花满院红，四月里杨柳旱落林，

五月里麦子满山黄，六月里杏儿刚跟上，

七月里葡萄搭上架，八月里西瓜弯月牙，

九月里黄菊满山黄，十月里十竹在坡上，

十一月柿子满山红，腊月里年货罢出城。

近 庄

远看村子黑沉沉，近看村子窗过北京，

进了院子王绅院，两段厦房面对面，

房上施的张口寿，大门外狮子尻蹲就①。

前院里有个摇钱树，后院里有个聚宝盆，

聚宝盆里摸一把，又买骡子又买马，

家庭和谐事事顺，老少安宁笑盈盈。

---

① 尻蹲就：像狗一样蹲着。

道　谢

初沙（耍）呀二来一个一沙个沙呀，咱的多年没在达①，
今年才到直达②耍，活海③气气耍耍，
你要前来我要后，耍一个杨柳戏风斗，
往年都是老把式耍，今年都是些耍娃娃，
初三、十三、二十三，饶了亲戚好高烟，
这烟不是一般烟，本是陕西名牌烟，
初六、十六、二十六，饶了亲戚好高酒。
这就不是一般酒，本是陕西名牌酒，
初九、十九、二十九，在村耍了正一体，
耍的嗜来真到嗜，我的走了别笑话，
有心给亲戚多多耍，冻的娃娃脚手麻，
再耍也是这一耍④，天黑烛灭难回家。

---

① 达：哪里。
② 直达：这儿、这里。
③ 活海：彻底放开，放轻轻。
④ 再耍也是这一耍：再怎么耍也是这么个耍法。

后　记

宝鸡社火是国家首批非物质文化遗产名录项目。作为关陇地区的代表性城市，宝鸡和天水、平凉、庆阳地区人文历史深厚，民众生活生产方式相近，具有同一民俗文化圈的特点。关陇地区的社火作为节庆文化娱乐和祈福信仰的习俗事象，传承久远，艺术表演精湛，民众参与广泛。

《关陇社火研究》作为陕西省社科基金项目的重要内容，与陕西（高校）哲学社会科学重点研究基地宝鸡文理学院关陇方言与民俗研究中心重点课题交叉同构，从立项研究到现在历时三年。关陇地区传统社火一般一年只要一次，每年正月，课题组成员都要带上摄像机、照相机等设备驱车走乡下采风调研。当正月十五家人团圆之时，课题组却在寒风中拍摄社火游演，调查访问社火演艺人员。对传统民间文化的热爱，对非物质文化遗产研究保护的热诚，让大家不避节日，不惧严寒，全身心沉浸在社火欢腾的人海热浪中。

三年来，关陇方言与民俗研究中心民俗研究室的成员跑遍了关陇地区四个城市（乡村），拍摄了数以万计的照片和录像素材。社火、庙会、民间艺术以及生活文化方式都在关注调研之列。曹斌教授、王渭清、白志勇副教授，仵军智、赵米振、孟改正、王琼等青年教师参与了基地民俗文化调研工作。因此说，本书为集体研究成果。

为了准确把握社火的起源，社火的传承，社火的社会影响力，课题组三次走访陇州北坡村社火老艺人杨生林，两度采访陇州高垎村疙瘩脸艺人闫永强。他们不惧生活困苦，甘为社火献身的精神，令课题组成员十分感动，它也成为我们坚持在寒冬酷暑中采访写作的动力之一。

　　本项目组负责人为赵德利教授。作为主编，赵德利撰写了导论"关陇文化研究新视域"和上编"关陇社火艺术总论"的文稿，编选了中编"关陇社火审美文化研究"中的论文，组织人员编写了下编"关陇社火调查汇录"并统稿。为了形象地展示出关陇社火的风貌，本书配文插图，除了署名的研究论文和调查报告外，本书中大部分照片为赵米振、赵德利、白志勇拍摄，个别照片由社火传承人或作者提供。

　　感谢徐治堂教授等庆阳学院教师对本书中庆阳社火会和传承人的调研写作，感谢平凉市著名民俗学家王知三先生参与写作平凉社火研究内容，感谢天水市文化局文化艺术研究所的辛轩、吴凯飞同志，他们与主编人未相识文先相认，慨然赐文以支持关陇社火研究工作！

　　本书只是关陇方言与民俗研究中心组织撰写的一本民俗类研究文集，本书之后，庙会和家族村落民俗研究论集也会陆续出版。研究中心欢迎赐稿，欢迎共建关陇地区民俗文化。

　　关陇方言与民俗研究中心在成立短短两年多的时间里，已经与甘肃省天水师范学院、陇东学院、平凉市民间文艺家协会等单位建成了"协作共建"关系；先后召开了"关陇方言民俗学术年会"和"中国关陇方言民俗高层论坛"，获批国家社科基金项目和省部级项目6项，产出了一批研究成果。研究平台的特色日益明显，成为学校学科建设的一个亮点。所有的工作均得到学校领导和相关部门的指导支持，王志刚校长对基地建设的办公场地、资金运作和人员调配给予关心和支持，赵荣侠副校长直接指挥基地的运作，给予基地工作以具体的指导，学科建设与研究生教育管理处吴毅处长也为基地工作提供了诸多帮助。值本书出版之际，谨此铭记并致谢忱。

编　者
2012 年 6 月 5 日